U0112527

薄荷实验
Think As The Natives

Transitional Labour:
Food-delivery Workers in the
Platform Economy of China

孙萍 著

过渡劳动

平台经济下的外卖骑手

华东师范大学出版社

·上海·

图书在版编目（CIP）数据

过渡劳动：平台经济下的外卖骑手 / 孙萍著 . —
上海：华东师范大学出版社，2024
ISBN 978-7-5760-4711-0

Ⅰ.①过… Ⅱ.①孙… Ⅲ.①饮食业—快递—商业服
务—研究—中国 Ⅳ.① F726.93

中国国家版本馆 CIP 数据核字（2024）第 030915 号

过渡劳动：平台经济下的外卖骑手

著　　者	孙　萍
责任编辑	顾晓清
审读编辑	赵万芬
责任校对	饶欣雨　时东明
装帧设计	陈玮琪

出版发行	华东师范大学出版社
社　　址	上海市中山北路 3663 号　邮编　200062
网　　店	http://hdsdcbs.tmall.com/
客服电话	021 — 62865537

印 刷 者	苏州工业园区美柯乐制版印务有限公司
开　　本	890×1240　32 开
印　　张	14.625
版面字数	442 千字
版　　次	2024 年 7 月第 1 版
印　　次	2024 年 9 月第 3 次
书　　号	ISBN 978-7-5760-4711-0
定　　价	98.00 元

出 版 人	王　焰

（如发现本版图书有印订质量问题，请寄回本社市场部调换或电话 021—62865537 联系）

我的外卖田野地图（2017—2024）

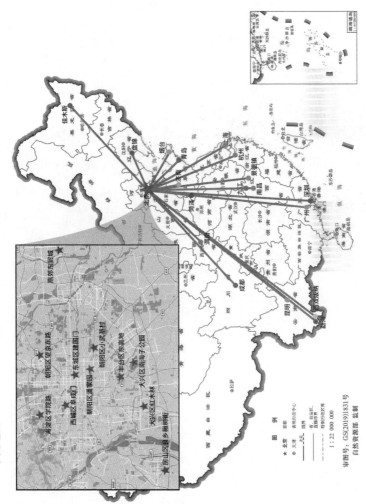

推荐人语（以姓氏拼音为序排列）

　　新技术正在变革社会关系、交往关系以及"劳动"，而孙萍博士敏锐捕捉到了新的挑战和问题。她的这部《过渡劳动：平台经济下的外卖骑手》通过深入田野调查和民族志研究，揭示外卖骑手这一群体在中国平台经济飞速发展背景下的劳动形态及其社会意义。作者从 2017 年至 2024 年，对外卖骑手进行了长时间的观察和研究，通过访谈、问卷、跟跑单等多种方式，细致入微地记录了外卖骑手的工作和生活状况。

　　这本著作通过丰富的实地调研数据，描绘了外卖骑手这一职业群体的流动性和不确定性，展示了他们在城市中如候鸟般来去匆匆的生活。作者指出，外卖骑手虽然在中国城镇化和数字化进程中涌现，但这一职业充满了临时性和过渡性，许多骑手并不打算长期从事这份工作，而是将其视为一种过渡性的谋生手段。通过分析外卖骑手的劳动实践，作者提出了"过渡劳动"这一概念，强调外卖骑手的工作既不是传统意义上的正规就业，也不是简单的零工劳动，而是一种悬浮于正式与非正式劳动之间的状态。这种过渡性不仅反映了骑手个体对未来职业发展的迷茫和不确定，也揭示了平台经济对劳动者的控制方式的转变——从对劳动者本身的控制，转向对劳动过程的精细化控制。

此外，书中还探讨了外卖骑手与平台经济之间复杂的互动关系，包括算法技术对骑手劳动的影响、平台组织对骑手流动性的推动等。作者通过深入精细的研究，展示了外卖骑手在面对高强度、高压力工作时的挣扎与努力，揭示了这一群体在数字化时代背景下的劳动困境和生活状态。

《过渡劳动：平台经济下的外卖骑手》不仅是对外卖骑手这一群体的生动描绘，更是对当前中国社会经济转型过程中劳动形态变化的深刻反思。对于研究平台社会、平台经济、零工劳动以及现代社会劳动关系、新型传播关系的学者和从业者来说，这是一本极具价值的参考文献。

——陈昌凤，清华大学新闻与
传播学院教授、智媒中心主任

《过渡劳动》是以外卖骑手为研究对象的专著。

作者孙萍博士花了七年时间，以访谈、问卷等多元方法搜集资料；调研范围遍及国内东西南北的大都市及城镇。所获资料的丰富、深入、多样，应属空前。

孙萍主要以民族志的方式阐述她的发现和分析。她一边书写外卖骑手的生命故事，一边开展与中外相关社会理论的对话，也着紧新理论概念的提炼，故全书不时见到鲜活资料与精辟分析相互映照的情境。

孙萍的分析是历史的、脉络化的、跨学科的、跨社会层次的，见树又见林的。她结合国内的境况，包括经济产业转型、平台资本兴起、联结性网络科技发展及城镇化，来探究外卖骑手何以应运而生的条件、机制和过程。她对平台经济中的劳动组织形态、劳动方式、劳动文化——特别是外卖骑手劳动的过渡性——以至算法在当中的作用，都有深入细致的阐析。

《过渡劳动》是一本用力用心写成的专著，有望成为当代劳动研究的一本经典著作，值得在此向大家诚意推荐。

——陈韬文，香港中文大学新闻与传播学院荣休教授

那些年轻的生命风雨无阻地奔跑着，连成了一条条城市流动的人体输送带。高精尖的数字智能技术与低端劳动之间的巨大反差，已经成了我们熟视无睹的生活日常。年轻的孙萍博士（和她所在的调研小组）花了 7 年多的时间、跑了 19 个城市、访谈了 200 名骑手，这算得上是当今中国乃至全球学术界的一个壮举。这样的行动主义激情终于透过这本书得以呈现：技术、市场、制度、人性如何"共谋"制造了高科技下新的不平等关系？透过这些骑手的生活和访谈，城乡、阶层、性别等社会问题得到了一一的剖析。

社会人类学家项飙近年来提到"悬浮蜂鸟"，用来形容那些流动中停不下来的生命状态。孙萍的"过渡劳动"，将"不稳定劳动"（precarious labor）做了更聚焦、更深切的概念拓展。"过渡劳动"使外卖劳动所涉及的社会问题显得尤为尖锐：劳动者愿望的临时性和他们对平台的依附性、"过渡"本来蕴含的一个可期许的未来与现实中成了"永久且常态的存在"……我们无法寄希望于制造了过渡劳动的资本、技术、生产能让生命顺利过渡到彼岸，那么，如何摆脱过渡劳动的枷锁？我们需要从这

本书中寻找答案。

——丁未，深圳大学传播学院教授

本书彰显了平台社会变迁中一种非常强烈的观感，即永久性的过渡劳动正在成为我们这个时代的重要特征。这是一本鼓舞人心的作品，作者为此付出了持久的、令人钦佩的努力。骑手们精彩的故事、人生经历和街头智慧汇聚于此，想要了解中国平台经济与零工劳动的人，不能错过此书。

——胡正荣，中国社科院新闻与传播研究所
所长、中国社科院大学新闻传播学院院长

好的学者，应该将宝贵的知识从象牙塔中解放出来，对社会问题产生真实的冲击。三年前，基于孙萍的田野研究，那篇《外卖骑手，困在系统里》的报道，就产生过类似的社会轰动。此"檄文"一出，所有 O2O 行业的老板们都如坐针毡，悚然自省。

其中，也包括我。

那篇报道，不仅引起了广泛社会关注，也唤醒了平台企业的良心质问和自我纠偏。2021 年 9 月，"美团"开始向全社会公开骑手配送时间的算法，接受公众监督。2022 年 1 月，国家互联网信息办公室等四部门联合发布《互联网信息服务算法推荐管理规定》，要求算法推荐服务提供者应当坚持主流价值导向，积极传播正能量，不得利用算法推荐服务从事违法活动或者传播违法信息。

历史，就是这么一小步一小步，被孙萍这样的"孤勇者"推动。

而这本《过渡劳动》，就走得更远。它势必会促进更深入广泛的公众和企业界思考——如何在骑手、用户和企业竞争市场份额之间，寻找更公正的平衡边界。它在拷问所有人，有没有足够的智慧、共情和同理心，去探索一种兼顾了大多数人福祉的：

"人民的算法"。

我推荐你立刻买一本。开始读。

——黄宾，e 代驾创始人

这是一部引人入胜的劳动社会学调研报告。作者基于经年累月的田野工作，将原始的生动访谈和精彩的理论分析编织在一起，娓娓道来，讲述了平台经济下外卖骑手这一劳动群体尚未结束的故事。字里行间浸透着作者对劳动者的理解与尊重，在这个旧有结构与新技术权力绞合的时代，释放出一种温暖的力量。

该书的导论其实也是全书的结论，值得重读与思考。"过渡劳动"的概念是作者的重要理论贡献，是对现代劳动渐成趋势的预示和命名。具有工具性而非价值性的劳动在被数字技术进一步破碎化，甚至成为永恒的困局，人生的意义和社会共同体的联结都成了大大的问号。作者揭示的当下和可见未来的困境令人深思。

——刘北成，清华大学历史系教授

对于孙萍笔下的外卖骑手来说，他们从事的是一种过渡劳动或临时劳动；但是对于所有劳动者而言，过渡劳动中去中心化但又无比精细的数字化和平台化控制技术，正在成为工作的常态，渗透到各个行业。因此，关切他们的状态，就是在关切我们自己。

——刘海龙，中国人民大学新闻学院教授

"过渡劳动"关注的是"临时"的现象，却因为突破了对骑手的单一苦情描述，超越了批判的控诉话语，展现了千千万万生命个体丰富的经济、社会和文化世界，从而具有了"长时段"的生命力。七年多的田野调查，作者不仅访谈了骑手，还有店家、平台、消费者等等。作者也以肉眼可见的速度从我初见时青涩的年轻人，成长为"现场有神灵"的活榜样。只有有着丰富体验和同理心的人才能做出这样"平视"的书写。这本书，也因此适合每一个试图在结构压力和系统困顿之外寻求意义的你。

——吕鹏，中国社会科学院
大学数字中国研究中心主任

孙萍的著作基于长期深入的实地调查，以外卖骑手的劳动和生活体验为中心，结合对数据技术、平台管理方式、城市化和人口流动等宏观背景的分析，揭示了平台经济如何把高强度的个体劳动有效组织起来，却让劳动者无法组织自己。这本书提供了一个人类学和民族志方法介入当下经济社会变迁的范例。

——项飙，牛津大学社会人类学教授，
德国马克斯·普朗克社会人类学研究所所长

　　孙萍以她长期的理论积累与田野经验，聚焦平台经济下的外卖骑手，系统阐释"过渡劳动"这一重要的学术概念，不仅展现外卖骑手的劳动，更刻画他们的生活与生命，构成对当下"数字中国"一个极具理论意义与现实价值的分析，值得大力推荐。

——周葆华，复旦大学新闻学院教授、副院长

致谢

———

外卖骑手，对于社会，是一个新职业群体；对于我个人，却是亲密的"老朋友"。2017年之前，我和骑手是被职业和社会身份所区隔的陌生人；2017年以来，我和调研小组的同学们一道尝试"进入"他们的生活，以追踪调研的方式，让两个平行"世界"有了一些交集。

我在田野调查中遇到了不少令人印象深刻的人和事，也看到了不少个体生命面对时代洪流的困惑。之所以努力地撰写一本书，一方面当然是想记录对于这种数字职业新老交替的所思所想；另一方面，自2017年至今，来自五湖四海的骑手收我为友，以他们朴实的方式对我提供热忱的帮助，这本书是我对参与此项劳动的人们所能奉上的最基本的回馈。需要指出的是，今日数量庞大的平台零工劳动者很少能够完全呈现自己的话语，作为一个观察者、记录者，本书的观点无权也无法完整地代表他们的想法与信念。这只是一种"他者化的叙事"。但对于我的人生历程和学术生涯来说，平台零工劳动者们惠赐了弥足珍贵的成长资源。

通过田野调查，我发现外卖骑手大部分来自农村，却日夜穿行于都市之中。在平台经济引发的职业新老交替中，"新职业"和"农民工"既有联系，又有区别，而这种不断过渡的状况也是平台时代千千万万劳动者的境遇。外卖骑手是一群了不起的人。他们能够在高速流动和不确定性中聚精会神、抓住机会、努力劳作、不轻言放弃。他们顽强拼搏的精神时常让我自愧不如。因为我经常叫苦，觉得自己每日游走在教学、科研和杂务之间，耗神耗力。直到我去送了几单，才知道外卖骑手所面临的生活劳作处境是如此的不确定与不容易。奔波多日赚来的钱，可能因为一个差评化为泡影；而长期的往来奔跑，可能会因为一个不留神出现严重的身体损伤。

本书中的绝大多数材料来自本人及所在调研小组的一手调查。我有幸成为平台经济下职业发展的见证者和参与者，并能够通过社会调查的方式来观察、反思，进而联结各方、进行干预。这不仅让我洞见了劳动本身的复杂、丰富和能动性，也让我发现了某些情况下可以主动改变的机会，这种行动传播学的经历极为宝贵。

与社会调查同步的，往往是学者的自我成长。真要说自己在此过程中最大的变化，应该是对批判变得更加谦卑和谨慎。随着调查的展开，纸面上二维的知识在现实生活中变得高低不平，自己也开始反思一些高高在上、看似宏大却不着边际的学术论断。这并不是我想要的。在田野里摸爬滚打了几年，才慢慢明白，学术生产源自现实生活，回馈现实生活。这才是我的志业。

我想把最诚挚的感谢送给所有接受访谈的骑手和工作人员，是他们成就了这本书。感谢卜卫老师，是她慷慨地用一笔调研资金支持了刚迈入工作时捉襟见肘的我，让我能够开展外卖骑手的访谈和调查。感谢导师邱林川，自我读博士伊始，他对于劳动研究的热忱与情怀便一直激励着我。感谢刘瑞生老师，在我进入研究所工作以来对我的倾力相助和默默支持。感谢我的忘年交丁未老师，她的热情提醒让我时时铭记重任在肩，要努力成长为一名真正的学者。感谢张仟煜，她对于骑手调查的满腔热情令人印象深刻，我也十分珍惜这段亦师亦友的美好时光。

感谢国家社会科学基金项目的支持，"智能技术对平台劳动的影响与对策研究"（项目编号：21CXW014）的立项，为我后续的田野开展带来了更多的信心和帮助。

感谢中国社会科学院新闻与传播研究所、中国社会科学院大学新闻传播学院，感谢与我共事的同事、朋友，他们的支持让我有底气在外卖研究的道路上行稳致远。

感谢"数字职业研究小组"的所有成员。他们可爱活泼又充满社会情怀，是我调研路上并肩奋斗的战友与合作者。赵宇超、陈玉洁、李云帆、廖文钰、吴俊燊、桂贤娴、雷婕好、蒋思雨、赵熳、廖欣宇、卓不凡、刘姿君、雷津皓、陈欣欣、梁慧博、王从健、李宜桐，我十分荣幸得到他们的陪伴和帮助。感谢外卖平台的工作人员，他们的支持、耐心和同理心让我看到了系统的复杂多层，时刻提醒我摆脱单一、简化的批判逻辑。

感谢吕鹏、戴天逸、温盈盈、苏春艳、向静林、刘学、王瑜和可能因疏忽而被忘记的朋友们，他们的有求必应和慷慨相助让我的诸多调查得以成行。感谢赖佑萱，很幸运能够接受她的采访，她充满力量的报道让骑手研究"破茧而出"。感谢本书的编辑顾晓清，她的争取、宽容与随和是我书写过程中的一缕阳光，时时照耀，温暖在心。

目 录 |

序一

文 / 卜卫 *

首先必须提到，在传播学研究领域，特别是新技术研究领域，很少见到以"具体的人为中心"的研究，特别是被视为"他者"的人。多数研究者对社会中优势群体或年轻群体如何使用最新的媒介更感兴趣，认为这是更能带来"先进观念""先进技术""强国"和巨大市场以及对主流人群最具影响力的媒介，进

* 卜卫，中国社会科学院新闻与传播研究所研究员，中国社会科学院大学特聘教授和博士生导师。长期从事传播与社会发展研究，主要包括：女性主义媒介研究、流动人口传播与文化研究、反对针对妇女和儿童的暴力 / 人口贩卖的预防与干预研究、数字环境与儿童权利研究、残障权利倡导研究、数字素养与可持续发展研究等。她也是上述领域的社会活动家，并为媒体、社会组织等进行了大量有关性别平等、人权、传播倡导等方面的培训。

而建构了所谓新媒体研究的价值取向以及互联网研究的主流话语。所以，在"媒介融合""话语权争夺"或"生成式人工智能""智能时代"等"喧嚣"中，拿到《过渡劳动：平台经济下的外卖骑手》这本书稿，自然爱不释手。孙萍的贡献在于在新技术研究领域中破除"技术中心主义"，扎根于外卖骑手的日常生活，自下而上地成就"以人为中心"的研究，包括人—机互构形成的过程及其社会政治意义。

这里不得不讨论"研究的政治"（the politics of research）。"研究的政治"指的是学者的研究工作不可避免地受到资助方（经济）、专业领域发展、政府机构及其意识形态和行业内竞争等方面的影响。这里面渗透着各种权力关系，直接或间接地影响着学者的研究设计、研究进程和研究结果。其中，资助来源因其利益关联，都有一定的针对社会问题的立场及其相应的意识形态，也代表着一种等级。孙萍从一开始就没有接受资金委托地去从事外卖骑手的研究，给我留下了非常深刻的印象。因为权力和资源的关系，并不是每个社会群体都会得到研究者的关注，借此改善自身境况——有些社会问题是不可见的。与此同时，有能力提供资助的机构或个体通常处于社会主流地位，委托研究者去研究他们生活世界中的问题；而那些被看作"他者"的人群一般没有能力为研究者提供资助和其他资源去研究他们遇到的问题。研究者要意识到，资助本身也是在设置一种社会议程。具有强烈社会责任感的研究者会自觉地在选择研究问题时，审慎地对待这种议程设置，并在可能的条件下寻找出社会发展的真问题进行研究。孙萍做到了这一点。

研究者要对研究问题及其来源进行反思。这就意味着研究者要对研究问题的提出视角和立场采取一种质疑的态度：这个研究问题反映的是谁的视角？什么是研究问题背后的假定？这种假定是依据谁的经验得出的？谁被展示在这个研究领域中？目的是什么？他们是行动者，是对象，还是根本就没有出现？如果出现了，是否以他们的视角和经验来定义和叙述事实？从谁的视角出发定义了研究的基本概念和基本问题？研究过程和结果有利于谁？等等。说到底，社会科学是一种植根于政治与伦理语境中的社会现象。其探索者以及如何探索，很难避免或者再现或者挑战存在的社会条件。因此，研究者的解释与理论设计不是中立的，而是政治与意识形态条件的一部分，并参与其建构。研究者的任务不是在西方框架中填充数据，修正西方情境下的理论，尽管这更容易发表，更有利于增强个人在其他情境而非中国情境下研究问题的建构。当研究者去主动适应学界主流"最大共性"的时候，可能会扩大研究与实际之间的鸿沟。研究者的正当任务是要根据中国的发展实际探讨理论并致力于让这些理论能够在改变社会中发挥作用。这正是孙萍努力去做的。

在这种情况下，视角就至关重要。孙萍是从外卖骑手的视角来建构人—机互构所涉及的劳动及其生活的。作者在导论中说："关于本书的视角，首先，我希望专注于劳动者个体生命的整体性。本书采用一种韦伯式的研究方法，先了解研究对象的生命世界，再利用学术概念进行阐释。在关于外卖骑手的描述中，本书希望看见关于骑手立体的生活'构型'，这里的'构型'不仅涉及他们的劳动状态和工作轨迹，也涉及他们的生活、家庭、交友、思考等。它们交杂在一起，而我无意将其分开，也无法将其分开。外卖骑手的'过渡劳动'体现在其日常生活的方方面面，许多地方可能显得细碎、重复，甚至无聊，但对于本书的分析来说，它们构成了劳动意义和生活本身。"虽然作者是从外卖骑手的生产劳动入手，但希望自己能跳脱"生产"框架，用"整体化的方法"去关注人、劳动和流动的问题，并以此去理解社会的、空间的、性别的现代化社会场域和社会关系。

于是，作者的唯一选择是"去田野"（注意不是"下田野"）。这种从田野中探索问题的学术理想以及要从外卖骑手的视角来展示其生活世界及其社会政治意义，确实只有"去田野"这种人类学方法可以选择。这要求作者将所有学到的、读到的理论"悬置"起来，在向外卖骑手学习中、在与外卖骑手互动中不断建构和反思自己的研究问题及其相关理论。

比如，平台劳动研究常常陷入"控制和反抗"的二元框架，作者说，"二元的框架让我有些害怕"。这种"害怕"或"恐惧"的反应是认真做田野工作非常正常的反应。我们不难发现，那些利用现成框架理直气壮并一马平川地得出"既定"结论的研究，很多是不符合事实的，容易以偏概全。如作者所说，"数字劳动的丰富性、趣味性、立体性会被抹杀"。作者解释说，"本书在论述中无意去迎合、强化主流的常识性问题，也不想简单地批判'资本万恶'。同时本书并不希望'理论先行'，或者将丰富有趣的在地材料硬塞进'社会理论的紧箍咒'"。相反，作者想大胆一点，用书写的开放性去看到一个生动的、自主涌现的社会动态，一个复杂流动的脉络图谱。因此，在这个研究中，作者努力地让自己舍去一些宏观、漂亮的"外衣"，去关注个体劳动者鲜活、热烈的劳动和生命体验。她努力不去把他们框在一个成形的理论框架中，不去"削足适履"，她希望鲜活的经验材料能够引导自己，慢慢看到一幅模糊却令人欣喜的劳动生态图谱。孙萍真的看到了。这种"看到"是将现有理论框架"悬置"的结果，其表现就是从田野资料中产生概念。

我们知道，田野或质化研究产生概念的方法有两种，一种是"固有的概念"，另外一种是研究者根据田野资料建构的概念。孙萍正是从扎实的田野资料中，捕捉到了外卖骑手中"固有的概念"——"过渡一下"的"过渡劳动"。并以此建构了研究问题，即在国内城镇化和数字化转型过程中，劳动的过渡性如何被生产和被塑造出来，并指出这种过渡性既是过程也是结果。

在数字劳动领域，不仅有"控制和反抗"这种二元解释，还有我们都很熟悉的"朝不保夕者"（the precariat）的理论解释。悬置并不是不理会这些理论，而是依据田野资料对相关理论的适用性进行"勾连"和仔细的分析。

第一，是对劳动控制的分析。控制是劳动过程中的基本问题。传统的劳动控制理论认为，资本家需要拥有对于劳动者的控制权。在平台经济的语境下，资本的运行逻辑在发生显著的变化——它的控制对象由"劳动者"本身变成了"劳动"。作者发现，数字平台语境下的劳动问题不单单是一个资本与劳动的问题，它是一个超越简单的"控制–反抗"逻辑的复杂系统。当不稳定性"遭遇"平台经济和零工劳动时，参与其中的劳动者展现出了与传统劳动者不同的特点，他们与算法技术、平台组织、社会污名、性别藩篱的交织互动既转瞬即逝，却又时刻存在。这里的不稳定性是聚焦时空的、具身的经验与感知，是个体作为劳动者鲜活且带有情感的记忆。因此，"在观照概念的总体勾连之前，需要观照生产它的情境与具体状态"。"过渡劳动"的提出，正是基于这样一种考量。

第二，盖伊·斯坦丁曾提出"朝不保夕者"这一概念，来阐释千禧年之后借由全球化和新自由主义生成的一个庞大群体。伴随着全球零工经济的迅速崛起，"不稳定性"也成为所有劳动批判研究的通用词汇。但孙萍并不想简单地借用"不稳定性"这样概括性的概念来阐释外卖劳动。她分析说，过往关于不稳定性的讨论局限于"正规就业"与"非正规就业"、"有劳动关系"与"无劳动关系"的二元分析框架之下，却未能有效地关注劳动者总体的生活世界。这里的生活世界不仅指生产，也指再生产，流动、性别、家庭、认知等都含括在内。劳动的不稳定性从来不指向单一的划定标准，恰恰相反，它有着诸多情境的不同和解释视角的差异。孙萍指出，"对于外卖骑手来说，简单的'不稳定性'无法阐释他们与平台资本、组织、技术、社会、文化传统之间丰富而充满张力的互动。对不稳定劳动的讨论不能仅仅局限于劳动关系的维度，而是需要拓展到生产与社会再生产的意识形态领域"。

至此，孙萍将外卖骑手的劳动描述为一种"过渡劳动"的状态。希望从田野调查中一个基本却又十分现实的疑问出发，看到并阐释劳动者的"过渡性"这一问题，并以此勾连"过渡性"背后更加宏大的社会性原因、过程和机制。

孙萍在导论中说,"在写作的过程中,我不得不时常抵抗一种压力,那就是把外卖骑手苦情化、扁平化的压力"。"并不是说骑手不值得赞美,而是这么做让我无法看到对劳动或者劳动者真正的尊重与敬畏"。孙萍去追问,他们从事外卖骑手的工作,到底在"逃离"什么,在追求什么?"什么是外卖骑手所创造的意义?"虽然这是一个很难回答的问题,但是如果非要有一个答案,孙萍想"那应该是他们在不确定中、在过渡中如何抓住机会、塑造生活的经验与勇气"。这样的讨论涉及研究伦理的问题。

不仅要克服"苦情化"的问题,还有所谓"情怀"的误区。研究者与研究对象由于阶层地位不同、所掌握的资源不同等,同样处于一种权力关系中。在大多数情况下,研究者面对的是阶层地位较自己低下的群体。研究者不仅掌握着一定的知识资源,也掌握着在研究中可以分配给研究对象的若干资源(包括再现谁、如何再现的资源,也包括资金等资源),再加上在社会等级制度中,研究者大都"从上面来"等因素,研究者就不可避免地与研究对象处于一种权力关系中。研究者必须对这种权力关系保持敏感,不仅是因为这种权力关系会影响研究,更重要的是,这种权力关系可能会对研究对象造成直接的或潜在的伤害。

我特别注意到孙萍在研究中的"尴尬""惶恐""困惑"的心态,这是在处于权力关系中必要的心态,需要研究者真诚、平等地去与研究对象相处。我们发现,孙萍在不断访问中与一些外卖骑手成了朋友，同时，并没有站在道德制高点上获得一种优越感。从事这类研究的人通常那种"感动""震撼"的说辞其实都是自上而下的"慈善"模式的反应，是一种不平等的表现。面对这种权力关系，我们必须保持那种像孙萍一样谨慎且"惶恐"的心态，必须不断反思权力关系对研究的影响。

我们需谨记，研究对象正在向我们让渡他们的个人信息也就是个人的私有财产，"我们并不'拥有'关于我们研究对象的那些实地记录，我们并不具有毫无争议的正当理由去研究某个人、某件事。研究的主体现在开始挑战他们是如何被描述的……"[a]。

总之，研究者必须具有研究政治和伦理敏感性。这就意味着，研究者要意识到，他们对研究对象拥有某种权力。这种权力由证照、专业才能、在当代社会中所承担的角色合法授予，某些伦理议题正是对这些权力的滥用[b]。通过研究，这个社会可能变得平等一些，但研究本身也可能巩固已有的不平等关系或制造新的不平等关系，这就是研究政治的基本议题之一。因此，保护并尊重研究参与者、诚实谨慎地进行研究等都是研究者必须要付出的努力。

---

[a] ［美］诺曼·K.邓津、伊冯娜·S.林肯：《定性研究（第1卷）：方法论基础》，风笑天等译，重庆大学出版社，2007年，第 VI 页。
[b] ［美］劳伦斯·纽曼：《社会研究方法（第五版）：定性和定量的取向》，郝大海译，中国人民大学出版社，2007年，第154页。

序二

文 / 邱林川 *

　　这是一本值得推荐的好书。作者孙萍深入平台外卖行业一线，调研多年，足迹遍布北京各区及多个其他城市。她结合民族志观察、访谈与问卷统计，多视角深入考察饮食外卖行业的前世今生、现状与问题。

　　本书有故事，有情怀，有结构分析，也有政策反思。其理论视野纵贯全球，涉及宏观经济与互联网产业的不同维度。其实证材料则聚焦组织层面，包括对外卖平台公司的管理模式与算法系

* 邱林川，现任新加坡南洋理工大学黄金辉传播与信息学院院长，邵氏基金会媒体技术讲座教授。曾就职于香港中文大学新闻传播学院、新加坡国立大学新媒体与传播系。他已入选国际传播学会会士（ICA Fellow），同时是国际中华传播学会（CCA）前主席。

统，甚至具体到对外卖站点、站长和男女外卖员的描述。文笔细致流畅，材料生动，现场感强。最有价值之处是作者对平台算法与外卖员之间互动的分析，充分体现其复杂多变的形态，活灵活现，远超"灵活资本主义"或"劳工抵抗"的概念标签。

基于多层面具体分析，孙萍归纳出本书的核心洞见——"过渡劳动"。这是个动态且多元的提法，一方面反映出外卖员群体及其劳动过程的高流动性，而大数据和算法管理令此流动性进一步加剧；另一方面，它也指明该行业用工制度存在种种区隔，外卖站点之间、外卖员群体之间，依然有各自的社会网络，有不同规矩、不同期待，乃至"歧视链"。

有读者也许会问：这过渡劳动，究竟过渡去何方？摸着石头过河，但河对岸是哪里？此书中并无清晰答案。这应是作者希望大家共同思考、共同努力的问题。

近年来，世界各国针对平台用工政策的大趋势都是或多或少地向传统劳动政策回归。虽然政策必须与时俱进，但平台企业也是企业，必须承担企业责任，包括提供合法合规的劳动待遇与劳动条件。它们不应打着科技企业的旗号，规避社会责任。这在各国已基本成为公共政策界的共识。

然而，新冠疫情以降，全球宏观经济环境充满挑战，市场缺乏有效需求，这使得过去财大气粗"烧钱"度日的平台企业也必须勒紧腰带，导致外卖员收入和劳动条件反倒更差。如何在当前语境下解决政策认知与实际运作的矛盾？中国能否摸索出适应平台科技新时代的可持续劳工发展道路？这是本书剖析中国经验带给读者的启迪，也是具有全球意义的时代挑战。

导论　建构过渡性

这是一部关于外卖骑手的民族志调研。外卖骑手诞生于中国平台经济飞速发展的阶段，在过去的十年间，"送外卖"由一种新兴现象变为一种新兴职业，"网约配送员"也正式成为一个专门的职业，被收入国家正式职业列表。但是，这样一群借由巨大互联网红利和加速城镇化催生的劳动者却充满了流动性和不确定性。每次想到这群人，我的脑海里便浮现出夏季傍晚的椋鸟，它们在很短的时间内扎堆聚集，在城市上空飞舞盘旋，夜幕降临后却又四处散去。外卖员[①]就如同这候鸟一般，几乎是在一夜之间，成百上千万的外卖大军被集结起来，布满城市的大街小巷。他们来自五湖四海，背景和经历各有不同，进入

---

① 本书同时使用了"外卖员"和"骑手"两个词来描述这一职业。总的来说，两个词在语义上并无太大差别，作者只是基于语境的不同进行了选择性使用。

外卖行业的目的也不同，一时难以被清晰描述，也无法用单一化的职业工种进行定义。可以说，这是一个处在变动中的职业。外卖骑手虽然已经广泛存在，他们的不少故事也深入人心，但是我们似乎很难说清楚"送外卖"这一职业的发展方向，也无从知晓属于它的未来。

外卖劳动的流动性十分明显。这种流动性既表现在职业选择上，也表现在工作留存率上。在 2023 年我与调研小组做的一项北京地区外卖员劳动状况的调查（N=1264）中，仅有 12.9% 的外卖员表示愿意一直送外卖，而超八成的人表示自己会在两年之内换工作。在针对站点骑手的调查中，我们发现一年内站点中骑手的流转率达到七成以上，有的甚至达到九成。"干几个月就走人"成为外卖行业的常态。骑手们来去自由，彼此间并不熟悉，甚至连负责管理和联络工作的站长也难以认清自己站点的骑手。

根据我的观察，骑手的流动性几乎是所有现有的零工劳动职业之最。比起家政工、快递员、网约车、主播或者线上零工，骑手的工作更加液态、更加临时、更加不确定。送外卖正在形塑一种"短命劳动"的文化，伴随着越来越多的人加入，这份工作的流动速度之快，让人愈发眼花缭乱。回顾往昔，历史上似乎没有任何一个时刻比现在拥有更多的零工劳动者，也没有任何一个时刻的人员流动如此频繁与快速。在平台市场用工普及化的时代，越来越多的"朝不保夕者"（the precariat）被生产出来，而外卖骑手正是其中的典型代表。

为什么送外卖会成为一种"短命劳动"？它与中国的城镇

化、数字化有着怎样的纠葛与互动？我们如何理解劳动的过渡性？

在田野调查中，我有幸跟随一个个外卖骑手的故事窥探到送外卖背后的"短命性"和"临时性"的问题。这些问题让我困惑，也促使我思考，最终成为本书写作的缘由。在本书中，我将外卖骑手的劳动描述为一种"过渡劳动"的状态。对于参与其中的劳动者来说，这样一份劳动带有很强的"有待确认性"，它的存在既不是开始，也不是结束，而是一种悬浮状态。它有点像漂泊在海上没有归宿的船只，也像一直在扇动翅膀努力挣扎却找不到落脚之地的候鸟。本书试图回答的问题是，在中国城镇化和数字化转型过程中，劳动的过渡性是如何被生产和塑造出来的。在这里，过渡性既是一个过程，也是一种文化，它的存在昭示着我们这个时代劳动政治的某些重要变化。这样的过渡性产生于平台经济和零工劳动迅速崛起的时候，即我们进入 21 世纪的头两个十年。通过展现外卖骑手在平台经济下的具体劳动实践和个体故事，本书希望提供一个动态的反思性视角来窥探当代国内劳动人民如何卷入数字化和城镇化变迁之中，以及他们沉浸其中的所思与所想、所愿与所得。

在此之前，盖伊·斯坦丁曾提出"朝不保夕者"这一概念，来阐释千禧年之后借由全球化和新自由主义生成的一个庞大群体。它指的是无保障的、具有依附性的、灵活的劳动人群。[1] "朝不保夕者"是一个具有十足概括力的词语。斯坦丁对

---

[1] Gill, R., & Pratt, A., "In the Social Factory? Immaterial Labour, Precariousness and Cultural Work," *Theory, Culture & Society*, vol. 25, no. 7–8, 2008, pp. 1–30.

于这一群体的描述使 precarity[1] 成为劳动研究的重点讨论词汇。伴随着全球零工经济的迅速崛起，precarity 也成为所有劳动批判研究的通用词汇。不稳定阶层是一个正在形成的阶层，他们无法掌控自己的劳动，也缺少统一的认同。

只是，在本书中，我并不想简单地借用 precarity 或者"不稳定性"这种概括性的概念来阐释外卖劳动。一个很重要的原因在于，过往关于不稳定性的讨论局限于"正规就业"与"非正规就业"、"有劳动关系"与"无劳动关系"的二元分析框架之下，却未能有效地关注劳动者总体的生活世界。[2] 这里的生活世界不仅指生产，也指再生产，流动、性别、家庭、认知等都含括在内。劳动的不稳定性从来不指向单一的划定标准，恰恰相反，它有着诸多情境的不同和解释视角的差异。长期对同一概念的泛化使用，会让它逐渐失去原有的阐释锋芒。对于外卖骑手来说，简单的"不稳定性"无法阐释他们与平台资本、组织、技术、社会、文化传统之间丰富而充满张力的互动。单一的描述会让我感到缺憾。正如有学者提出，对不稳定劳动的讨论不能仅仅局限于劳动关系的维度，而是需要拓展到生产与社会再生产的意识形态领域。[3] 也是因此，本文希望在看到骑手劳

---

[1] Precarity 一词目前缺乏统一的中文翻译，多数学者采用"不稳定性"这一译法。

[2] 苏熠慧、姚建华：《"不稳定无产者"研究谱系及其当代意义》，《社会科学》2019 年第 6 期。

[3] Lee, C. K., "China's precariats," in A.G. Nilsen, & K. von Holdt (Eds.), *Rising Powers, People Rising*, Routledge, 2021, pp. 17–34.

动的不稳定前提下，更加观照其背后的文化和意识形态的生成。

因此，本书希望在尊重普适性概念的基础上还原语境与情境的重要性，看到其中有趣却又不失阐释力的话语、故事和实践。本书希望从田野调查中一个基本却又十分现实的疑问出发，看到并阐释劳动者的"过渡性"这一问题，并以此勾连"过渡性"背后更加宏大的社会性原因、过程和机制。当不稳定性"遭遇"平台经济和零工劳动时，参与其中的劳动者展现出了与传统劳动者不同的特点，他们与算法技术、平台组织、社会污名、性别藩篱的交织互动既转瞬即逝，却又时刻存在。这里的不稳定性是聚焦时空的、具身的经验与感知，是个体作为劳动者鲜活且带有情感的记忆。我始终认为，在观照概念的总体勾连之前，需要观照生产它的情境与具体状态。"过渡劳动"的提出，正是基于这样一种考量。

控制之外

控制是劳动过程中的基本问题。传统的劳动控制理论认为，资本家需要拥有对于劳动者的控制权。注意，这里说的是"劳动者"而非"劳动"。这一观点不难理解：对于资本家而言，只有有效地控制了劳动者，让他们听从于自己的安排，才能够最大限度地保证生产效率，从而保证工厂获得更多利润和市场份额。无论在工厂手工业还是机器大生产时代，劳动过程理论都围绕着资本如何保证"劳动者"在固定时间里认真、高效地完成任务而展开。对于人的肉身的、在地性的控制成为劳动过程理论展开讨论的基础。即便是在八小时工作制的语境中，资本也一直在强调如何更加精细而有效地对劳动者进行管理。布雷弗曼对于工厂标准化管理以及流水线生产的研究[1]、布洛维对于工厂政体下"制造同意"与"赶工游戏"的研究[2]，以及诸多对于富士康工厂的劳工研究[3]等，都十分细致、深入地阐释了资本想要控制"劳动者"所做的尝试。对于劳动者或者一般意义上的人的身体的管理与约束，是劳动控制的重要组成部分。

但是，在平台经济的语境下，资本的运行逻辑正在发生显著的变化——它的控制对象由"劳动者"本身变成了"劳动"。平台资本对于"劳动者"是谁变得并不在乎，它不在意为其从事劳动的人是谁、从哪里来、要到哪里去，重要的是，这些人在特定时间、特定地点出现并能够按照平台的要求贡献自身的劳动力。换句话说，由谁来干这个工作不重要，重要的是完成这个工作。只要能够按照要求完成劳动，无论你是张三、李四

[1] Braverman, H., *Labor and Monopoly Capital: The Degradation of Work in the Twentieth Century*, NYU Press, 1998, pp. 3–28.

[2] Burawoy, M., *The Politics of Production: Factory Regimes under Capitalism and Socialism*, Verso, 1985, pp. 1–20.

[3] 部分研究参见：Ngai, P., & Chan, J., "Global Capital, the State, and Chinese Workers: The Foxconn Experience," *Modern China*, vol. 38, no. 4, 2012, pp. 383–410; Chan, J., & Pun, N., "Suicide as Protest for New Generation of Migrant Workers: Foxconn, Global Capital, and the State," *The Asia-Pacific Journal*, vol. 37, no. 2, 2010, pp. 1–50; Qiu, L. J., & Lin, L., "Foxconn: The Disruption of ISlavery," *Asiascape: Digital Asia*, vol. 4, no. 1–2, 2017, pp. 103–128; 邓韵雪：《世界工厂里军事化男性气质的塑造与实践——一项对富士康基层管理人员的研究》，《妇女研究论丛》2018 年第 3 期。

还是王五，都可以参与其中。互联网技术的发展让资本方放松了对于劳动过程中身体的整体性控制，取而代之的是一种点状连接式的远程控制。这样的管理方式形塑了低门槛的特点，也使超大规模的零工就业成为可能。

　　在此，劳动生产方式发生了巨大变化。资本对于劳动过程的控制出现了有趣的二律背反，变得既精细，又广泛。对于广大的外卖骑手来说，他们的"工厂"从固定、封闭的场所被搬到了大街小巷，他们获得了流动、穿梭的自由；但与此同时，他们也不得不服从算法与站长随时抛来的指令，严格按照指令执行劳动。有订单时工作，无订单时休息，工作与生活的随机转换成为零工劳动者的日常。上一秒骑手还在马路边与工友抽烟吹牛，下一秒就要跨上电动车跑往餐厅；前一小时骑手还在家里补觉，下一小时就被站长要求穿上雨衣出来抢救超时订单……

　　对于"送外卖"这样的工作，劳动场景与生活场景越来越密切地结合在一起，劳动日常即生活日常，使人难以分清其边界。这与大工厂时代的劳动与休息、生产与再生产的严格区分有了实质性的不同。澳大利亚学者梅丽莎·格雷格（Melissa Gregg）敏锐地发现，互联网技术的发展带来了白领阶层工作场所的变化，越来越多的人不得不将笔记本电脑带回家，生活与工作的边界隔绝已经不复存在。[①] 现在不仅是白领阶层感受到了

---

① Gregg, M., *Work's Intimacy*, Polity Press, 2011, pp. 3–21.

工作与生活之间边界的模糊，广大的蓝领、灰领①、农民工群体的再生产时间也在被侵占。移动端的 App 不但牵引着娱乐族的注意力，更时刻影响着劳动人群的工作节奏和劳动意识。当流动的、自由接入的数字劳动成为一种趋势，身体第一次从固定的场所中得以"解放"，"劳动"变得比"劳动力"本身更加重要。我隐约感受到，这既是一个关于控制的问题，又超越了控制本身。因此，用传统的劳动控制理论来全权代理分析平台语境下的零工劳动有欠妥当。

劳动过程理论阐释的是一个生产性转化的过程。在这样一个过程中，劳资双方的对立性成为其论述的前提。结合工业化大生产时期的欧洲历史，这样的分析有其洞见性。在过去的一个多世纪里，欧洲逐渐形成了劳动罢工和权益争取的传统，这使集体的、组织化的协商成为可能。但是，在零工经济的语境下，松散而高速流动的劳动现状对传统的劳动理论分析视角提出了挑战。劳动者不再是一个有机的、有共同利益追求的整体。换句话说，这是一群来去自由、十分松散的人。大家来自五湖四海，并不居住在同一社区，没有共同从事生产工作的固定场所，也很少有关于集体的回忆，更别说自我的身份认同。平台的零工劳动者成为新的不稳定阶层——这是我们重新看见和思考平台劳动时不得不承认和面对的问题。同样，外卖骑手也是如此，虽然劳动控制的问题在他们的劳动过程中十分明显，也

---

① "灰领"（Grey Collar Worker）这一词汇起源于美国，主要指工作服装为灰色的技术型工种，如维修、机械操作、后勤维护等。现在这一概念的范围逐渐扩大，也可指从事广告、网页、视频、编程处理的工种。

十分重要，但是单一的"控制－反抗"的分析逻辑不能完全适用于对这群人的分析，也不足以阐释为什么他们形塑了一种"过渡劳动"的状态。他们"脱嵌"了传统的制造业、工业化的生产模式，迈入到服务性劳动领域，而平台的出现带来了全然不同的组织、传递、生产生态。在控制的问题之外，似乎有一个更加宏大的、关于劳动形式和意义变化的时代之问，等着我们去解答。

再进一步说，数字平台语境下的劳动问题不单单是一个资本与劳动的问题，它是一个超越简单的"控制－反抗"逻辑的复杂系统。在这个系统当中，控制是其中一个重要的面向，但绝对不是全部。除了控制，这里有千千万万个体的生命故事，有劳动的重启及其意义的重建，有关系的断裂与联结，也有一种正在生成的过渡性。个体与组织、社会正以无比紧密却又十分松散的方式联系在一起，它所展现的是一个勾连宏大政治、经济和社会文化转变的过程。本书期望展现的"过渡劳动"，正是个体劳动故事与时代变迁之间互动交织的过程，它既是一种劳动状态，也是一种经济状态、一种文化和社会状态。

传统的劳动控制研究虽然有着极其丰富的理论积淀，却也存在诸多研究盲点。例如"控制－反抗"的框架让我们只见劳动不见生活，但零工劳动者与工业化大生产时代的工人全然不同，他们工作的时间、空间都发生了变化。固有的工厂场地消失了，配合与流水线消失了，甚至监工的小组长和经理也消失了。他们变得来去自由、无人在意，生活与劳动自成一体。对于当下的零工劳动者而言，劳动与生活、生产与再生产从未如此紧密地绑定在一起。这需要我们重新思考后疫情时代下全球零工劳动的意涵。与此同时，新技术的结构性力量同样不容忽视，因为它正在全面重塑劳资关系，这种新的技术力量所形塑的劳动政治不再是简单地提高生产率、增强控制性，它冲击了社会主要劳动群体的工作伦理和对工作的想象，给农村和处于不利社会地位的女性带来了新的可能，带来了对"劳动与数据"关系的新思考，也带来了一个重新讨论媒介技术与个体选择的场域。

因此，本书希望跳出单一的控制框架来描述数字平台的零工劳动。数字劳动者的生活嵌入在社会的肌理之中，与此同时，他们也成为肌理本身。从这样一个视角出发，本书希望看到个体生命历程与劳动的张力互动，看到个体与系统的关系，看到零工劳动者的叙事与倾诉，看到关于平台劳动理论与现实对话的枝叶漫展、游离纵横。这当然不是说全然不谈控制，而是希望将它作为其中的一部分，与更广阔的劳动生活世界并行进行分析。我希望将更多、更大的篇幅放在展现外卖骑手日常的劳动和生活的故事上，看到他们的所作所为、所感所想。归根结底，我希望这是一部关于劳动者的书写，而不是关于控制的申诉。

过渡劳动

未来学家阿尔文·托夫勒（Alvin Toffler）在《未来的冲击》一书中论述了人类社会发展在工业化后的猛然加速，他称其为"变革潮流的加速"。这种加速影响了我们对于时间和生活节奏的感觉，流动、快速成为我们的生活常态。托夫勒敏锐地捕捉到了一种"短暂性、非永恒的意识"，它"可以穿透并感染我们的一切意识，影响着现代人与事，与人，与整个思想、艺术及价值观的关系"。[①]

此言不假。短暂性确实在不断影响着我们的生活与劳作。这种短暂性在过去十年间全球数字平台崛起的过程中表现得更加明显。平台零工的到来像一场缓慢而又快速的地震，迫使我们对于工作形式、工作状态及其意义重新进行思考。雇佣关系，这种在过去维持劳动的持久感最重要的契约，正在因为平台零工化的到来而日渐失效。几乎是在数年之间，越来越多的劳动者像被连根拔起的水稻幼苗，在河田中漂流，找不到自己的方向。"打零工"成为越来越多人的工作选择，临时、暂定的工作成为一种生活的常态。截至 2023 年，在美国已经有 7330 万的人口变为"自由职业者"，而在中国，灵活就业人员的数量已经达到两亿。[②] 未来这一数字还将不断增长。短暂性正在影响庞大的人群。多数人不知道自己的这一份零工可以干多久，也不确定下一份工作会是什么。

---

① ［美］阿尔文·托夫勒:《未来的冲击》，黄明坚译，中信出版集团，2018 年，第 11 页。

② 美国自由职业者数量，参见 kulach, k., 2023, "50＋Gig Economy Statistics 2023: Get Ready For The Future of Work," from https://symmetrical.ai/blog/gig-economy-statistics/；中国灵活就业人员数量，参见中国新闻网:《中国灵活就业者已达 2 亿人》，2022 年 2 月 9 日，https://www.chinanews.com.cn/cj/2022/02-09/9671654.shtml。

送外卖就是这样一种短暂的、过渡的劳动。

本书用"过渡劳动"这一概念来形容送外卖，却也不止于此。实际上，过渡性正在成为现代人劳作的基本形态。当被问到送外卖的原因，"过渡一下"成为绝大多数外卖骑手的回应。因为不知道能干什么以及未来干什么，所以他们决定先来跑外卖。这也最终成为我思考平台劳动的一个起点：为什么人们想通过跑外卖"过渡一下"？工作的"过渡性"到底意味着什么？它体现了当下社会对零工劳动怎样的想象？

从个体劳动者的角度来说，"过渡性"指一种"临时感"，它描述了一种在获得安稳工作之前的"不确定感"。从哲学层面讲，过渡性的出现有其道理，因为世界处于不断的变动之中，但在平台经济不断延伸的今天，这种过渡性、非永久性正在变得越来越尖锐。正如前文所说，平台已经放弃了对于劳动力的控制，转而想方设法地控制劳动本身。地域、时间、过程都变得没有那么重要，而"按需"变得重要。因此，通过临时劳动所建立起的社会关系越来越短暂、越来越脆弱。周边的同事、所处的环境，以及手机上的 App 在劳作过程中飞快地发生着变化，甚至于有时候骑手还未能搞清楚当下的状况，新的劳动需求和指令便已到来。随时变动与调试成为日常。

过渡劳动描述的就是这样一种不确定性。对于外卖员来讲，它既体现出了对当下劳动状况的无把握，也体现出了对未来发展的迷茫和困惑。在《知识考古学》中，福柯坚持认为考古学所分析的对象是一个个象征着断裂、破碎的话语单位，"不连续、断裂、界限、极限、序列、转换等概念的引入给整个历史分析提出的不仅是程序问题，也是理论问题"。① "过渡劳动"正是这样一个"断裂、破碎的话语单位"，它不是在强调一种劳动的延续性，而是在阐释它的短命性；它不是在表征一种身份的强化，而是在探究它的飘忽不定。在当下这个渴望安稳性、连续性、系统性的时代，对于断裂感的分析或许更有助于我们接近劳动历史的整体性。因此，本书以"过渡劳动"作为一个切入点来谈论中国数字化转型中的劳动政治和流动人口的基本生计问题，希望通过对这一群体的描写来展现一个转型社会迅速发展的脉络图谱。它是后疫情时代全球化生产再整合的一个必然结果，同时也是中国数字化与城镇化带来的持续阵痛。

如何理解"过渡劳动"这一概念？过渡劳动阐释的既是一种过程，也是一种结果。

作为过程的"过渡劳动"，强调的是这种短暂和过渡的生成性。它在一种强调自由同时又充满监管的语境下生成，参与其中的劳动者需要面对来自技术系统的监管、城乡与阶层的区隔、性别化的自我认知，以及将"自我"作为决策主体的能动性展示。个体劳动者为什么想要加入外卖劳动？玛丽·L.格雷（Mary L. Gary）和西达尔特·苏里（Siddharth Suri）在调查"幽灵工作"（ghost work）时指出，线上零工来去自由的"开放调用设计"让人们产生了可以自主掌控命运的想法。"工人灵活地把有偿的'幽灵工作'纳入自己的生活，而不是硬把生活塞进一份固定的

---

① ［法］米歇尔·福柯：《知识考古学》，谢强、马月译，生活·读书·新知三联书店，2008年，第20页。

全职工作。"[1] 本书的下面几个章节将试图论述，这种以自由为名的、创业式的劳动结果是，劳动者被抛入一种竞争的、加速的、高效的劳动状态中，无时无刻不在全力发挥自我的能动性，无时无刻不在燃烧自己、消耗自己。他们将越来越多的能动性发挥出来，并注入给资本，让资本发展的火苗越烧越旺。如韩炳哲所言，"个体自由赋予资本一种主动增殖的'自动'主体化能力"。[2] 当个体无法继续之时，他们就会想办法退出。正是这样一种过度消耗最终促成了零工劳动的"过渡性"。

作为结果的"过渡劳动"，阐释的是零工经济在工作伦理、职业选择、劳动想象层面带给整个社会的影响。"过渡"正在成为一种永久且常态的存在，且这种过渡带有深深的依附性。借由互联网技术和人工智能的发展，平台劳动一方面使个体从传统的劳作中解放出来，一方面又使他们更加依赖社会系统和机构，因为个体无法在没有组织的灵活中生存。这也就是贝克所说的制度化的个人主义。此种制度化的个人主义，绝不是一种"成功的解放"[3]，因为个体变得个人化，他们不得不更多地依靠组织和机构，因而又变得组织化和标准化起来。借由外卖，农民工群体的工作伦理正在受到更强的规训和管理，变得日益趋于中产化。平台经济下的灵活自由背后其实是个人对于社会组织更强烈和更深层的依赖这一事实。从这个意义上来说，过渡

① ［美］玛丽·L.格雷、西达尔特·苏里：《销声匿迹：数字化工作的真正未来》，左安浦译，上海人民出版社，2020年，第131—132页。

② ［德］韩炳哲：《精神政治学》，关玉红译，中信出版集团，2019年，第5页。

③ Beck, U., *Risk Society: Towards a New Modernity*, SAGE Publications, 1992, p. 90.

劳动其实在某种程度上增强了个体的依附性，个体被从传统生产业解放出来获得"自由"的同时，也被抛在了零工经济的洪流前而不得不依赖和求助于平台的组织化生产并随波逐流。也是因此，反抗往往变得充满不确定，特别容易被击碎、浇灭。

需要说明的是，过渡劳动的生产与中国的平台化过程密切相关。这里的平台化，既包含劳动力监管方式的转变，也包含数字化与智能化的转向。平台经济的出现重塑了生产关系、社会关系和社会结构。[①] 关于平台的概念和定义很多，这里不再赘述。[②] 在本书中，平台既是一种组织方式，也是一种数字连接方式，同时还是一种生产模式。书中涉及的平台相关内容包括组织、算法技术、数据化、基础设施、连接性等。书中讲述的故事都发生在外卖平台这一数字化基础设施崛起之后，劳动者因为平台的存在得以展开劳动，并在这个场域中接触到多样的人和物。在关注劳动者的基础上，本书希望阐释劳动者与各种平台机制之间的辗转互动。

平台劳动的组织和运营方式决定了它本身不可能同传统福特制一样，成为工人职业发展的保障机构。后面的几章将会阐

---

① 孙萍、邱林川、于海青：《平台作为方法：劳动、技术与传播》，《新闻与传播研究》2021 年 S1 期。

② 相关的平台定义请参见：Van Dijck, J., Poell, T., & De Waal, M., *The Platform Society: Public Values in a Connective World*, Oxford University Press, 2018; Srnicek, N., *Platform Capitalism*, John Wiley & Sons, 2017；孙萍、邱林川、于海青：《平台作为方法：劳动、技术与传播》，《新闻与传播研究》2021 年 S1 期；刘战伟、刘洁：《"平台 /platform"：一个概念史的溯源性研究》，《新闻与写作》2023 年第 8 期。

释，平台的组织架构正在创造一种"过渡机制"，这种过渡机制鼓励越来越多的人滚动、参与、投入到平台经济的劳动生产中，以实现短时间最快速的市场增长和商业发展。尤其是中国的平台企业，激烈的竞争让他们的求生欲异常强烈，其崛起和扩张往往带有强烈的火药味。用贝克的话来说："由福利国家所支撑的劳动力市场已经瓦解了资本主义内部的社会阶层。我们日益面对的是一个没有阶层之分的资本主义，但是它有个体化的社会不平等，以及与此相关的社会与政治问题。"①

为什么送外卖是一种过渡劳动？答案可以很复杂，也可以很简单。可以说，社会保障和基本工资的缺失成为骑手过渡劳动形成的重要原因。对于一个普通的劳动者而言，这份看似灵活自由的工作带有太强的自我计算和自我消耗。一旦卷入送外卖这样的零工劳动，不安定性和朝不保夕的状态就要求个体劳动者迅速地"支棱起来"，通过不停地算计、计算、安排、筹划、竞争来挣得收入。一些学者称其为"主体性过剩"②，正如前文所言，这样灵活而高效的劳动机制确实调动了个体极大的能动性，与此同时，此种能动性也被快速注入到资本的自我生产和自我增殖之中。

关于外卖平台的劳动未来，我与大部分置身其中的骑手一样，无从知晓。有时候，我会觉得外卖经济就像一个大熔炉，吸引了千千万万劳动者投身其中。这些劳动者就像是一根根柴

---

① Beck, U., *Risk Society: Towards a New Modernity*, SAGE Publications, 1992, p. 88.

② 夏莹、牛子牛：《主体性过剩：当代新资本形态的结构性特征》，《探索与争鸣》2021 年第 9 期。

火，被投入到熔炉中燃烧自己，可能有一天，他们会被高强度、高压力的工作榨干而不得不退出。熔炉一直在燃烧，而个体劳动者却换了一批又一批。平台企业在设计按需经济时，其背后的逻辑依然是将它看作一种消耗性而非成长性工作。[①] 如果单单依靠这样的"消耗式"运营模式，平台经济的发展又能够持续多久？

　　本书提出"过渡劳动"的概念，试图追问这样一种工作背后的意义与结果。它想要阐释的是一种"脱嵌式"的结构逻辑，即"过渡"本身作为一种劳动手段在平台市场逻辑的渗透下失去了它的功能性意义，反而变成了一种常态化、永恒性的存在。这种常态化的存在，是当下平台市场逻辑得以存在、维系和发展的重要基础。在这个过程中，过渡既展现了数字平台嵌入社会治理的大胆尝试，也展现了个体对技术、规则、劳动等因素的主体想象和建构。从某种程度上讲，平台市场变成了一种"熔炼技术"，它逐步将劳动者固态、稳定的生活打碎、融化，并使之保持一种"被熔炼"的形态，"有待下一步通知"成为个体劳动者的社会常态。人的意义和劳动的意义由此发生转变。

　　这在某种程度上呼应了鲍曼所阐释的"流动的现代性"。"流动的现代性"在全球并不是同步发展的。从国内的发展现状不难发现，当下国内依旧处于平台资本的快速积累阶段，动荡、交融席卷而来，流动和过渡的节奏不但没有停止，反而不断加

---

① ［美］玛丽·L.格雷、西达尔特·苏里：《销声匿迹：数字化工作的真正未来》，左安浦译，上海人民出版社，2020年，第228页。

速。这样的状态虽然可能被打断，如突如其来的新冠疫情，但是它的过渡趋势不会改变，而是会持续很长时间。当下蓬勃发展的外卖经济正是这种过渡状态的重要体现。本书希望看到这一过渡大潮中个体的故事、叙事和思考，希望从微观、具象层面挖掘过渡的生产和意义，思考过渡性给社会带来的启示。

外卖：平台与骑手

我相信多数读者对于外卖骑手相当熟悉，毕竟在过去的十年间，没有吃过外卖的人少之又少。这一部分的写作主要有三个目的：一是从历史发展的宏观视角讲述这一人群出现的政治经济学动因，二是简述过去十年左右中国外卖经济的发展状况，三是对外卖骑手这一职业做些介绍，方便后续讨论的展开。

"外卖文化"由来已久。早在中国宋代《东京梦华录》中便有记载，"凡百所卖饮食之人，装鲜净盘盒器皿，车檐动使，奇巧可爱。食味和羹，不敢草略"。[1]甚至在《清明上河图》中，也有人发现了最早的"外卖员"的身影。店伙计或挑着担杖，或两手各执餐盒餐具，步履匆匆，外出送餐。遥想宋朝文人思潮兴盛，街市商业发达，餐饮外送出现也不足为奇。进入到近现代史，从事外卖服务最著名的案例是印度孟买出现的"达巴

---

[1] 〔宋〕孟元老撰，邓之诚注：《东京梦华录》卷五，中华书局，1982年，第107—162页。

瓦拉"（dabbawala）。"达巴瓦拉"意为"运送盒子的人"。[①]由于当时孟买出现了大量英国人，他们无法适应印度的餐食，就出现了帮助把提前准备的午餐送至工作地点的服务。该服务一天可运送 20 万个左右的餐盒，据说配送错误率极低，每 600 万次运送中只有一次差错。这在纯人工运输的商业案例中也算是一个奇迹。[②]在过去的数百年间，吃外卖多是地位和阶层的象征，是只有少数人才能够享受的服务。而外卖真正成为全球社会的主角，也就是过去十年间的事情。

一个令人吃惊的数据是，过去十年间全球范围内点外卖的人口数量陡增了几十倍，甚至成百上千倍。这一数字在不同的地区变化不同。2004 年，Grubhub 外卖平台在美国出现，成为世界上第一家线上外卖平台。2009 年，国内第一家外卖平台"饿了么"正式成立。在接下来的几年间，全球外卖平台市场遍地开花，中国、美国、巴西、印度、欧洲等国家和地区出现了大量线上点餐平台。预计到 2024 年，外卖市场的收入额将达到 1.22 万亿美元。[③]而中国目前拥有世界上规模最大的外卖平台。从 2015 年中国互联网络信息中心（CNNIC）将外卖消费列入统计以来，中国线上订外卖的人口就增加了 4 倍之多（见图 1）。

---

① 新周刊：《世界外卖简史丨原创》，2020 年 7 月 1 日，https://www.neweekly. com.cn/article/shp0329892704。

② The Economist, 2008, July 16, "The cult of the dabbawala," Retrieved August 3, 2023, from xinkaishi.typepad.com/a_new_start/2008/07/economist-the-cult-of-the-dabbawala.html.

③ Statista Market Insights, "Online Food Delivery - Worldwide," Nov, 2023, from https://www.statista.com/outlook/dmo/online-food-delivery/worldwide.

2022 年，中国线上订外卖的人数就已超过 5 亿。相应地，"外卖骑手"也逐步演变为一种容纳庞大就业人口的新工作。

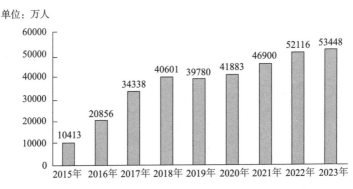

单位：万人

图 1　中国线上订外卖的人数（2015—2023）

　　从职业发展的角度讲，外卖骑手是一个新职业。2023 年初，外卖骑手才以"网约配送员"的称谓被纳入国家职业分类。而这一工作人群的大规模出现，也就是近十年的事情。外卖骑手奔走于大街小巷，身着各种颜色的工作服。那么，这群人是如何出现的？他们的出现与当下社会的运转有怎样的关系？

　　外卖骑手在中国的大规模出现，主要归于四个因素。第一个因素是市场经济与中国城镇化的发展。自 20 世纪 70 年代以来，全球化与市场经济的发展极大提升了全球劳动力市场的弹性和灵活性。随着改革开放的到来，国企改制和市场竞争迅速影响到了社会人口就业。在这一语境下，市场弹性的增加表现为国企改革和"铁饭碗"的终结。20 世纪末出现了工人"下岗潮"，也有不少人放弃稳定工作主动"下海"。恰在此时，我国正在经历史上规模最大的城镇化，大量农民工群体进城务工。

1978 年我国的城镇化率为 17.92%，2020 年已达到 63.89%。[①]
改革激发了市场活力，也催生了弹性劳动力市场机制，使大量
劳动者成为"朝不保夕者"。

第二个因素是 2008 年金融危机后全球量化宽松政策的持续。
这一危机使全球经济陷入衰退。为了拯救市场、提振经济，全球
开启了量化宽松政策，通过购买国家担保的金融资产来重建金融
信誉，并向信贷市场注入流动性。如此一来，一大批"热钱"游
走于世界各地寻找投资标的，而此时的互联网成为金融资本一个
重要的去处。千禧之年前后的互联网已历经十余年的飞速发展，
风投资本的注入更是为诸多互联网创业公司插上了腾飞的翅膀，
促成了包括外卖产业在内的平台经济商业模式的大发展。

第三个因素是过去十年间制造业的产业转型和升级。千禧
年前后，中国是著名的"世界工厂"，拥有大量的就业人口和低
成本劳动力[②]，但近些年，我国产业结构出现了明显变动，主要
表现在服务业所在的第三产业比重大幅增加，制造业所在的第
二产业比重逐年下降。截至 2020 年，第三产业占 GDP 总量超
过一半，而第二产业为 37.8%。[③] 信息技术产业的快速发展冲击

---

① 吴瑞君、薛琪薪、罗志华：《我国人口迁移和城镇化格局的转折性变化：
　2000—2020 年》，《上海行政学院学报》2022 年第 1 期。

② 邱林川：《信息时代的世界工厂：新工人阶级的网络社会》，广西师范大学出版
　社，2013 年，第 11—38 页。

③ 中华人民共和国国家发展和改革委员会：《"十四五"时期我国产业结构变动特
　征及趋势展望》，2021 年 10 月 12 日，https://www.ndrc.gov.cn/wsdwhfz/202110/
　t20211012_1299485.html。

了传统制造业，倒逼产业结构转型，大量的工厂工人开始谋求就业的转型，这为零工经济的发展提供了充足的劳动力。

第四个因素是媒介技术的发展。零工经济的发展以移动终端为基础。在中国，智能手机经历了普及化，广大的农民工群体也在过去的十年间统统换上了智能机。手机深度嵌入劳动实践，并通过智能技术与算法实现远程掌控。技术的高可及性和就业的低门槛，使大量劳动力涌入成为可能，这也在一定程度上促成了外卖经济的大规模发展和就业。

尽管只有十余年的发展，但中国的外卖产业增长迅猛，已经成为当下平台经济的重要组成部分。作为一种新的经济模式和劳动形态，外卖经济有很多的别名，包括"新业态经济""共享经济""新型互联网经济""零工经济"等。在过去的十余年间，中国外卖产业高效地完成了一个产业周期所需要经历的多个阶段，并开始趋向稳定化发展。概括来说，外卖产业共经历了四个阶段：初始创业期、平台扩张期、竞争兼并期、寡头垄断期（参见表1）。

表 1　中国外卖产业的发展阶段

时间	发展阶段	重要事件
2009—2013	初始创业期	2009 年 4 月"饿了么"网站正式上线；2013 年"美团外卖""阿里淘点点"上线，红杉资本、阿里巴巴、经纬中国等风险资本涉足外卖行业
2014—2016	平台扩张期	"外卖大战"拉开序幕，2014 年"百度外卖"上线，各大平台开始进行"价格战""补贴战"，扩张市场份额

时间	发展阶段	重要事件
2017—2018	竞争兼并期	2017年8月,"饿了么"收购"百度外卖",外卖市场由"三足鼎立"变为"美团"与"饿了么"的"双雄争霸"
2019至今	寡头垄断期	两大平台占有绝对优势,包括劳动力配送、店家布局、从外卖到生鲜的配送链条等

外卖行业[①]自2009年起步,在2014—2016年迎来发展高峰,并从2019年开始趋于平稳。在外卖平台的发展初期,外卖公司的数量不断增多,市场竞争趋于白热化,自2014年"价格战"开始后,外卖平台普遍通过"烧钱"赚取市场占有率,一些资金链薄弱的企业被迫退出。因为平台之间打"价格战",所以消费者可以用极低的价格买到一份不错的外卖餐品。我还记得当时一个朋友向我夸耀,他只用了五元就买到了一份原价四十多元的肯德基套餐。用大家的话来讲,那是一个红包、奖励、补贴满天飞的时候。也正是在那个时候,外卖骑手开始变成一个热门职业,大街小巷开始流传"外卖小哥月入过万"的故事。[②]这样的故事广泛传播,并迅速在社会上产生了连锁反

[①] "外卖行业"指营生,"外卖产业"更多地是从资本运营端进行阐释,"外卖经济"指一种零工形态,而外卖平台则是一种平台化的运营,算是一种新业态。为展现不同的情境,在此保留多种表述方式。

[②] 浪花两朵:《外卖小哥月薪真的上万吗?》,简书网,2017年10月19日,https://www.jianshu.com/p/d508dae4afda。

应，一些农民工或赋闲的人听说送外卖很赚钱，纷纷开始进入外卖业，做起了骑手。

那么，外卖骑手真的可以月入过万吗？我们的调查显示，确有其事，但这样的比例并不高。在2021年我们调研小组的问卷反馈中，仅有8.85%的人表示自己每月可以拿到9000元以上的收入。其实外卖产业"先烧钱后垄断"的发展模式并不利于骑手的收入增加。相反，不少骑手都表示自己的收入呈逐年下降之势。只是，在外卖产业的后续发展中，"月入过万"确实成为平台招工的有效宣传语。直到2020年，我问一些骑手为什么进入外卖行业时，仍旧有人告诉我，因为他们听老乡说"外卖行业一个月可以拿到一万多"，虽然那时他们的月均收入仅仅能到4000元上下。对于来自广大农村的流动人口，"月入过万"构筑了他们对于外卖劳动美好的初始想象，也在无形中构筑了他们对于一个新兴产业的希冀和自我实现的目标。

于是，外卖骑手这个职业，在人类历史上第一次如此高频地出现在人们的视野中。如同网购带动了快递行业一样，外卖经济的快速扩张迅速带动了配送就业。截止到2020年6月，"饿了么"在线外卖平台已经覆盖全国2000个城市，其入驻餐厅达300万家，日均配送450万单，用户量达2.6亿，服务于蜂鸟即时配送平台的注册配送员超过300万人。美团的内部参阅则提及，在2020—2021年，有470万骑手从美团平台获得了收入。[1] 由

---

[1] 美团战略研究院：《2021年第一季度财报》（美团参阅纸质版），2021年5月31日。

于目前缺乏官方数据，我将主要的外卖平台就业人口进行加总后发现，国内外卖骑手数量实际已突破 1000 万人，而且这一数字在疫情后仍在继续增加。[①]下一章将展示，随着外卖组织和管理的完善，外卖骑手依据工种的不同被分为了专职、众包、乐跑（优选）等类别。这些骑手有的属于站点管，有的是"散养"模式。自 2018 年后，已经不存在与平台具有直接劳动关系的骑手了，大部分骑手都是与中介公司签订劳动合同或劳务协议。保障的不连续和不稳定使"干几个月就走人"成为常态。

外卖行业的进入门槛低：具有民事行为能力、无犯罪记录、有健康证。对于想挣点零花钱的多数人来说，这样的门槛非常容易达到。我所在的十几个外卖骑手的微信群里，每天都有大量中介发广告，表示可以快速帮办理健康证、开具无犯罪记录的证明。他们将自己办理过的成堆的健康证拍成照片，发到群里，配上"你还在等什么""不要犹豫，机不可失"等话语，鼓励大家来跑外卖，并借此赚取收入。群里只要有人询问与外卖就业相关的问题，就会有一大堆人"跑出来"答疑解惑，并主动要求添加提问人的微信，声称自己可以帮助解决问题。在这样一种熙熙攘攘的环境下，越来越多的人选择离开流水线和工地，拿起手机、骑上电动车，跑起了外卖。

按照既往学者的分析，平台经济是一种典型的后福特主义生产方式，这里面存在两类劳动者：核心劳动力和边缘劳动

---

① 外卖人数的统计是基于"美团""饿了么""闪送"等主要外卖配送平台所呈现的官方就业数据加总得出。

力。① 前者多负责技术性工作，通过软件研发、产品运营和市场公关等来帮助平台确立市场竞争力和垄断地位，比如我们俗称的"大厂"员工；后者则被安排了劳动密集且繁重的工作，通过数字化的管理被控制在一个动态的物流网络之中，比如骑手——他们通过繁重的身体劳动将这样一套外卖配送的系统变为现实。

虽然他们在劳动分工中相对来说处于边缘，但是这并不妨碍他们对这样一份劳动注入希望。很多人希望通过跑外卖过上体面的生活，而他们的话语中总会出现"将来""等到有一天""未来的时候"等。但是，他们确实并不知晓自己会工作到何时，没有明确的规划正是他们的常态。可以说，他们是资本产业催生的新一代"朝不保夕者"。他们的劳作和生活与技术紧密相连，他们带着愿景、梦想和希望，与资本协商、合作、博弈，有时候，骑手劳动与经济理性和工具理性紧密纠缠；有时候，骑手劳动也会与社会、技术发展的特定阶段相融合，留下自己短暂却值得记录的数字痕迹。

我的田野

中国的外卖经济发展迅速，已成为当下中国社会重要的数字化基础设施。本书的田野数据来自我在 2017 年 5 月至 2024

---

① 谢富胜：《资本主义的劳动过程：从福特主义向后福特主义转变》，《中国人民大学学报》2007 年第 2 期。

年 3 月间对外卖员的持续观察。其间，我所在的调研小组以访谈、田野观察、问卷、跟跑单等形式参与对外卖产业尤其是外卖骑手的观察。问卷调查地点以北京地区为主，在 2018 年到 2023 年 6 年间连续发放。参与问卷的外卖骑手人数分别为 N（2018）=1339，N（2019）=771，N（2020）=1306，N（2021）=1209，N（2022）=1208，N（2023）=1264。访谈则伴随田野调查，每年不间断进行。截止到 2024 年 3 月，我访谈了两百余位骑手，其中包括三十余位女骑手，也包括二十余位站长、调度员、骑手小组长等。调查的时间维度跨越了新冠疫情，所以疫情期间的访谈多在线上进行。也正是在那段时间，外卖骑手作为"朝不保夕者"的身份更加凸显，"手停""脚停"意味着"嘴停"，没有收入给他们带来的冲击极大。因此，本文的部分内容也记录了疫情期间外卖骑手的劳动与其面临的困难。

除了外卖骑手，我也尽可能地采访了外卖平台工作人员、加盟商、代理商、消费者、餐饮店家以及骑手家人，并搜集了相关的资料和数据。其中，我对三十余人进行了正式采访，其他大多是日常闲聊和交流。在这些信息中，有的是一手数据，有的是来自政府、媒体、市场机构或者个体观察者的二手数据。这些数据对于我拼凑整个外卖行业"过渡劳动"的故事十分重要。

我关注的大多数骑手在大城市，如北京、上海、广州、深圳、济南等地跑单，与此同时我也访谈了一部分在县城，如陕西渭南和宜君、江西景德镇、云南勐海、山东菏泽曹县等地跑单的骑手。骑手是一群十分具有流动性的人，大城市的骑手来自五湖四海，这样的地域多样性帮我更好地看到了各种各样的劳动者境况。他们有的家里还在务农，秋收时需要赶回老家收粮食；有的已经举家搬来大城市，几乎与老家断了联系。有的把孩子留在老家让父母带，有的让孩子进了寄宿学校，也有的即使吃力也要把孩子带在身边。他们有的已经结婚生子，也有的才十几岁就跑来大城市"看世界"。家庭和未来对于每个人的意义非常不同。我们调研小组分析了在北京地区所做的外卖骑手问卷发现，骑手几乎来自全国各个省份，多以农村地区为主。骑手最多的一个身份，依旧是农民工。跨越两个时代的两份职业有着鲜明的连续性，这让我在后续的分析中多少有了一些历史的延续思考。需要说明的是，这里的外卖骑手不仅包括送餐的骑手，也包括送文件、药品、生活用品的骑手，如"闪送"和"UU跑腿"等细分业务的骑手等，但不包括快递配送员。

与千禧年前后出来务工的大批农民工一样，骑手们多是通过老乡、熟人、亲戚关系等跑来特定的城市打工，这样可以一定程度上削弱他们的不安全感。根据调研小组2021年对北京市外卖员的调查，通过老乡或朋友介绍进入外卖行业的骑手占被调查总人数比例的74.03%；网站招聘次之，占10.67%；通过微信群招聘广告、微信朋友圈、劳务中介、QQ群、广播等渠道加入外卖员行列的人数占比均不足5%。但与农民工群体略有不同的是，加入骑手队伍的劳动者似乎更愿意"赚快钱"。这背后的原因很复杂，一些劳动者头脑更灵活，想要乘着快速崛起的互联网之风赚一波红利；也有一些劳动者迫于现状，找不到其他工作而不得不送外卖。同年的问卷调查发现，外卖骑手多背负债务，负债人数占被调查总人数的62.94%。其中，84.91%的负

债骑手负债金额在 1 万元以上，12.47% 的负债骑手负债金额在
30 万元以上。在背负债务的骑手群体中，近半数（48.16%）骑
手因买房 / 买车而负债，有些因养育小孩 / 赡养老人（37.40%）
和创业失败（36.61%）而负债。外卖骑手的负债原因多来自住
房与家庭，这也让我们看到过去几十年的城镇化对农村人群的
影响日益增强。

送外卖是一项太过生动的数字劳动，每天奔跑在街头巷尾
的骑手会让我产生一种数据唾手可得的乐观。可实际情况是，
在街上"捕捉"骑手并不容易。他们像池塘里游来游去的小鱼，
极易受到惊吓。静止的时候你扑上去，他们会立马躲开或逃跑。
有一次，我和几个同学一道去陕西渭南调研。在一家肯德基店
里，我们发现了几个正在玩手机等餐的骑手。一个同学跑上前
去询问其中一个骑手是否愿意接受我们的采访。可能是同学说
得太正式，那个骑手连连拒绝，甚至吓得跌倒在地，爬起来之
后立马跑了出去。在一次次被拒绝的尝试中，我与调研小组的
同学们不断地学习、摸索"打开"这群人的方式，逐渐有了经
验。多次拒绝让我开始变得厚脸皮、自来熟，有时我觉得自己
像一个打足了鸡血的销售冠军，即便被拒绝也可以笑嘻嘻地站
在那里，淡定且从容，继续等待"捕捉"下一个骑手。

初期的田野调查以"偶遇"和"捕捉"为主，逮到愿意与
我多聊的骑手就尽可能多地与他们交流。其他骑手看了，会在
一旁盯着我，并不上前，看得出来他们十分好奇但又不好意思
多问。随着田野时间的增加，周边骑手的戒备少了很多。一些
骑手甚至开始主动打招呼："你们又来了？这次调查什么？"慢

慢地，我们与其中一些骑手变成了朋友，他们开始主动给我介绍愿意聊天的人。甚至有段时间，一些骑手以接受我们的访谈为荣："孙老师的调查，自然是要来的！"可能是因为自己的倾诉和表达得到了重视，让他们感到欣慰。有的骑手知道我是学者和大学老师，研究外卖骑手，就夸赞我，说我有同情心；也有的骑手在我与调研小组的同学做田野的时候，对我们进行"再教育"，认为我们"这些大学生、老师应该落地一些，多多关注社会上的真问题而不是跟随网上的'专家'胡说八道"。有好几次，一些爱琢磨事情的骑手反问我："你不是研究骑手的吗？不是能帮我们吗？那为什么我们这个派单时间不但没有增加，反而越来越短？""你做这个研究有用吗？真的有人关注我们这些人吗？"

学者下到田野中被认为是有资源、有人脉关系，这种情况我和调研小组的同学也遇到过。在此过程中，骑手遇到一些具体困难时会求助我们。他们有的遭遇不公，愤愤不平，希望我们能够联系媒体替他发声；有的遇到困难，希望我们能够动用关系，联系外卖平台帮助其解决；也有的希望分享自己的故事，说"保不齐有一天可以上新闻，就出名了"。对此，我时而努力帮忙联络协调充当问题解决者，时而又因为自己能力有限而哭笑不得。

外卖田野对我来说是一个充满挑战的学习过程，我慢慢地学会了如何与大多数骑手相处。作为一名来自象牙塔的"青椒"女性，在多数骑手是男性的情况下，深入和融入他们的生活并不容易。取得信任需要时间。人是复杂的，骑手当然也是。他们是一群活生生的人，而不是等待被限定在特定苦难框架里的二维存在。我时而倾听，时而抉择。在田野里，我慢慢地学会了如何体验和理解这个江湖，也体会到了经验的重要性。人的经验是复杂的，它有感受、有思想。[①] 每一次的田野，都让我有所进步。有时候是我的嗅觉、触觉、听觉等感官变得更加敏锐，有时候是我理解空间、地方、流动的思维变得更加活跃。这不禁使我想到稻盛和夫所说的"现场有神灵"，也许正是这样一种美妙的体验。

"知识只属于实践者，只能在丰繁复杂的人民实践中不断汲取新的内涵——这是唯一有效和可靠的内涵，包括真情实感在概念中的暗流涨涌。"[②] 正因为如此，我在本书中并不甘于仅仅强调外卖骑手的劳动过程，而是希望看到劳动所联结的千千万万的生命历程和个体命运。在具体论述中，本书采用自下而上的展开方式，将话语的主体性重新归还给个体劳动者，从他们的视角窥探过渡劳动形成的原因、过程和引发的社会影响。

作为一名观察者，我有幸在田野中认识了很多乐于助人的骑手，甚至与其中不少骑手成为彼此信任、交心的朋友。这对于我而言是一段难得的经历。我自认不是一个熟稔于开拓社会关系的人，但是外卖的田野让我看到了这种可能。伴随着外卖骑手的生命历程，我也更加坚定了自己关注和记录数字劳动者

---

① ［美］段义孚:《空间与地方：经验的视角》，王志标译，中国人民大学出版社，2017 年，第 6—14 页。

② 韩少功:《暗示（修订版）》，人民文学出版社，2008 年，第 381 页。

的使命。感谢我在 2017 年至 2024 年期间获得的大大小小的学术资助，因为有这些资助，我可以力所能及地给骑手一些误工费。数目虽然不大，但大致抵得了他们因为与我聊天而耽误的本可以获得的劳动报酬。这让他们更加心安理得地与我聊天，也让我有更多的机会接触、了解骑手的工作和他们的心思。对于既无个人魅力也无熟人关系的我来说，访谈劳务费的存在是我进入田野、获得大量一手资料不可或缺的支撑。出于对受访者和支持者的尊重与保护，本书提及的所有访谈者姓名均为化名。

写作的时间断断续续已有三年，细细算来并不算短。作为一名青年学者，中间总有诸多或细碎、或重要的工作任务需要处理，时常感叹千头万绪，无法集中精力全力书写。在编辑顾晓清老师的催促和帮助下，总算在时间的碎片中完成此书。每每做完新的访谈、见过更多的人、读到内容好的材料，总希望将其融入自己的研究，也是因此，文稿一推再推，历经反复修改删减，终成为现在的样子。虽不够完美，也已尽力。至于一应缺憾，皆归于我。

视角与结构

如前文所言，本书想要论述的最核心的问题是：外卖劳动如何变成一种过渡劳动？在我们对于"工作"的诸多定义中，"稳定"成为其中的重要特质。几乎人人都希望自己所从事的工作体面而稳定，这不难理解，因为稳定的工作能够在很大程度上帮助个体在多变、危险的社会环境中生存。在风险社会下，稳定的工作就像一间"避难屋"，成为个体安全感和成就感的一部分。而对外卖骑手这样的群体来说，稳定正在变得越来越不可能。本书希望看见并分析造成这些不可能的原因与机制。

关于本书的视角，首先，我希望专注于劳动者个体生命的整体性。本书采用一种韦伯式的研究方法，先了解研究对象的生命世界，再利用学术概念进行阐释。[①]在关于外卖骑手的描述中，本书希望看见关于骑手立体的生活"构型"，[②]这里的"构型"不仅涉及他们的劳动状态和工作轨迹，也涉及他们的生活、家庭、交友、思考等。它们交杂在一起，而我无意将其分开，也无法将其分开。外卖骑手的"过渡劳动"体现在其日常生活的方方面面，许多地方可能显得细碎、重复，甚至无聊，但对于本书的分析来说，它们构成了劳动意义和生活本身。虽然书中的内容有相当一部分与骑手的劳动生产相关，但我仍希望自己能够跳脱"生产"框架，用"整体化的方法"去关注人、劳动和流动的问题，并以此去理解社会的、空间的、性别的现代化社会场域和社会关系。[③]

---

① 李金铨:《传播纵横：历史脉络与全球视野》，社会科学文献出版社，2019 年，第 137—141 页。

② 项飙:《生活意义的构造须回归"常识社会学／人类学"》，《探索与争鸣》2022 年第 5 期。

③ Perrons, D., "Living and Working Patterns in the New Knowledge Economy: New Opportunities and Old Social Divisions in the Case of New Media and Care-Work," in S .Walby, H .Gottfried, K. Gottschall, & M. Osawa (Eds.), *Gendering the Knowledge Economy*, Palgrave Macmillan, 2007, pp. 188-206.

其次，本书希望在个体生命整体性的观感之上，关注其劳动与生活的情境化（contextualization）。情境化关注"此情此景"，这对日新月异的平台化劳动来说十分重要。昨天发生的事情可能在今天不会重复，思考当时的情境与现在的关联就显得尤为重要。丁未在《流动的家园》一书中曾讲述过其"情境化研究"的方式，而个体劳动者的所思所想确像一条条充满经验的河流。这种经验的河流彼此并行，却又相互交融、激荡，而周边环境的变化也会或轻微或剧烈地改变河流的流通情况。"情境化"的另一种理解是"脉络"，这更像是一种联结的思路，在看到"此情此景"的同时可以联系到"他情他景"，甚至是更广阔语境下的现实对比。

在田野中，我的注意力往往只能集中在一种情境上面，当多种情境同时出现在眼前并相互交织、不断变动时，我作为研究者的角色在不断地发生变化，退出与参与的选择性也在不断地增多，这使我感受到了一种复杂感。它时而让我兴奋，时而让我沮丧。在行文中，我将努力呈现一些复杂感，与此同时，也不得不去"悬置"更多疑问、焦虑和不确定。我想，这大概正是田野调查的魅力所在。

最后，与所有人类学田野调查的研究相似，本书希望通过自下而上的视角，用个体鲜活的生命经验连通时代变化与社会发展的脉搏，入乎其内，出乎其外。数字劳动与平台劳动的研究越来越变成一个宏大而丰富的概念框架，这就意味着穷尽其意义和进行总体性的论断变得越来越困难。当下诸多关于数字劳动或平台劳动的研究以非常翔实和重要的数据剖析了数字化在管理和控制层面的种种可能，但这也让我隐隐感到忧虑，如果所有结论都指向控制性本身，那么想象与讨论主体性的可能是否还存在？如果存在的话，又在哪里？二元的框架让我有些害怕关于数字劳动的丰富性、趣味性、立体性会被抹杀。保罗·威利斯说，"批判性民族志的研究实践为理解人类所展示的这幅历史巨卷提供了能动性"[①]，对此我深以为意。因此，本书在论述中无意去迎合、强化主流的常识性问题，也不想简单地批判"资本万恶"。同时本书并不希望"理论先行"，或者将丰富有趣的在地材料硬塞进"社会理论的紧箍咒"[②]。相反，我想大胆一点，用书写的开放性去看到一个生动的、自主涌现的社会动态，一个复杂流动的脉络图谱。

在这个研究中，我努力地让自己舍去一些宏观、漂亮的"外衣"，去关注个体劳动者鲜活、热烈的劳动和生命体验。我努力不去把他们框在一个成形的理论框架中，不去"削足适履"，希望鲜活的经验材料能够引导我慢慢看到一幅模糊却令人欣喜的劳动生态图谱。

参与外卖骑手的田野观察时常让我困惑，为什么技术的进步没有让"劳动变得轻松愉快，反而让劳动变得更加繁重艰辛"？[③]为什么平台经济如此精细的组织和管理没有减少参与者

①［英］保罗·威利斯：《学做工：工人阶级子弟为何继承父业》，秘舒、凌旻华译，译林出版社，2013年，第18页。

② 李金铨：《新闻史研究："问题"与"理论"》，《国际新闻界》2009年第4期。

③ 夏莹、牛子牛：《主体性过剩：当代新资本形态的结构性特征》，《探索与争鸣》2021年第9期。

的劳动时间，反而让他们"黏在平台上"？^①为什么看上去相当不错的收入无法留住骑手，反而加速了他们的职业流动？对于这些问题的思考贯穿着我的行文过程。

在写作的过程中，我不得不时常抵抗一种压力，那就是把外卖骑手苦情化、扁平化的压力。或者说我在抵抗一种高估性，即对于劳动人群的过度赞美。这往往是很多媒体书写期望呈现的。并不是说骑手不值得赞美，而是这么做让我无法看到对劳动或者劳动者真正的尊重与敬畏。我更希望以平视的姿态看到他们的生活，这是一群特色鲜明而又头脑灵活的劳动者，正如斯坦丁所言，"单纯从苦难的角度来看待朝不保夕者是不对的。很多人沦为朝不保夕者，是因为不喜欢工业社会和 20 世纪的劳工主义，想要追求更好的生活"。^②

在书写的过程中，我时常在想一个问题，什么是外卖骑手所创造的意义？这是一个很难回答的问题，但是如果非要有一个答案，我想那应该是他们在不确定中、在过渡中如何抓住机会、塑造生活的经验与勇气。无论是翻天覆地的平台经济，还是难以预测的经济政策，对于个体而言都是自上而下、被动接受的过程。这些过程往往没有真正的主体责任者，它们多被包装成国家、政府的治理型机器。这也就意味着谈论意义本身十

---

① Sun, P., Chen, Y. J., & Rani, U., "From Flexible Labour to 'Sticky Labour': A Tracking Study of Workers in the Food-Delivery Platform Economy of China," *Work, Employment and Society*, vol. 37, no. 2, 2021, pp. 412–431.

② ［英］盖伊·斯坦丁：《朝不保夕的人》，徐偲骕译，浙江人民出版社，2023 年，第 23 页。

分困难。但是，底层数字劳动者的言语、实践却与此全然不同。他们显眼、明亮、直白，虽有时略带粗鲁或显得不合时宜，却完全不影响他们是真正的主体行动者这一事实。本书想展示骑手在日常生活、劳动中"反转结构性压迫"①的一些瞬间和故事。骑手们在诸多困难和不平等面前积极地对抗，来为自己争取更自由、更体面的生活，那些谋求快乐与自由的小策略、小技巧时常让我无比感慨。他们与经济转型、产业升级、社会重组、关系重建等宏大命题同时存在，他们积极参与其中，徜徉其中，努力且坚定地成为社会变迁、经济变革的一部分。传统的劳动关系被销蚀，平台经济所塑造的新的关系在酝酿，新的可能和新的束缚在同时产生。我们比以往任何时候都更需要看到大规模数字化、城镇化、平台化所催生的新型能动力量。这些能动力量来自数字劳动者。

全书共有八部分，围绕"过渡劳动"的概念来阐释外卖骑手这一人群的劳动与生活实践。主体部分安排如下：

第一章主要讲述平台的组织化问题，即外卖骑手是如何被超强的平台组织聚合在一起的。在剧烈而快速的变迁中，骑手的劳动状况正在面临一种矛盾的拉扯：一端是平台的组织化不断增强，另一端是劳动的灵活性不断增强。"出入自由"成为该职业的重要特征，也同时让他们成为真正的"朝不保夕者"，而流动与奔波成为其必然选择。

---

① 黄盈盈：《性/别、身体与故事社会学》，社会科学文献出版社，2018年，第1—24页。

第二章讲述了平台技术体系的生成，以及它如何管理骑手、如何与骑手互动。借由算法的智能性，平台建构了一种"生成性管理"的模式。于是在人－机没有充分沟通的情况下，出现了骑手"困在系统里"的情况，因为作为"人"这一端的骑手面临诸多无法摆脱和解决的困境。

第三章回到作为劳动者的整体性视角，讲述了劳动者成为骑手的过程。从四面八方赶来的劳动者进入外卖行业，折射出了信息化和平台化带给个人的巨大冲击和虹吸效应。当越来越多的骑手专注于比较彼此间的收入而非共同利益时，制度化的个人主义便形成了。这也是过渡劳动形成的前提条件。

第四章和第五章关注外卖劳动的两个重要面向：区隔感与性别化。第四章试图阐释外卖劳动在何种程度上变成一项"区隔劳动"，以及此种"区隔劳动"如何在身体、流动、监管等不同层面加剧了外卖骑手的劳动过渡性，包括风险区隔、时空区隔、流动区隔。在此过程中，外卖骑手明显感受到了疏离和区隔，这令他们没有归属感。第五章讲述了性别劳动，即女性如何利用这份工作谋求短期利益。受传统家庭分工的影响，女骑手似乎更加知晓并了解外卖作为一种"生活缓冲"的重要作用，她们在生活、家庭遇到困难之余投身外卖，并力图借助外卖劳动来度过困境。同时，由于女性需要承担更多的再生产劳动，过渡性也体现在她们需要兼顾母职和工作上。

第六章主要关注骑手劳动的主体性问题。本章围绕"数字韧性"这一概念的提出进行阐释——"数字韧性"是一个涵盖了外卖员劳动、生活与社会关系的动态框架，它关注能动性发挥的日常氛围和具体情境，也关注数字技术和流动性给这个群体带来的能动性方面的新变化。本章没有将描述的范围圈定在罢工、抗议这样的直接对抗与冲突中，而是希望包括更广泛的能够彰显数字劳动者主体性的实践与活动，如对"过渡性"的利用、"逆算法"的劳动策略、媒介社群的建立和使用等。

第一章

组织化与灵活性

本章主要探究外卖经济的组织形态。应该说，"跑外卖"是一项相对容易习得的营生，只要你会骑电动车、会用送单 App、会看地图，就可以成为一名骑手。低门槛和相对高的收入吸引了大批灵活劳动者。当外卖骑手的人数由几十万变成几百万，再变成上千万时，我们就不得不提到"组织"和"管理"的问题。试想一下，一个公司如果需要同时管理千万级别的劳动人口，而且这些人遍布全国各城市的大街小巷，它该怎么办？这是一项艰巨而庞杂的任务。

这正是本章希望解答的问题：外卖骑手是如何被组织起来的？这是一种什么样的组织生态？在外卖大军的形成过程中，平台公司、劳务中介、外卖站点分别扮演了什么角色？既往对于外卖平台和数字劳动的研究，向来强调平台资本对于劳动者的控制规训，对外卖劳动的组织机制却少有着墨。本章试图从组织社会学的视角切入，探究外卖劳动的组织化过程，尤其是外卖经济下隐匿的劳动中介和劳务外包问题。在分析外卖经济的时候，我们更容易看到产业链的两端，即平台和外卖员，却忽略了中间诸多组织、管理、中介的机制和环节，这既包括平台架构中多层级的加盟商、代理商，也包括这些劳务中介机构细分下来的区域、片区、站点等小规模组织体。在本章的分析中，我将试图阐释，劳务中介和外卖站点既是平台管理触角的延伸，也是重要的组织化机制。在外卖经济蓬勃发展的过程中，这些中介机构承担着"组织劳动"与"招募劳动力"的双重任务。

一个有趣的发现是，在过去的十年间，外卖平台正经历着组织化的不断增强，但是这种强组织化并没有给骑手带来职业的稳定性，恰恰相反，它进一步加剧了骑手的灵活性。平台与多层劳务公司的合作，促使外卖劳动的类别和组织规则越来越细化。与此同时，骑手却不得不面临更加随机、灵活的劳动机制，而这些机制往往会导致其劳动权益被日益削减，并因此产生更多不对等的劳动条约。用一位外卖骑手的话来说，就是"权利没多少，事儿却变多了"。

概括来说，外卖平台正在形塑一种"过渡性"的组织生态。

被掩盖在不断更新的管理规则和庞杂的技术规则之下的，是外卖平台组织生态越来越复杂的现实。平台一方面不断推进管理机制的细化，另一方面也不断尝试"解绑"与外卖员的直接雇佣关系。那么，这是如何做到的呢？首先，平台的运营通过实施"资产剥离"，以"外包"的形式将地方业务拓展、外卖骑手的招募和管理委托给第三方，这样既可以缩减劳动管理成本，也可以有效帮助自身与外卖劳动者实现直接劳动关系的脱钩。但是，脱钩并不意味着对骑手劳动管理的放任。相反，平台通过与劳务公司的合作，不断丰富、发展用工类别，创造并逐步完善了"中介—城市—片区—商圈—站点"的多层组织传导机制，用以管理日益细分的骑手工种和劳动形态。在这样的机制下，平台有效维持了"组织化"与"灵活性"的微妙平衡。

不过，这样的微妙平衡有着先天的矛盾性。当平台不再声称自己对于劳动者的拥有和控制，劳动者变得进出自由，外卖也就成了一项"随选服务"和个人化的选择。但是，一旦劳动者进入外卖行业，各种各样的管理规则和细化的劳动要求就扑面而来。算法与劳务中介的联合管控，让外卖劳动看起来灵活，实则十分受限。几乎每个进入外卖市场的人，都挣扎在这种矛盾张力之中。大家来去匆匆，看似自由，却终究无法长期落脚于此。这种感觉很像鲍曼在《流动的现代性》中所展现的劳动意义的改变，"劳动已经失去了它在一大批于固态的现代性和沉重的资本主义时代占据统治地位的价值中的中心地位。劳动不再能够提供可资环绕和可资自我界定、确立自我身份和生活计划的基准"。①

对于平台来说，劳动力的组织化和灵活性都是它极力想要达成的。因为只有"组织化的灵活性"，才可以最大限度地适应平台迅速变动、急剧扩张的市场战略需求。例如，在2016—2017年外卖平台激烈争夺市场、进行"价格战"之际，这种变动的、不断细化的组织形态有力地支援了平台业务链条的扩张。

---

① ［英］齐格蒙特·鲍曼：《流动的现代性》，欧阳景根译，中国人民大学出版社，2018年，第235页。

大量灵活的众包劳动力在短时间聚集，以惊人的效率形成小组和站点并完成送单任务，保证了消费者能够"快好省"地享受外卖服务。而在此过程中，各类中介组织成为大规模生产、管理和维系数字零工的重要组织力量。通过与平台合作，他们构建了一套错综复杂的网格管理机制，[1]试图将个体劳动者稳稳地抓在手里。

需要看到的是，这种层层编织的网格化管理虽然有效，却也凸显了平台经济发展中的矛盾：组织化的形态想要尽可能地"拢住人"，而落实到具体的情境下时，鲜活的劳动者会在层级化的管理中努力跳脱出来，这其中充满了组织与个人关系式、人情式的张力角逐。

细化的类别

外卖员的就业形态多种多样，按照劳动时间和形态的不同，可以分为直营、外包/专送、众包、自营等模式。这些称呼主要来自骑手和平台管理中的日常话语，基本概括了目前市场上主要存在的骑手类别。当然，这些类别在不同的平台也会被冠以不同的称呼。外卖市场瞬息万变，组织结构不断地趋于灵活化，新的工种也不断出现。为了方便阐释，本书暂且使用以上几种称呼来代表外卖劳动中的不同用工类别。在后续的论述中，我

---

[1] Tang, B., "Grid Governance in China's Urban Middle-class Neighbourhoods," *The China Quarterly*, vol. 241, 2020, pp. 43–61.

可能会经常提及不同的用工类别，以此来对骑手的劳动进行情境化的展现。

种类

"直营"指直接受雇于外卖平台的全职劳动者。直营外卖员与用工平台签订劳动合同，享有养老保险、工伤保险等社会权益保障。这一类别多存在于 2018 年 8 月之前。

"外包"又称"专送"，指受雇于劳务派遣公司的全职劳动者。外包骑手原则上需要与劳务派遣公司签订合同。但通过过去五年间的田野调查发现，有近六成骑手表示自己没有与用人单位签订劳动合同。外包骑手由站点管理，需要遵循所在劳务公司的要求，如穿外卖制服、接受排班、开早会等。

"众包"指通过平台抢单、自主进行零散送单的兼职外卖员。众包外卖员以个人兼职的身份参与外卖订单配送，名义上由 App 注册时所在的第三方劳务公司管理，网上签署劳务协议，不享有社会保障。众包骑手名义上受到站点和站长管理，但管理松散，可穿自己的衣服送餐。

2019 年，外卖配送平台在"众包"的名类之下发展出了"乐跑"/"优享"骑手。这些骑手的劳动关系特征与众包骑手并无二致，但其劳动过程却与专送骑手相似："乐跑"/"优享"骑手有固定劳动时间，其单量大、路程短、单价低，不能拒单。

"自营"指餐厅自主雇佣的全职或兼职外卖员。外卖员与所在餐厅达成协议，由餐厅支付配送工资，具体劳动关系视具体情况而定。

表 2　外卖劳动市场的用工类别形式

	雇佣方	劳动合同签订情况	收入来源	劳动时间	站点管理	社保缴纳
直营	外卖平台	是	底薪+送单	8小时及以上	有	平台与个人共同缴纳
外包/专送	劳务派遣公司	近四成签订劳动合同①	按单计价	8小时及以上	有	个人缴纳或不缴纳
众包	劳务派遣公司	否	按单计价	灵活	名义上有，实际松散	个人缴纳
乐跑/优享	劳务派遣公司	否	按单计价	8小时及以上	无	个人缴纳或不缴纳
自营	餐厅	否（大部分情况下）	部分情况按单计价；部分情况底薪+送单	视餐厅具体情况而定	无	多为个人缴纳；部分为用人单位与个人共同缴纳

　　需要指出的是，外卖市场的用工类别并不是一开始就如此多样，而是伴随着外卖市场业务的不断拓展而产生。例如，我在后面的章节将会探讨"直营"的消失，以及"乐跑"/"优享"的出现。随着外卖市场的不断扩张，用户需求不断增加，平台企业不得不承担急剧增加的劳动力成本。为了削减用工成

———————————

① 专送骑手的劳动合同签订情况信息来自作者所在的调研小组于2021年4—8月进行的北京市外卖员职业劳动状况调研。

本，"外包"和"灵活用工"成为外卖平台获取大量劳动力的重要途径。由于"跑外卖"门槛低、不拖欠工资，很多进城务工的流动人口选择"用脚投票"，投奔了外卖行业。于是，在这种情况下，便出现了一个无法解决的矛盾现实：一方面平台给予劳动者越来越多"自由"的选择，允许他们自主选择成为兼职或者全职劳动者；另一方面，这些看似自主灵活的劳动类别又被不断地组织化、稳定化，以满足平台日益扩张的业务需求。

乌尔里希·贝克在《风险社会》中讲道，劳动力市场的灵活化是促进个体化社会（individualized society）到来的马达。[1]毫无疑问，中国的平台经济正在参与形塑更加个体化的劳动形态和生活状态。灵活劳动力的不断增长造就了中国过去十年蓬勃发展的数字化经济，而与此同时，它也正在形塑无数劳动者的"悬浮"状态。[2]农民、制造业工人持续加入平台化的灵活就业，并在其中不断地被归类、被细分、被管理。这些分类与管理来得十分迅速，以至于劳动者还未习惯现有的劳动管理，新的组织和划分形式又接踵而来。可以说，不断变动成为外卖骑手的生存状态。这也使得他们一时难以找到落地的位置和前行的方向，"过渡性"成为他们生活的一种常态。

在过去的十年间，中国的平台经济开启了一轮声势浩大的"拉人运动"。越来越多的人被划分为不同的工种、代表不同的

---

[1] Beck, U., *Risk Society: Towards a New Modernity*, SAGE Publications, 1992, p. 92.

[2] 清华大学清新时报：《专访：项飙：研究者和他的年少"乡愁"》，2018 年 12 月 23 日，https://mp.weixin.qq.com/s/AMPEynPwUADiT7ViKEU_Rg。

劳动方式。如此庞大的就业需求引发了城乡劳动力的新一轮流动。如今，在大大小小的上千座城市，外卖骑手在大街小巷流动穿梭的身影已然成为城市发展不可或缺的标志景观。与此同时，在街角、社区、鳞次栉比的高楼与商业中心，由四面八方汇聚而来的骑手组成的流动的"外卖江湖"正若隐若现，巨大的外卖市场以及由此诞生的"外卖江湖"究竟是怎样一番景象，值得我们去一探究竟。

"直营"转"外包"

2017年的夏天对于李小川来说十分难忘。在8月的一天，他突然被告知他所在的"小度飞侠"骑手团队将被"饿了么"收购。事情的起因是这样的：2017年8月24日，在经过多轮协商谈判后，"百度外卖"业务部以五亿美元的价格被出售给"饿了么"，"百度外卖"的配送管理也一并由"饿了么"接管。对于李小川而言，"收购"意味着他将由一名"百度外卖"的正式员工变成第三方外包的临时工。

傍晚的时候，我们在一家小餐馆插空聊天。透过餐馆的玻璃，我看到了他的送餐车——一辆擦得锃亮的铃木125摩托。李小川曾以"小度飞侠"为荣。他微信朋友圈里晒的大部分内容都是"小度飞侠"气势磅礴的早会。在视频里，他与同事们将外卖餐箱摆成一字，穿着统一的红色服装、戴着红色头盔和手套，双手别在身后，一起高喊"百度外卖，为您服务"。视频另外配上了激情昂扬的背景音乐，让人感到他们作为骑手的自豪之情正油然而生。但现在闲聊之间，李小川看着窗外崭新的摩托，略显落寞：

> 也不知道以后还能不能用得上。得卖了。以后没
> 有跨城配送了，骑个电动车就行了。这身行头也用不
> 上了。……怀念以前啊。那时候还是好的，你跑不跑，
> 一个月都有 3000（元底薪）。现在呢，啥也没有。跑
> 多少挣多少。好日子到头了。

与其他外卖工种相比，李小川觉得"小度飞侠"更特殊。与短距离的外卖配送不同，他们的业务配送范围没有限制。"比如你想吃北京簋街的小龙虾，但是你家住在 20 公里以外。点百度外卖，'小度飞侠'一小时之内就给你送过去。"李小川自豪地给我解释，说他们是"百度外卖"专门培训的骑手，服务特点是"高效和专业"。但就是这样一批忠心耿耿、归属感强烈的"正规军"，现在面临着被转成临时工的问题。

2017 年 8 月，以"饿了么"收购"百度外卖"为开始，越来越多的配送平台开始了"直营"转"外包"的过程。简单来说，就是平台将自己以前直接管理的外卖骑手以"劳务外包"的方式分配给第三方劳务派遣公司。外卖骑手以前与平台公司签署的劳动合同不再有效，转而由第三方劳务公司负责骑手的劳动关系。在这个过程中，一个显著的变化是：外卖平台不再直接负责骑手的招聘、劳动管理和劳动保障。换句话说，骑手失去了与平台的劳动关系以及与此相匹配的劳动权益。

在 2017 年以前，市面上主要的外卖平台几乎都有自己的

"直营团队"，因为那时外卖产业刚刚起步，平台订单少，规模小。2017 年"价格战"之后，"美团""饿了么"和"百度外卖"成为市场的主要参与者。随着外卖业务在全国各个城市铺开，用工的场景和类别变得更加复杂，平台直接管理劳动团队的成本不断增加。同时，考虑到上市"合规"的问题，互联网配送平台开始大范围使用劳务外包。在这之前，劳务外包虽然存在，但主要存在于下沉市场。一些大城市因为需要不断地"烧钱"开拓市场，主要还是由平台直接进行管理。大规模的"直营"转"外包"意味着平台与配送骑手之间的直接劳动关系被斩断。这让很多像李小川这样的骑手措手不及。虽然大部分骑手并不知晓中间的运作内容，但听到"3000 元底薪即将消失"这样的后果，他们变得十分愤怒。

李小川有些不甘。常年混迹于北京的他找了些门路。他先是托了朋友去律师事务所打听，返回的消息是可以进行劳动仲裁，而且律师事务所可以免费提供服务。

> 当时说，我们是和企业有（劳动）关系，走了的话，他们（指企业）需要赔偿。我们不同意转（第三方劳务外包），公司也需要赔钱。注册的地址在海淀那边，我们五六个人就去找了。反正以后干不了了，就不干了！

李小川和几个同事懵懵懂懂地找到了海淀区人力资源和社会保障局（下文简称"劳动局"），表明态度说自己不想被转为第三方用工。劳动局先开展了劳动仲裁，在双方商榷过程中，平台公司提出赔偿外卖骑手部分购置电动车 / 摩托车的费用，被骑手拒绝。眼见劳动仲裁解决不了问题，李小川和几个同事把公司告上了法庭。他说："律师鼓励我们告，说这种情况肯定能赢。"官司从 2017 年 9 月开始，打了大半年。2018 年 5 月，李小川和同事们赢了，每人拿到了 6000 元到 10000 元不等的赔偿费，还退掉了购买平台电动车的费用。但是，这样的对抗也让平台方"十分不爽"，李小川和同事们无法在公司附近的商区找到工作，只能去别的地方另谋出路。

"直营"转"外包"，对于外卖员最直接的影响就是劳动保障权益的消退。因为不是"正式工"，所以失去了很多相应的社会保障。但是，在这个过程中，像李小川一样选择反抗的骑手少之又少。对于大部分外卖员来说，职位或者劳动岗位的流动只要对工资没影响，就"问题不大"。用他们自己的话说，"弄不懂中间是个啥"，也"不知道去哪里找人（帮忙）"。所以，对于平台的"直营"转"外包"，大部分外卖员都采取了"逆来顺受"的态度，按照平台的要求签订了合约，转成了"外包"或者"众包"。

"直营"转"外包"的背后是平台企业进行资产剥离、实行"轻资产"运营的组织化转型。[1]这样的组织化转型对大型外卖平台的发展十分有利。利用劳务外包，外卖平台实现了 IPO 合

---

[1] Rahman, K. S., & Thelen, K., "The Rise of the Platform Business Model and the Transformation of Twenty-First-Century Capitalism," *Politics & Society*, vol. 47, no. 2, 2019, pp. 177–204.

规，可以尽快实现上市"回血"。① 此外，劳务外包也帮平台省去了应对全国各地劳动市场复杂生态的麻烦，大大缩减了劳动管理成本。平台劳务外包模式的实施，开启了平台加速扩张的步伐。与此同时，这也是骑手开始"过渡劳动"的第一步。直营外卖员的消失，意味着平台经济下稳定劳动的结束和临时劳动的开始。这样的组织化转型，让越来越多的人，包括从前的产业工人，都不得不面对更加流动的劳动状态。

扩张的中介

外卖员的流动性大大增加了平台公司的管理难度，以至于其不得不求助于中介与劳务公司。这些劳务公司会按照平台公司的要求，不断地招募骑手来支撑扩张的业务端和不断流失的劳动力。虽然劳务中介在短时间内"捕捉"到了大量劳动力，但是，由于缺乏稳定的劳动保障机制和用工规范，中介化的管理机制传导出来的似乎是一种临时的、过渡的劳动状态。外卖骑手的离职率很高，一年内可以达到 70%—90%。"拉人"与"走人"如此往复，形成了一种无限循环的拉锯战。骑手既是处于过渡状态的劳动力，也是被"捕捉"的劳动者。

---

① 2014 年 3 月，《劳务派遣暂行规定》出台，其中很重要的一条是，企业 IPO 审核中劳务派遣员工占比不得超过 10%。为了尽快实现上市融资，劳务外包成为外卖平台的首要选择。

加盟商和代理商

"直营"转"外包"的过程，也是第三方中介公司迅速扩张的过程。伴随着外卖平台"直营"的消失，大量的平台加盟商、代理商如雨后春笋般出现。外卖平台一般会按照代理城市的运营规模，将所有合作的劳务公司划分为 ABCDE 五个等级，并要求其支付几万到几百万的代理费用。一二线城市的用户规模大、客流量大，代理商需要缴纳的代理费相对较高；小县城人流量小，订单少，代理费相对较低。一般来说，"加盟商"是平台企业对于一二线城市外包商的称呼，而"代理商"则是对三四线城市或县域外包商的称呼。两者的主要区别在于组织规模。加盟商的骑手基数更大，储备更多，运营中的资金流和业务量也更大。在业务的类别上，加盟商只负责配送，即外卖团队的管理；代理商的业务则相对多元，它们会作为平台在小城市的"全权代理人"，负责配送、商户、单量等多线条业务。

加盟商和代理商相当于外卖平台的业务外包方，平台将自己的配送等业务委托给它们运营和管理。这其实是一种"资产剥离"的策略。需要注意的是，平台并不限制加盟商和代理商的公司类型，而只要求该公司的经营范围中有物流配送、人力资源管理的相关业务。因此，加盟商和代理商不尽然是单纯的劳务公司。根据骑手的反馈，目前市面上的加盟和代理公司以"科技公司"居多。这些"科技公司"通过投标或市场关系拿到平台的合作后，会再与其他人力资源公司、财税公司签订"业务外包""转包"等协议，让这些公司负责骑手的个体工商户注册、委托代征、个税代扣等业务（参见图2）。为了尽量讲清楚这个多层次的管理结构，本书把平台的加盟商、代理商公司统称为"中介公司"。这些中介公司既包括劳务公司，也包括其他诸多类别的公司。

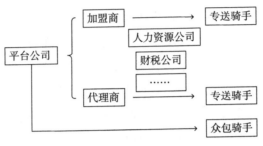

图2 中介化的平台管理

为了应对数以百万、千万计的外卖大军，配送平台往往会同时跟几百家甚至上千家中介公司签订协议，按照地域或业务线需求进行合作。加盟商和代理商成为外卖平台的劳动供应商，他们与平台签订合作协议，按照城市或者地域铺开自己的劳动力运营链，负责配送业务的完成。出于业务安全的需求，平台一般会同时与多家中介公司合作。例如在北京，"美团"和"饿了么"同时拥有几十个加盟商，分散在各个区域，以此来保证运力的多元化。同时，平台也要求加盟商具备跨城市、跨地域的劳务供给能力。外卖平台一旦拓展了新的市场，就希望加盟商能够快速跟进，随时补充配送劳力。

对于平台加盟商和代理商来说，"运力"是核心竞争力。

> 骑手越多，对你（加盟商）越有利。现在都缺人。公司能招到越多的骑手，说明你的运营和管理能力越强。平台就会依赖你。加盟商都在拼命招人。配送这块业务不断增多，你得使劲"堆人头"，才能达到平台给你定的绩效要求。

陈康是"美团"和"饿了么"的加盟商。他于2018年加入外卖平台的配送业务，组建了一千多人的配送团队，主要承包一二线城市的外卖配送。在访谈时，陈康用"堆人头"来形容自己的主要任务。在他看来，平台强力的扩张是催生加盟商、代理商不断出现的重要原因。

> 例如，平台公司为了拓展市场，会一下子招募上万个BD①，组建销售大军，开始定目标、扫商户。一个人一条街，开始地推。这样做很快就可以占领一个地方的市场。

在平台扩张期，大大小小的中介机构形成了错综复杂的关系。头部的加盟商会紧紧抓住平台需求，努力增加自己的运力以确保自己分到外卖配送这块"大蛋糕"。作为规模较大的劳务

---

① BD（Business Development），有些平台称其为"地推"，指商业合作的渠道拓展。以外卖平台为例，"地推"指平台的销售人员去到餐饮商家洽谈合作，与他们达成"上平台"的协议，促进外卖平台的商家聚集。

派遣公司，他们拿到各自的部分后，除了直接招募外卖员、组建自己的配送队伍外，还会留下一些灰色地带，以"大代理商"的身份把业务分包给"小代理商"，即规模较小的劳务中介公司，让他们帮忙招人、做管理，而这些"小代理商"也会因为人情关系等把劳动力组织的业务再分包给有合作关系的个体承包商（参见图3）……这样的外包形式一环套一环，像毛细血管一般，逐步渗透在广大的流动人群之中。

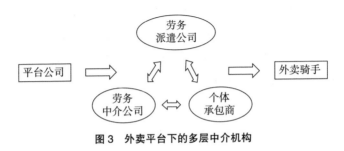

图3 外卖平台下的多层中介机构

可以说，各类中介机构的出现成为大规模生产数字零工的重要组织化力量。大大小小的劳务中介组织交错、勾连在一起，形成了一张密布的网，不停地"网罗"游走其中的零工人员。而隐藏在这背后的是一条多层次、多线条的利益链。借助多层级的劳务中介，平台公司建立起了一套维持、运营和管理骑手的机制。

需要注意的是，平台与中介公司的合作并不都是皆大欢喜，因为两者各有各的"算计"。为了保证外卖业务的平稳扩张，平台公司会通过考核机制监督加盟商和代理商。如平台会给它们制定配送 KPI，每月进行代理商业绩排名，定期召开培训会议，淘汰成绩不合格的合作商。对于这些中介公司而言，成为平台的合作商更像是一场赌局，他们需要精确衡量自己是否能够承接平台业务、承接多少、成本多少，以及后续如何开拓所在地的外卖业务等。陈康抱怨自己的公司在与平台的合作中"话语权几乎为零"。作为甲方，平台的强势要求不但体现在各种考核指标上，还体现在种种不确定的市场风险中。

> 自己找团队，找（送外卖的）人，找广告商。都是你自己。平台需要你大量补贴的时候，就得补。不补？那你完不成指标，后期也没有市场效益。这东西，就是个赌。赌对了赚钱，赌不对，你就是炮灰！

从骑手个人的角度来说，在保证运力合理的情况下，一个站点的人数自然是越少越好，这样骑手人均获得的单量就会增加，收入便会增多。但平台往往更看重服务品质。为了塑造优质的服务体验，平台非常看重每个配送站点的人数。平台会定期根据后台数据测算一个站点的"人效"，即人均送单数量。一旦站点人均送单量超过一定额度，平台便会要求站点立即招募骑手。有时候命令来得着急，代理商常因无法按期完成招募而受罚。

> （平台要求）3天招15个骑手！我上哪里找？就算能找到，一般也会超时。平台给你下任务管不了那么多的。完不成就罚款。开罚款单。最厉害的时候，

一个人头 2000 块。

在 2020 年疫情期间的一次线上访谈时，我遇到了张利强。彼时他是一名"美团"乐跑骑手，也是一个二十人小组的配送组长。有趣的是，2016 年他曾经在老家县城做过一段时间"饿了么"的代理商。根据张利强的说法，有钱赚的时候，平台与劳务公司的合作顺风顺水，而遇到竞争激烈、需要"烧钱""补贴"来占领市场时，代理商也会叫苦连天。据他说，自己当时的主要任务是与公司的其他几人"跑业务"：

> 什么都干，有的时候去跑商家，签合约，让他们上平台；有的时候也负责招工，上网站，找亲戚朋友、熟人，去厂子里挖人……那时候一个公司十来个人，外卖员有一千多吧。
>
> 后来就不干了。干不下去。要一直往里砸钱。今天这个折扣，明天那个活动。
>
> 去跟商家谈，谈完了让他们让利。公司也让利，做活动。就是赔本的生意。当时说干这个还能挣点钱，后来公司账户上钱越来越少，做活动赔完了。老婆眼看着挣来的几十万都没了，死活不让干了。
>
> 也有一些地方的代理，一直往里投钱，看不到头，就跑去北京总部闹。之前旁边几个县的代理商还说要去北京。我退出来了，也没跟着去。

关于代理商的问题，我在访谈中听到最多的一个词是"烧钱"。"没有几十万上百万，根本干不下去。全烧完了，没钱了，你还不能放弃。否则，你拿钱烧出来的客户就不是你的了。代理费也拿不回来。"2015—2017 年是外卖平台业务急速扩张的时期，为了占领市场，各大平台纷纷开始招募代理商。是否有"烧钱"的资本，成为外卖配送平台筛选合作人的重要门槛。可以说，一个代理商存活下来的背后，是无数"炮灰"代理商的血泪故事。可即便是这样，大部分人对于平台代理这件事依旧是"趋之若鹜"。

"就剩最后这波红利，谁不想拿？"张利强笑着对我说。

拉人

2016—2017 年，各大外卖平台的"地推铁军"强势出动，在短时间内打造了数量可观的外卖市场。巨大的市场需求推升了对配送劳动力的需求。大大小小的中介公司活跃起来，成为承接和吸纳大批灵活劳动力的第一个入口。随着零工经济的崛起，源源不断的劳动力从农业、制造业流向灵活服务业，而在此过程中，中介公司的"拉人运动"起到了重要作用。打个比方，如果平台公司是条八爪鱼，那么中介公司就是八爪鱼触角上的一个个吸盘，它们伴随着平台业务的扩张而四处游走，极力去"吸引"并"捕捉"路过的劳动力人口。

对于中介公司来说，想要生存，"拉人"是第一要务。

过去的十年间，无论是在大城市还是小县城，其街头巷尾都在上演着外卖产业的"拉人大战"。放眼望去，地铁广告板、电线杆、配电箱甚至街边的垃圾桶，都贴满了外卖广告。除了线下广告，中介公司也会使用"58同城"这样的线上网站。曾经在劳务中介负责招人业务的小刘说，

> 午夜12点，我们的"张贴大军"就出发，扫一遍。私人的地方不行，公共场合都不放过，能贴的地方都贴一下。哪怕很快被人撕掉（也没事）。要的就是曝光率。

除了使用外来的广告商渠道，中介公司也会有效利用已有的骑手。骑手的餐车是天然的"流动广告牌"，在骑手的餐箱上张贴招聘启事成了不少中介公司和站点的常规操作。好一点的，会去打印店制作贴纸，贴在餐箱上；随意一点的，就直接用A4纸打印出来，贴上去。下面是我在燕郊调研时看到的招工广告：

> 你想月薪过万吗？你想吃喝不愁吗？你想骑着美团小黄车逍遥自在吗？你想成为这个城市的主宰吗？你还等什么？赶快加入美团吧！
> 电话：×××-××××-××××
> 微信同步，欢迎骚扰。

还有一则是发在微信群的招聘和租房广告：

二环银河 SOHO 附近，

出租床位，下铺

800 一个月，水电费 50，

押金 400，住满半年退押金，

六个人一屋，下铺

房东每个月免费洗床单被套

屋里有单独厕所，洗澡间，洗衣机

环境特别好，

要求今天交押金 400 订床位

电话 ×××-××××-××××

　　中介公司为了"拉人"不遗余力，但这样迅速而急切的招式也会产生许多问题。比如，一些外卖员在聊天的时候说，自己是被"忽悠"来干外卖的。果冻姐是我田野里为数不多的女性骑手，而且十分健谈。2019 年秋天，她与丈夫离了婚，辞掉了工作，一人来到北京，"想换换心情"。她先在招聘网站上投简历，很快就有人回电话，问想要做什么样的工作。果冻姐说最好是"坐办公室的工作"。对方答应下来。过了几天，果冻姐被通知去面试。

　　面试的地方在望京。从南面兜兜转转，当时还不会坐地铁，打听去了。结果一去，傻眼了。是个跑外卖的站点！人家问我是来报名吗？我不知道怎么回答。后来，站长出来，看我是个女的，长得"白白胖胖"，对我说："留下吧，正好缺人。我们这儿还有一个女同志，有伴了！"

果冻姐就这样稀里糊涂从想做办公室白领，跑去送了外卖。我问她为什么不拒绝，她说因为自己刚来北京，身上没有多少钱，想先挣口饭吃。

在这场浩浩荡荡的"拉人运动"中，中介公司的城市经理和站长担任了重要角色。为了招工，城市经理与站长联合，广泛调动社会关系，尽可能地延伸自己的触角。站长作为骑手和中介公司的"中间人"，不得不努力参与其中，完成"拉人"任务。果冻姐告诉我，她所在的望京巨峰站点里，有三分之一的骑手都是站长从老家"拉"来的人。"一个站，都快变成陕西窝了！都是一个地儿的人！"果冻姐的话也印证了我们的调研结果。在 2021 年 8 月的调查问卷中，我们发现，传统的熟人关系仍旧是外卖站点招工最有效的办法。其中，依托"老乡或熟人关系"实现外卖就业的骑手人数占到总人数的七成之多。丁未在《遭遇"平台"》一文中谈到了同乡同业群体的问题，毫无疑问，外卖骑手中的"拉人运动"也体现出了这些组织的活力。[1]

在灵活用工需求不断增强的背景下，劳动力市场的组织形态也日益复杂化，形成了"层层外包、精细分工、竞争合作的

---

[1] 丁未：《遭遇"平台"：另类数字劳动与新权力装置》，《新闻与传播研究》2021年第 10 期。

中介链条"①。在这些分工链条中，中介公司成为其中重要的一环，因为它决定了平台市场能否继续稳步扩张。只有拉到足够的人，拥有了"跑单大军"，平台才可以继续开疆拓土、抢占市场。在这个过程中，因劳动力多向流动而出现的矛盾局面开始浮现：一方面，制造业出现了大范围的"用工荒"，许多厂家企业因劳动力短缺不得不停工；另一方面，外卖送餐领域似乎也十分缺人，用张利强的话来说，"从它成立的那一天开始，它就永远不停地在招人"。按照加盟商陈康的说法，中介公司不断拉人与平台想要提供更好的服务体验有很大关系：

> 平台公司对于我们有很多要求。不允许站里缺人。后台有很多指标控制。这里面的指标包括人效、有效骑手数量、高峰时段在岗人数等等，几十个指标呢。人效不能太低也不能太高。高峰时段得有百分之多少的在岗率，早餐夜宵得有多少人……七七八八一大堆。就是为了一个目标：24×7×365，全中国每个角落，都得保证"美团"的配送服务体验。那么，就只能常年堆人头了。

拉人的需求时常困扰着中介公司。为了提供优质的服务体验，或者更确切地说，以更快的速度将餐品送到顾客手中，平

---

① 刘子曦、朱江华峰:《经营"灵活性":制造业劳动力市场的组织生态与制度环境——基于 W 市劳动力招聘的调查》,《社会学研究》2019 年第 4 期。

台为各个地域的配送商制定了明确的"运力"要求，即一个站点需要配备多少名骑手。尤其是在遇到雨雪、风暴等极端天气时，"运力"的稳定成为平台的首要追求。为了满足平台的考核要求，作为配送商的中介公司不得不持续地进行运力的"储备"，以备不时之需。

在陕西渭南调研时，我和学生曾经以想做兼职骑手为由走访了当地一处骑手聚集点。大清早没有单子，骑手们把车停成一排，有的吃早点，有的抽烟、聊天。其中一位骑手见我们问题不断，便从自己的餐箱拿出了一份他们站点的招工广告。这是一份折叠三层的竖版小册子，新年伊始，封面是欢庆新年，里面是关于站点招工有趣而直接的表述。共分为"你的困扰""你的收入"和"关于我们"三大部分。部分内容如下[①]：

你的困扰

房贷车贷和外债

你干与不干，账都在，加入我们，收入高还（得）快

上有老下有小

睁眼闭眼都要钱，更是不敢闲

在家赚不到钱

外地本地月亮是一样的圆

---

① 作者尽可能保留了原本文字和内容表述。

送餐在外太危险

保险护你周全

工作不体面

脸面与金钱你自己选

漂泊在外回家不便

在家千日好，出门一时难

平台乱扣钱

不要相信外界的传言说差评扣除成百上千！没有那么悬，只要你工作突出，违规都能减免，超时也能正常结算。

你的收入

全职：早中晚三个班，每周轮换，可以根据你的情况调整上固定班，举个例子，每天你只要在线，按9小时计算，每小时平均5单，一天净赚180元，一月下来就是大5000！你如果努努力，月收入过万！

兼职：适合现在上着班的人员，下班后就可以上线。午晚高峰时段在线，按4小时算，每小时平均5单，一天20单。（一）月下来也有近2000。当然了，你时间充裕，也可以多跑，多跑多赚，谁会放弃这诱人的零花钱。

日结：适合学生和宝妈，你们没有完整的时间，但你们有分担家庭开销的信念。只需一辆电动车和一部手机在线，跑单就是赚，隔日结算，不耽搁学业，也不影响给孩子辅导和做饭。

关于我们

外卖行业作为新业态、新就业工种，早在 2021 年 7 月，市场监管总局、国家网信办、国家发展改革委、公安部、人力资源社会保障部、商务部、中华全国总工会联合印发《关于落实网络餐饮平台责任 切实维护外卖送餐员权益的指导意见》，对保障外卖送餐员正当权益提出全方位要求。

工资按时发放不拖欠，夏天熬绿豆汤祛暑，冬天煮姜丝可乐御寒。上线跑单还有太平洋保险护你平安！入职不收任何费用，快速上岗，免费培训，持此单页入职可享受团队内单王一对一培训。

刚刚拿到这个招工单时，我读得津津有味。尤其是"你的困扰"这部分，真切地反映出小城镇普通人犹豫和纠结的情形，读起来竟然有些琅琅上口，还带些幽默感。关于"在家赚不到钱"，招工手册直接给出解决思路：外地本地月亮是一样的圆。言外之意是说，无论在哪里，需要靠个人能动性，而不是看地区。关于"工作不体面"，招工手册给出的解决办法也直击灵魂：脸面与金钱你自己选。看似简单粗暴的回答里面却饱含小城人的直爽与智慧。

"购买"骑手

招工的压力与季节相关。春秋天气暖和，干外卖的人多，很多站点不愁招工，骑手离职也相对容易。而到了冬天，尤其是在北京这样的北方城市，天气寒冷，骑手跑单的热情不高，就会出现用工缺口。老吴是果冻姐所在的"饿了么"望京站点的站长，提到冬天的招工，他很头疼："到了冬天，站长就是孙子。到处求爷爷告奶奶，求人、拉人过来干外卖。"

在冬季缺人的时候，中介公司和站长甚至会出高价"购买"骑手。这笔费用被称为"介绍费"或者"人头费"。人头费少则几百，多则几千甚至上万。望京站点的站长老吴，每年冬天都会"斥巨资"招募骑手。冬天人手不够，这时候老吴人口调配不开，急得团团转。几乎从秋天开始的每个早会，老吴都会主动出击，打招工广告：

> 拉一个人 6000。老带新。干满三个月，可以拿钱。至于你们怎么分，那是你们自己的事。

老吴是一个"社会人"，他从"饿了么"成立初始就进入外卖业，在里面摸爬滚打了六年多。在招人方面，他自称积累了很多经验和教训。他知道，6000 块对于大部分骑手有着足够大的诱惑力。骑手们为了拿人头费，会积极地走动起来，联系之前的工友、老乡，鼓励他们来自己的站点跑外卖。有一段时间，老吴的站里一下子多了二十几人，全都是站里骑手拉来的。但是后来，老吴发现自己犯了一个错误："新来的骑手不能吃苦，有些干几天或者几周就跑了。我们的钱就打水漂了。"所以，为了稳定住人，老吴规定，凡是拉人进来必须干满三个月，才可以拿到人头费。这才堵住了这一漏洞。

当然，高额奖励也确实会吸引一批人。郭嘉就是老吴花了6000块"买"来的骑手。与新人不同，郭嘉以前是望京片区的众包骑手，送单快、嘴巴甜，骑得一手好电动车。老吴甚是喜欢。他找来郭嘉的老乡帮助他"挖人"。郭嘉觉得干众包自由，同时也觉得6000块足够吸引人。最后，双方达成的协议是：郭嘉在老吴的专送站点上干三个月，帮他度过冬天招工最难的时间段，然后回去继续干众包。"这样，干三个月，6000块，就相当于我每个月多拿了2000。这样算还是划算的。"郭嘉计算着工资，觉得这是一笔不错的交易。

如果缺人的时候恰巧有人离职，老吴一般会选择拖延，找借口不给骑手办理离职。在接下来的日子里，老吴会使用一些策略，包括"动之以情、晓之以理"地进行劝勉，或者承诺骑手一定的奖励。有时候，老吴也会秘密地与想要离职的骑手"定价"，把原本8块一单的客单价提到9块、10块，或者承诺骑手几个月的奖金，以做挽留。如果这样还不奏效，老吴就实行"大棒政策"——找出外卖员工作上的"纰漏"，表示不满并拒绝办理离职手续。有一次，老吴站点的外卖小哥蔡奇向我抱怨说他想下个月离职，但是吴站长不肯放他走，还威胁他如果执意要走，就扣他一个月工资。理由是，离职需要提前两个月报备，提前一个月启动流程。而蔡奇只是提前一个月说自己想要离开，并未提前两个月报备。

老吴站点办公室的墙上还专门张贴了一张"离职骑手恳谈表"。按照要求，站长需要对想要离职的骑手进行"恳谈"。表格的空白处要求站长填写骑手离职的原因、离职去向，同时还要求人事经理、城市经理分别进行核对。老吴瞅着墙上的表格说："尽量别用上，但是到了该用的时候，也没办法。"

遇到让人特别着急的缺工问题时，老吴会以"高客单价"的形式对外紧急发布招工信息，而被招来的外卖员以"兼职"的形式加入站点，填补空缺岗位，待到人手充裕后可以选择自行离开或者变成正常客单价的全职人手。我问老吴为什么他一直在招人，他说：

> 没办法。人来了又走，走了就得再招。来来往往，
> 就是外卖啊。

站点

一般来说，平台的规则和业务变动会经由中介公司下达至各个层级。每个外包商的管理层级都不一样。通常，较大规模的外包公司会划分区域、城市、片区、商圈、站点五个管理层级，最后依靠站长和调度员直达外卖员个体。个体外卖员何时、何地劳动以及如何劳动都依托于这套管理机制。从这个层面上讲，站点成为管理外卖劳动的最小的网格单元。可以说，在外卖骑手的劳动管理问题上，外包站点和平台算法几乎具有同等的权力。平台

在将配送劳动力外包的同时，也让渡了平台派单系统的部分管理权。平台往往会给各个站点的站长、调度员开设后台系统账号，允许他们登录后台系统，对本站点外卖员的配餐劳动过程进行实时掌控，并在必要时进行派单或者其他配送问题的调整。

站长与调度

米峰是老吴所在站点的调度员，也是副站长。他高高瘦瘦，戴着眼镜，十分腼腆。第一次见面，我问他调度员和副站长有什么区别，他笑着说："一样的，都是给老吴打杂的。"对于这个站点来说，米峰的存在十分重要，因为他的调度关系到整个站点的业绩。

调度员的主要工作就是"盯屏幕"。每天在后台系统观测和掌握所在站点外卖员的配送情况，并进行必要的干预（参见图4）。例如，高峰时段如果"爆单"，算法配送系统出现紊乱，调度员

图 4　某站点后台的调度系统界面

需要在后台帮助外卖员"手动"调单，尽量做到让每个人身上"挂"的单子能够在规定时间内送达。这是一项技术活。高峰时段的米峰十分紧张忙碌，他透过眼镜，紧盯屏幕，并要不时地接打电话，理顺自己头脑的逻辑。

要想办法把"压了很久"的单子尽快送出去，把不顺路的单子调顺，把出现意外情况的单子转给别的外卖员。一顿操作下来，整个人都傻了。脑瓜嗡嗡的。

午高峰和晚高峰时，他的三部手机不停地响，来电铃声的广场舞音乐和微信的叮咚声此起彼伏，不绝于耳。米峰的三部手机都是十几年前的"砖头机"，在网上买的，75块钱一部，专门用来与骑手接打电话，协调订单。他和老吴的办公桌头对头，两人一头扎在面前的笔记本电脑里，开始忙碌地协调订单。

别说废话，你就说怎么了？

谁，先说你是谁？

你不用管不用管。先去送这单。跑不过来我给你改。

先送那两个，你上报一个"联系不上顾客"。你赶紧上报，告诉顾客先别接电话。

把哪个转走？嗯，知道了。

为了保证运力和效率，调度员需要与骑手保持实时联系。高峰时段的大部分时间，米峰和老吴各自盯着笔记本屏幕，头也不抬地接电话、打电话，这样的场景每次持续大约两个小时。在特别忙碌的时候，屋子里四五部手机同时在响，而两人却表现得十分淡定，似乎已经习以为常。当遇到棘手的订单调配不开时，米峰会亲自上阵。高峰时段来临前，他会提前把自己的电动车停到站点的楼下，等到后台系统爆单、显示很多订单超时的时候，他会接到很多骑手的"求助电话"。这时候，米峰会熟练地在系统上完成给自己的转单派送，然后立马起身、拿上钥匙、小跑下楼、骑上电动车开始跑单。这一系列动作都在瞬间完成，以至于刚开始我以为他只是下楼去上厕所。

有一天，我和老吴在屋子聊天，米峰已经出去跑单，说是一位骑手的电动车坏了，需要增援。大约过了半小时，米峰气喘吁吁地回来了。"奶奶的，还是超时了一单，"他笑着摇摇头，"接到我手里的时候，7个单，就剩下8分钟，能不超时吗？"老吴听完了，弹了弹烟灰，笑了，指着米峰对我说："他是我留的一手，必要的时候用，很管用！"

人情、管理和排名

如果说调度员只是负责订单的调度，那么站长就是外卖员的"衣食父母"。比如吴站长，他的工作职责除了与米峰管理调度，还要负责开早会、招工、为骑手找住处和充电桩、上传下达等。站长是对接劳务公司的重要桥梁。每天早会，他都会不厌其烦地给骑手强调安全问题，虽然这是平台规定的每日"例行项目",但是老吴自己也觉得这很重要:"都是兄弟,万一有个闪失,命没了,啥也没了。"同时,老吴还要负责传递劳务公司关于赏罚、检查、招人、管理等规则的所有信息。

2020年疫情期间,外地流动人口来京安顿困难,老吴除了要负责给新来的外卖员找住处,还要按照防疫要求设置"隔离屋"以供外地来的外卖员流转居住使用。那段时间,每到下午,老吴都会戴上口罩,骑着米峰的电动车去附近的城中村找房子。

从2017年冬天开始,按照冬季防火要求,北京市政府彻查屋内电池充电问题,老吴站点上很多外卖员的电池被没收。骑手们找到老吴。老吴思来想去,觉得东躲西藏不是长久之计,于是决定在公司宿舍附近"整"一个充电柜。按照计划,老吴买了电线、插座和充电设备,从站里引了一根线,组装了一个1米×2米见方的充电柜。

刚装上第二天,区消防大队就来检查,说充电柜的设置不合格。老吴见状赶忙笑脸相迎。消防检查员了解了情况,决定给站里"网开一面"。按照老吴的说法,检查员给了他"一个修补建议",让他想办法在充电柜上加一个"空气开关",以保证电线发生短路后能够自动跳闸,起到保护作用。检查员说三天后来检查。"后来找来一个电工,捋了捋线路,加了一个空气开关。就用了半天时间,花了180。弄好了。"搞定了的第二天,老吴就给消防队打电话,消防队派人过来检查,说合格。老吴指着充电柜自豪地说:"这个充电柜,可以同时放多组电池,宿舍附近这二十多个外卖员,都能充电换电!"

老吴很重视站里的绩效。关于这个问题，他没有遮掩，说自己和米峰的工资提成主要"靠站里兄弟的配送情况"。自己能不能长干，主要看站里的配送绩效。所谓"绩效"，就是劳务公司评价各个站点配送业务的指标，比如一个站点的平均人效、准时率、拒单率、投诉率等。长年的管理经验告诉老吴，很多情况下骑手超时并不是因为他们"跑得慢"，而是因为商家出餐慢。为了提高绩效，老吴煞费苦心。从 2014 年开始，他对所在片区的六十多家大餐厅做"摸底"，一家一家琢磨，一家一家走访。为了解决出餐慢的问题，有时候老吴还会按照平台的要求前去"驻店"，即亲自参与餐厅后厨和前台的协商工作，督促商家出餐。访谈的时候，他自豪地表示，自己站点在所在区域的排名基本是前三位。

我问为什么，他慢悠悠地说，"拉关系是肯定的，喝酒吃饭也少不了"。此话不假，在前几次的电话访谈中，老吴每次接起电话，我都能听见电话那头传来的杯盏碰击声和酒席间的吆喝声。但是老吴丝毫不介意，总是说："没事，孙老师！都是自己人，你有什么问题尽管说吧！"

站点的管理也并不总得人心，甚至有时候否定多过认可。"管理不透明"是很多外卖员的抱怨点。他们认为，站里的很多惩处举措没有明确的规则和一以贯之的实践。例如在老吴的站点，有一位姓单的师傅曾向我抱怨："超时有时候罚一百，有时候罚两百，全看站长心情。"也有人说，站点的派单和调度存在"找关系"的问题。一些骑手抱怨站里某些人总是能够拿到"大单""好单""顺路单"，而自己的单子总是

"不顺路"或者是"远单"。对此,老吴用"弱肉强食"的逻辑解释道:

> 这个没啥可抱怨的。跑得好,能力强,多给你派单。你跑得不好,数据差,我怎么给你好单子?好单子也让你跑坏了!……谁不想要好单?哪有那么多好单?

隐匿与转变

在外卖经济复杂多变的物流链条中,有三个节点始终非常重要,分别是平台、外包商(中介公司)和站点。在平台经济的运行逻辑下,平台是规则的制定者[①],外包商是规则的执行者,而站点使外卖员成为规则执行中被管理的对象。在外卖的运营过程中,压力一层一层向下传导,经由平台转向劳务公司、区域经理、城市经理、商圈负责人、站长,最后到达骑手这一层。这是一个细密的、层级化的组织管理形态,它确保了餐饮物流的每一个环节都落实到位,最终将一份份餐食准确无误地送达顾客手中。但在日常生活中我们很难看到这些环环相扣、层层相连的管理结构。大多数时候,我们看到的只是在大街小巷穿梭的外卖员。无论是中介公司,还是中介公司下属的劳务公司,

---

① 孙萍、邱林川、于海青:《平台作为方法:劳动、技术与传播》,《新闻与传播研究》2021 年 S1 期。

都是不可见的。技术的中介化为远程管理提供了便捷，也为中介隐匿化的管理体系提供了可能。

安德里亚·布莱恩蒂（Andrea Brighenti）在他的文章中将"可见性"（visibility）看作社会科学的基本概念之一。他认为，可见性与权力关系紧密相连，它通常表现为关系、策略、场域和过程等社会结构性特点。[①]如果说外卖骑手是一种可见性很强的劳动者，那么平台公司和大大小小的中介公司、劳务公司则是其背后"隐匿"的管理者。通过技术化和模糊化的手段，平台和中介机构建构起了自己的"不可见性"（invisibility）。这样的"不可见性"在外卖经济中产生了很多容易被忽略的后果。平台、劳务中介和骑手的关系在其中发生着微妙的变化。

"我到底是谁的人"

过去的十年见证了中国外卖经济的强势崛起。外卖平台的崛起伴随着组织化、中介化的第三方中介公司的迅速扩张。但是，正如前文所说，中介公司本身同样带有很强的不稳定性。开拓市场的风险和劳动力招募的不确定使得中介公司的生存充满危机。例如，平台会定期对其配送供应商进行业绩考核的排名，连续几次排名在尾部的配送商会被警告或踢出平台的合作名单。在进行各地站点大排名时，一些绩效不好的合作商会被要求放弃部分站点的管理权。

---

① Thompson, J. B., "The New Visibility," *Theory, Culture & Society*, vol. 22, no. 6, 2005, pp. 31-51.

中介公司的这种强变动性直接影响了骑手劳动的稳定性。因为中介绩效考核的问题，一些站点几经易主，外卖员也"随波逐流"，并不清楚自己的"老板"到底是谁。对于绝大多数外卖员而言，他们经常搞不明白平台与劳务公司的关系。有些外卖员甚至不太在意"与谁签订了劳动协议"，因为他们的劳务协议经常变动。

> 所在公司是上海蓝胜劳务派遣，北京地区大部分都是这个公司。（跟我）签协议的是上海新盈网络科技，说承接了"饿了么"的一部分外包业务，因为它本身没有劳务派遣的业务，就找了一家外包公司，将这部分业务挂靠在他们名下。后来又换成安徽伯汇劳务派遣公司……这家劳务派遣公司的起诉率比较高，新盈就换了一家合作。

乐跑骑手张利强十分擅长跑单，却对公司企业的组织运营一头雾水。也许是我"穷追不舍"发问的精神感动了他，2020年10月，当他利用自己"骑士长"的职务之便帮我打听劳务公司的情况时，我得到了上面这段回答。张利强也十分困惑，为什么自己的一份劳务协议兜兜转转，在短短半年内换了四家公司，而且是在不同的城市。

2021年9月，北京致诚农民工法律援助与研究中心在其微信公众号上发布了一篇名为"骑手谜云：法律如何打开外卖平台用工的'局'"的文章，讲述了"饿了么"专送骑手邵新银因交通事故致残却无法找到雇主的案件。[①]邵新银的故事对很多骑手来说并不陌生。在日常工作中，他们被告知自己是"给平台打工"，但发现与自己签订协议的却是别的公司。更加令他们感到困惑的是，这些劳务公司的注册地十分难找。"可能在外省，也可能在本地。"张利强无奈地摇头。对于做过代理商的张利强而言，跨区域、跨城市的代理早已在外卖经济中流行开来。中介公司会在不同的城市开设服务点，进行在地劳工的招聘与管理。服务点作为临时的办公场所，通常运行并不规范，中介公司一般会在不起眼的地方租一间办公室，作为规范经营的挡箭牌。

陈化兵是河北保定底下一个县里的农民，2008年来北京务工。2018年他进入外卖行业，干过"百度外卖""饿了么""美团""多点"等多家配送平台。他为人谦和，平日里喜欢看《新工人文学》。2019年6月，他从"饿了么"海淀区的一个专送站点离职时，被劳务公司扣了三个月工资，理由是"没有提前报备"。陈化兵多次索要无果，被站长踢出了群组。在同事的帮助下，他得知了与他签订劳务协议的公司地址，便找上门去。但是到了却发现那里只有一间空屋子。

---

① 参见致诚劳动者：《骑手谜云：法律如何打开外卖平台用工的"局"？》，2021年9月13日，https://mp.weixin.qq.com/s/FIdsv8K-tESolDNLlXGMog。文章主要讲述了"饿了么"骑手邵新银工作途中遭遇交通事故致九级伤残，在北京打赢劳动仲裁后，却在认定劳动关系过程中败诉。后来发现，邵新银虽然人在北京送单，但是与他签订劳务协议的第三方劳务派遣公司却在重庆。带有伤残的他无法出席重庆法院的庭审，按照地方法院的裁决，邵新银的劳动关系认定失败，无法得到工伤赔偿。

弯弯绕绕走进去，在一个办公楼的半地下，一个
物业办公室旁边。半透明的玻璃门，一直锁着。去了
三次，都锁着。我看里面只有两张破桌子、一部电话。
我打他们电话，响，没人接。

"遇到问题，找不到人"成了外卖骑手的劳动常态，也成
为他们建立职业认同的巨大障碍。陈化兵曾在电话里不止一次
发问："我到底是谁的人？谁在雇我干活？"这个问题直击平台
劳动雇佣关系的本质。利用技术、地域以及其他模糊性的手段，
平台与中介公司等组织结构建立了更加隐秘的管理方式。这种
"不露面"的方法，看似是劳动管理者放弃了对于骑手的劳动管
制，实则在很大程度上模糊了雇主与骑手的关系，"淡化了雇主
责任"，[①]也对骑手造成了职业身份认同的困扰。

2020 年春节期间，北京海淀中关村一个站点的大部分人手
都回家过年了。接下来的几天里，武汉爆发新冠疫情，各地开
始采取居家隔离措施。站点所在商区的外卖订单大爆发，没有
回家过年的三十多个外卖员，承担了本应由一百多人承接的送
单量。春节七天假期里，没有人休过假，每个外卖员每天工作
时长达 15 个小时。站长不允许大家请假，因为订单太多。为了
激励士气，中介公司许诺给留京配送的人员"三倍薪水"。但
是到了发工资的时候，大家发现，干了七天公司却只给了三天

---

① 陈龙：《"数字控制"下的劳动秩序——外卖骑手的劳动控制研究》，《社会学研究》2020 年第 6 期。

"三薪"。骑手们觉得不公平，找站长理论，说要罢工。站长劝说无效，无奈之下，让他们去找中介公司。但是，中介公司采取了"拖延战术"，区域经理几周没出现，电话不接，办公室没人。大家拖不住，士气越来越低，只能慢慢接受。

在平日的管理中，中介公司也尽量将自己装成一只"看不见的手"。作为平台的合作方，劳务公司负责一个片区具体劳务规则的传达。但是很多时候，劳务公司会避免直接与骑手联系，而是依赖站长上传下达。尤其在推行对骑手不利的规则时，中介公司都会选择默默躲在后台，通过不发言、不表态的战术平息骑手的不满。不可见的管理成为建构平台、劳务公司和骑手之间不平等关系的关键点。劳务公司的"不可见"借用了技术的中介，与此同时也演化成为一种有效的管理策略。在这个过程中，骑手本应该得到清晰回应的劳动权益争议被进行了组织化的"柔化"。层层关联的"平台－中介"组织关系让外卖员迷惑不已，难以找到自己的归属和定位。在遭遇劳务中介的盘剥时，骑手感到不解、愤怒和不平，但是这样的情绪发泄在遇到一层又一层的隐匿管理时，就好比"一拳打在棉花上"，无可奈何又无济于事。

培养"忠诚骑手"

外卖经济形塑了一个组织化的矛盾点，即平台本身对于骑手劳动的管理既灵活又严格。灵活，指的是对用工契约的灵活化处理，即对劳动时间、地点、劳动关系不再做强制要求；严格，指的是对用工类别的进一步划分和对具体劳动过程的精确要求。① 当越来越多的骑手投入其中时，平台的灵活性和不确定性增加，这不利于其长期扩张策略。为了"稳固住"大批量的骑手，劳动力的组织化需要作出改变，即想办法把灵活、个体、大量的劳动力变得稳定、可控、可持续。

培养"忠诚骑手"便是平台应对这个问题的策略之一。这一部分所要展示的是外卖平台将"众包"转"乐跑"的组织变化过程，在这个过程中，原本灵活自主的众包骑手被要求转为劳动时间和劳动规则更加严苛的乐跑骑手，它展现了外卖平台灵活而强大的自我调节性能。需要看到，外卖平台不断变动的组织模式是在尝试形塑一种能够保有骑手劳动稳定增长的最佳状态。而这种最佳状态对于众多骑手来说，不见得是一件值得庆祝的事情。

2021 年秋天的一个傍晚，我与调研小组的同学在一家小餐馆见到了赵武师傅。在这之前，调研小组一起在线上通过微信访谈过他。当日天气寒冷，赵武师傅穿了"美团"的黄色棉服，戴着头盔、口罩，全身捂得严严实实，只露出两只眼睛。赵师傅身高一米七左右，有明显的东北口音，说话十分幽默。线上采访的时候，他曾跟我们讲起自己送单的时候如何与小区保安斗智斗勇，惹得调研小组的同学捧腹大笑。但是当天一见面，他一改往日嘻嘻哈哈的风格，气愤地向我们抱怨他所在的东高地片区的众包骑手们都无单可跑。问及原因，说是新来的众包站长建立了一个"乐跑驻店"的功能。赵武气呼呼地掏出手机，

---

① 梁萌:《强控制与弱契约:互联网技术影响下的家政业用工模式研究》,《妇女研究论丛》2017 年第 5 期。

打开跑单 App 给我们看。

> 从上午 10 点出来，到现（在）5 点多了，总共的跑单量是 67 块钱。之前这个时候，都两百多了，今天才六十多！净想出些馊主意！还乐跑驻店，驻得我们一单也没有！

2019 年，"美团"推出了"乐跑计划"，鼓励众包骑手加入乐跑，成为乐跑骑手。如前文所言，乐跑是众包的子类。在劳动关系的设置上，乐跑骑手与众包骑手一样属于平台的"兼职骑手"，劳动时间灵活，按单计价。但是在实际的送单实践中，乐跑的管理更趋近于全职的专送骑手。乐跑骑手的劳动特点是"单多、量大、压力大"。骑手由"众包"转为"乐跑"后，需要舍弃"自由"，接受固定的劳动时刻表，在午高峰（11:00—13:00）、下午茶（15:00—17:00）、晚高峰（17:00—20:00）三个时段，乐跑骑手必须有两个时段全程在线。与此同时，乐跑骑手的劳动管理也更加严格，不允许拒单、准时率需要保持在 95% 以上等。

> 基本都是小单，老旧小区的单多，都得爬楼，比较辛苦。路程也短，用不了多久，一般不超时。单量也大，你只要想干，就一直有单。……一天一个人怎么也能跑七八十（单）吧，有时候更多。我们这儿有个小胖子，一天能跑一百二！

东高地以前的送单业务基本由众包骑手承包，没有乐跑骑手。但是"乐跑驻店"的出现让这里的众包骑手感受到了深深的威胁。大家纷纷做出决定，选择加入或者拒绝。曾立松是赵武的工友。两人从 2018 年开始，在大兴东高地商圈跑单。2021年 9 月，东高地开始施行"乐跑驻店"后，曾立松率先由"众包"转为"乐跑"。他的原因很简单，因为一旦有了乐跑，就意味着众包"无钱可赚"。"有了乐跑，后台把单子都给了乐跑，众包的单子没剩多少。还怎么跑？所以说，能转就转。"曾立松的观察没错，自"乐跑驻店"设立以来，平台系统的派单开始出现明显的偏向。晚高峰期间，我们在一家小饭馆与赵武师傅聊天，发现本应该十分忙碌的晚餐时间，商铺外面的街道上却停满了外卖电动车，骑手们或站或坐，在街边聊天、低头玩手机（参见图 5）。"都是众包的。没单。"赵武师傅指着门口一排排外卖电动车没好气地说。

作为一种时间自由、来去随意的工作，众包确实给很多骑手带来了便利。有空的时候跑单"赚点零花钱"，没空的时候就做自己的事情。这样无拘无束的感觉是很多骑手选择众包的原因。但是从平台管理的角度，众包这种劳务分包方式也存在明显的弊端，即劳动力的供给十分不稳定。在遇到大雨、大雪、冰雹等恶劣天气时，许多众包骑手往往会选择在家休息。运力的短缺会使商区的配送效率直线下滑，出现"爆单"的情况，并影响到消费者的使用体验。因此，为了解决劳动力供给不稳定的问题，平台创立了"乐跑"项目。相较于众包，乐跑骑手放弃了很多众包骑手既有的权益，如拒单权和时间掌控权。而作为回报，平台会对

图 5　傍晚，在东高地等单的骑手

乐跑骑手进行单量倾斜，保证他们有充足订单。

根据赵武师傅的说法，新来的站长觉得众包骑手"不好管"，于是想出了"乐跑驻店"的方法。这种方法是把附近一些单量大的商家转包给乐跑骑手，让他们专门配送这些商家的订单。为了吸引骑手，"驻店乐跑"采用的是"周签"，即骑手以周为单位，决定自己是做乐跑，还是回归众包。赵武说，"驻店乐跑"的出现是一条"离间之计"，将众包骑手划分为不同的派别，让大家人心涣散。"驻店乐跑"出现的一个月以来，东高地片区的五十多个骑手中，已经有二十多人主动转为乐跑骑手。晚高峰时段，赵武看着小店里进进出出的乐跑骑手和门外坐着等单的众包骑手，一个劲儿地摇头：

想不明白。你说要是人人都不干，她（指众包的站长）能有什么办法？这就是一个策略，让你投降！但是没办法啊，人总要吃饭，就总会缴械投降。我管不了别人。但我坚决不低头。就算是没单，我宁愿回家躺着，也不干（乐跑）。

对于是否要转成乐跑骑手，骑手有不同的看法。赵武是坚定的反对派，他多次在访谈中表示，变成乐跑是"对自己尊严的侵犯"。赵武珍惜自己作为众包骑手的"自由"，不愿意变成乐跑。而在曾立松看来，赵武有反抗精神，但是这种精神"当不了饭吃"。曾立松愿意做更加现实的选择。转成乐跑后，他维持了平均每天二三十单的日均收入。每次在街上碰到，两人都会拿彼此开玩笑。赵武称曾立松是"叛徒"，而曾立松欣然接受，还会高举着拳头，笑着朝赵武喊："打倒乐跑！众包万岁！"

过去的五年是外卖业蓬勃发展的时期，由于进入门槛较低，社会中大量闲置的劳动力流入外卖行业。根据《美团研究院》发布的《2019 年及 2020 年疫情期间美团骑手就业报告》，仅在 2019 年，通过"美团"平台获得收入的骑手总数达到近 400 万，比 2018 年增长了 23.3%。[1] 其中，增长数量最多的是众包骑手。而"众包"转"乐跑"的背后，是劳动组织方式的又一次细化。

---

[1] 美团研究院，赵大威、尤越撰：《2019 年及 2020 年疫情期间美团骑手就业报告》，2020 年 3 月 10 日，https://s3plus.meituan.net/v1/mss_531b5a3906864f438395a28a5baec011/official-website/ed3e2bb5-13dd-46ca-93ba-30808a1ca852。

通过这次细化，骑手的工种类别得以拓展，而平台劳动关系本身也变得更加松散和不可控。乐跑骑手的出现使平台和劳务公司进一步强化了对于"自由散漫"的众包骑手的管理。原有的"灵活劳动"也伴随着多样化工种的出现而逐渐消失，越来越多的众包骑手变成了平台上的"黏性劳动者"，其工作时长和工作强度逐渐增加。[1]这一点，我们将在第三章的"黏性劳动"做详细阐述。

平台用工组织不断变化的过程构造出了更加灵活多变的用工体系，而这样的用工体系为外卖平台提供了更加"稳定"的送餐劳动力。这里的稳定，指的并非职业发展的稳定，而是一种管理的稳定。当越来越多的劳动力被吸纳到平台劳动中时，劳动分工的发展促使他们越来越服从平台的管理。骑手需要接受平台日益细化的劳动要求。但与此同时，不管是与平台还是与劳务派遣公司的雇佣关系，丝毫没有因为骑手依附性的增加而得到进一步确认。外卖经济组织化和灵活性的两端都在达成，而这样的状况正是外卖经济塑造"过渡劳动"的开始。

---

[1] Sun, P., Chen, Y. J., & Rani, U., "From Flexible Labour to 'Sticky Labour': A Tracking Study of Workers in the Food-Delivery Platform Economy of China," *Work, Employment and Society*, vol. 37, no. 2, 2021, pp. 412–431.

第二章

算法与系统

2020 年 9 月 8 日，《人物》杂志发表了一篇名为《外卖骑手，困在系统里》的文章，引发了全社会对于骑手劳动的强烈关注，并掀起了关于算法问题的讨论热潮。[①]《人物》的记者赖佑萱历经半年有余的田野调查，用简练有力的笔法剖析了数字化技术胁迫下送餐劳动的变化：算法的规制让骑手加速奔跑、害怕差评、担心绩效……骑手成了困在外卖系统里的劳动者。一时间，关于"困在系统里"的讨论激烈汹涌。这样的讨论展现出当下人们对于智能技术深深的担忧，对困于其中的他者甚至包括未来的自己，抱有深深的不安与恐惧。

　　的确，送餐劳动今非昔比。在过去的十年间，外卖平台日益发展出强大的算力和数据处理能力，现今的送餐平台可以实现海量用户订单与配送人员的精准匹配，并能够精准地实现分类、决策、核对、预测等功能。与此同时，这样一套智能系统所展现出来的强大管理能力也成为人们论证的焦点。为什么骑手会"困在系统里"？算法中介的劳动产生了怎样的后果？如何

---

① 人物，赖佑萱撰：《外卖骑手，困在系统里》，2020 年 9 月 8 日，https://mp.weixin.qq.com/s/Mes1RqIOdp48CMw4pXTwXw。

理解数字化与劳动者的互动？这里存在着怎样的意义生产？

在过去的两年间，学界和业界都已对平台算法技术的影响和后果进行了充分的讨论。算法正式由后台走到前台，走入大众的视野并接受社会的审视。鉴于前文关于算法的讨论较多，本章不再对外卖算法的规制和影响过多着墨，而是希望聚焦于技术生产的视角，从劳动者和研发者的不同身份出发，窥探外卖平台的算法系统如何产生、演变并逐步进化。需要看到，在算法的生成过程中，无论是劳动者还是研发者，都在算法技术体系的升级过程中扮演着重要角色。在后面的论述中我将会阐释，劳动者和研发者都是算法的生产者，同时也是算法的试错者。换句话说，在技术的发展过程中，互动性是决定技术生成和生产的重要因素。正如技术伦理学家安德鲁·芬伯格（Andrew Feenberg）所言："计算机的发展方向并不是由设备的性质决定的，而是用户的选择。他们并没有简单地把计算机当作一种给定的事物，而是以交往功能为目标，重新为计算机制造者和计算机系统管理员确定方向，因为交往功能的重要性一直被长久地低估了。的确，网络行为的扩展已经完全改变了我们的计算机概念，并且以各种难以预料的方式正在改变社会交往的世界。"①

沿着这一脉络，本章想要阐释的核心观点是：算法是一个生成性的过程，也是一种生产性的技术。换句话说，算法并不

---

① ［美］安德鲁·芬伯格：《可选择的现代性：哲学和社会理论中的技术转向》，陆俊、严耕等译，中国社会科学出版社，2003年，第5页。

是一个静态的过程，对于算法的认知，需要加入更多的过程性视角，看到"人－技"互构的动态过程。所谓"生成性"，指的是算法生产的逻辑。不同于以往仅仅依靠专业技术人员的硬件技术，算法系统的生产带有鲜明的互动性、情境性和依赖性。在算法的生产过程中，它们深深地嵌入在数字化人群的手机使用、流动劳动和"养系统"的具体实践中。可以说，在平台管理中，算法和劳动是一对"双生子"，它们彼此依赖，却也充满矛盾。

基于算法形成的平台系统是一种数字劳动管理的新模式，由于没有找到更合适的概念，我暂且称之为"生成性管理"（derived management）。"生成性管理"描述的是一种依赖性的管理模式，即外卖平台的送餐管理规则是通过后台算法不断地与前方送餐劳动互动、协商而产生的。外卖骑手的"数据生产"是平台劳动得以顺利实现的重要基础，也是导致"过渡劳动"出现的重要原因。依托自身的连接性，外卖体系形成了"人—数据—算法—系统—人"的闭环管理模式，其内在"技术不断自我强化"的逻辑，是导致外卖骑手"困在系统里"的根本原因。本章将从"算法作为一种社会性技术想象"的角度出发，去窥探实际送餐劳动中"人－技"互构的诸多表现。

"初识"算法

无论是在计算科学还是人文学科领域，算法都不算新生事物。但是算法真正从"幕后"走到"前台"，的确是近几年的事情。社会公众对于算法的认识也从一无所知到逐渐警觉，并迅速开始讨论"困在算法里的人"等技术伦理议题。对此，我觉得是一件好事。究其原因，主要与算法应用的不断扩展有着千丝万缕的联系。在以往的学科划分中，"算法"被划归为计算科学，指的是特定的逻辑推理和计算模式。众所周知，当一门学科涉及逻辑和计算时，便有了高高在上的复杂性。于是，这样的复杂性和专业性形成了进入的高门槛，高门槛则带来了较强的"封闭性"——仅少数人"有权"讨论算法、分析算法。在算法生产的初期阶段，大量的技术研发工作为计算机工程师、算法架构师等所承担。在过去的十年间，随着数字化产业的扩张和人工智能技术的推广，算法开始逐渐"侵入"我们的日常生活：从便利店的收银系统到线上预约的家政服务，从网络购物到外卖送餐，从社交媒体的使用到线上交友，基于算法技术所实现的分类、匹配、预测等功能为人们的衣食住行带来了极大便利。几乎人人都在有意无意地接触、使用算法，打开手机才发现我们的日常起居已经被算法团团包围。也是因此，算法产生的巨大影响逐渐为社会所知，"算法担忧"也随之而起。

需要说明的是，本章节对于算法的认知并未聚焦在它的技术逻辑本身，相反，我们试图对算法做出一个更加宏观、更加社会导向的解读。卡罗琳·马文（Carolyn Marvin）在讨论技术的历史逻辑时曾说道，技术和媒介在社会发展中出现时大多源自工具化的需求，但它们却在嵌入社会生活的过程中演变为围绕"权力、权威、代表和知识的博弈与论争"。[①] 从技术历史的维度出发，我们对于算法的认知也同样遵循此种脉络。因此，在本书的分析中，我尝试对算法进行一种"社会过程性"改造，即算法不仅指复杂的编码程式和技术逻辑，也指嵌入在个体劳动者日常生活中的技术化表述、认知、态度和行动。它的生产性与个体化的劳动经验和工作经历密切相关。通过展现外卖产业中的算法生产，本章希望呈现外卖员群体的"算法化劳动"以及围绕于此的社会关系和权力实践。

算法的发展可以追溯到中国商周时期和古希腊战争时期。从军事情报传递的加密到天文历法、算数测量等日常数学推理，都展现出现今算法的雏形和逻辑。汉字"术"可以解释为"算法"，表示算术、推理、机制、逻辑等。"算法"这一概念的最早出现，归功于 8 世纪波斯数学家花剌子密（al-Khwārizmī），他将算法解释为"能够运行的系统性计算"。后世为了纪念他，就用花剌子密的拉丁文译名"algorithm"命名了此项技术。在后来很长一段历史时期，算法始终与计算、数据处理、推理等联系在一起。

随着算法技术应用的普及，它的跨学科性越来越明显。除了计算机和数学领域，社会学、人类学、传播学等对于算法的讨论也日趋热烈。而随着交叉学科的讨论深入，人们越来越认识到，科学和技术的发展过程本身并不是客观、冰冷的规则与

---

① Marvin, C., *When Old Technologies Were New: Thinking About Electric Communication in the Late Nineteenth Century,* Oxford University Press, 1998, p.5.

操作。相反，它是一种实践，一种文化。[①] 技术从来不是中立的，对于算法来说，这一点同样适用。这也正是本节要论述的核心问题：对于算法，我们除了看到它的技术属性，更应该看到其背后的价值附着，这是我们讨论算法技术和骑手劳动的前提。从社会科学的角度出发，本书希望能够从技术性和社会性这两个层面来定义算法。

技术性的算法，关注算法作为一种计算处理技术而展现出来的特性。塔尔顿·吉莱斯皮（Tarleton Gillespie）认为，算法是基于特定的计算模式，将输入的数据转化为可预期结果的编码程序。[②] 算法作为一种逻辑计算技术，具有两个特点：第一，算法是一种指令，它会基于逻辑呈现处理问题的步骤。如果对其进行"降维"理解，我们可以把算法理解成菜谱，其主要功用是告知人们如何按照要求，一步一步将"生鲜食材"做成"美味佳肴"；第二，算法虽然自成体系，却不能"空转"，算法的运行必须以数据为支撑。正如"巧妇难为无米之炊"，没有数据作为来源和基础的算法，如无源之水、无本之木，难以实现既定目的。

社会性的算法则更好理解，它关注技术生产与应用带来的社会权力关系的变化。根据学者尼克·西弗（Nick Seaver）的观点，在数字经济日益发达的今天，算法不再仅仅是文化建构

---

① Latour, B., & Woolgar, S., *Laboratory life*, Princeton University Press, 2013, pp. 15–42.

② Gillespie, T., "The relevance of algorithms," in T. Gillespie, P. J. Boczkowski, & K. A. Foot (Eds.), *Media technologies: Essays on communication, materiality, and society*, MIT Press, 2014, pp. 167–194.

的一部分，而已然变成了文化实践本身。算法是"一个不稳定的物体，是一个借由人类参与而形成的文化实践"。[①]与任何历史上曾经"横空出世"的技术系统一样，算法的出现带来了社会经济文化的剧烈扰动、强烈的价值争议，以及一时无法辨清的发展方向。近代以来的许多学者，包括福柯、拉图尔、霍克海默、德勒兹、埃吕尔等，都在一定程度上探讨过新的技术体系对社会和人类生活的影响。如果说技术性的视角给予算法数学和逻辑上的定义，那么，社会性的视角则为理解算法注入了更多的范式可能。作为一种技术体制，算法在社会层面的广泛应用使其可以改变、创造、勾连诸多社会关系。它不再仅仅是一种技术制度，更是一种文化实践、一种社会话语。这样的一种存在，无论是对宏观的政治环境，还是对微观的社会生产场域，都会产生重要的影响。

作为一名社科学者，又通常被冠以对技术"一窍不通"的名声，我对技术物的分析并不自信。算法研究的"高门槛"曾经让我望而却步，似乎不懂得编程或者技术运行逻辑的人没有资格对着这些"高精尖"技术指指点点。我曾为写博士论文自学过一段时间的 Python，却因为年代久远已完全抛在脑后。但是，一旦有了前面对于算法社会属性的铺垫，我接下来的分析就变得容易了许多。

技术性的算法和社会性的算法像是天平的两端，告诉我们

---

① Seaver, N., "Algorithms as Culture: Some Tactics for the Ethnography of Algorithmic Systems," *Big Data & Society*, vol. 4, no. 2, 2017, p.5.

认识算法技术可以走两条路：由内而外和由外而内。前者指的是"hard模式"，即钻到算法技术的生产过程中，观看它是如何被研发、测试、应用的。这一路径要求研究者具备一定的技术门槛，对计算科学有较为深入和综合的了解。后者"由外而内"，则更多地呼应了对于算法社会属性的认知，即算法作为一种文化实践，在应用到社会诸多领域中时，会在多方互动实践中发生"转译"，建立新的、全然不同的社会关系和社会景观。换句话说，算法技术在这个过程中虽然是虚拟的、不可见的，但是由它所建立起来的诸多联结、冲突、行动却是显而易见的。这样的话，我们可以从算法波及的、可观测的诸多社会实践和社会话语入手，"反推"算法背后的逻辑与设定。

也是因此，本章在论述中不把算法当作一种冷冰冰的技术，用剖析学的方法进行"还原"式分析，而是希望把它当作一个嵌入社会生活的技术物，一个存在互动、时刻变化的技术体系。通过剖析算法和骑手劳动之间的互动，本章希望展现的是一种技术体的复杂景观，通过"情境式的研究"（situated study）来看到技术与人的主体间性，以及外卖骑手富有表现力的主观能动性。①换句话说，在接下来的论述中，算法将不再停留为一种技术架构（technical infrastructure），而是与周边社会生态密切相关的、嵌入式的、具有生产性的过程。

---

① Mehra, B., Merkel, C., & Bishop, A. P., "The Internet for Empowerment of Minority and Marginalized Users," *New Media & Society*, vol. 6, no. 6, 2004, pp. 781-802.

加入"游戏"

　　那会儿，是 2016（年）吧。在老家做水泥工。人家欠我二十多万，要不上来。没有活儿了，也不能在家闲着。就来北京。一个老乡说让我来北京跑外卖。坐夜车，第二天四五点钟到北京站。那天早上下大雨。天冷。老乡把我领到一个站点。我没地方住，人家那站长就把办公室那床给我，让我在上面睡一觉。……那人真是好，也不催你。我去了看人家跑外卖，不知道怎么跑，不会用智能机，所以不太想干。他（指站长）也不催我，每天笑眯眯，人也平和。让我在那儿睡了三个晚上。我觉得不好意思，决定学着跑外卖。

　　高喆是美团众包的一名骑手。2017 年我在北京潘家园的一家粥铺做田野时认识了他。他三十岁左右，高高瘦瘦，长脸，黝黑，略显苍老。跟他一起的骑手都叫他老高，我也索性这么称呼他。高喆是山西襄汾人，说话慢条斯理。他已经结婚，老家有一个六岁的女儿。一个傍晚，我俩约在潘家园粥铺，他慢慢地给我讲自己加入外卖的经历。一路听下来，我很难想象，眼前这个不停地刷手机、挑单子、能够熟练浏览各种 App 的汉子，竟然曾经完全不会使用智能手机，甚至十分害怕使用智能手机。老高打开手机地图，指着上面的定位箭头，说：

　　　　刚开始，不会看地图。那些箭头怎么指，不清晰。
不知道它是往哪里指。带我的师父发现了，说你怎么
老瞎跑。

　　在后续的田野中，我发现老高所描述的现象并不少见。对
于长期在农村或工厂做工的劳动者来说，智能技术离他们始终
太远。这种距离不仅是技术上的，也是心理上的。在老家襄汾
做水泥工的时候，老高也是有手机的。只是，他的手机是一部
老旧的、只能打电话和发短信的"砖头机"。正如邱林川在《信
息时代的世界工厂》里所描述的那样，手机和互联网技术的
扩散从来不是信息拥有者（information haves）和信息无产者
（information have-nots）的绝对分野。①恰恰相反，这里存在着
一个广大的"灰色地带"，即信息中下阶层。他们能够接触到一
些信息传播技术，也能利用自己所接触到的互联网技术帮助自
己进行社会生产和劳作，但接触到的却不是最先进和最前沿的。
而千千万万如老高一样的农民工，就落在了这个灰色地带里。
在智能机普及并逐渐下沉的年代，他们接触到智能手机，却懂
得不多。更多的时候，他们在等待一种外来力量，一种可以突
然将其拽入更先进的技术世界的外来力量。

　　对于老高来说，这种力量就是"跑外卖"。

　　老高用"学着跑"来形容自己的外卖劳动，这也是很多刚

---

① 邱林川：《信息时代的世界工厂：新工人阶级的网络社会》，广西师范大学出版
社，2013 年，第 21 页。

入门的劳动者的现实写照。数字化程度的不断加深，使外卖经济的用工模式与传统工厂制呈现出鲜明的分野。大规模使用信息化、无人化招工正在成为一种常态。平台不再需要像传统工厂招工那样"挨个看人"，而是全部转由线上接入。这个过程大幅提升了招工效率，但与此同时，它也把诸多风险成本转嫁给了个体参与者。还是拿老高来说，为了送外卖，他花了一千多买了人生第一部智能手机，同时在站长的带领下连续学习使用了两个星期，才初步知道了什么是 App、如何下载，以及如何登录或退出系统。用他自己的话来说，那段时间，"学了忘，忘了学"成为他的生活常态。有时候，他会深更半夜跑去站点找站长，只因为自己点进一个手机 App 无法退出，或者忘记了下一步如何操作。

在站长的悉心教导下，老高进步很快。他感觉自己"一下子进入了一个智能化的世界"，很多事情也变得清晰起来。大约半个月之后，他熟悉了 App 下载、注册、线上培训、告知通过等流程，正式成为潘家园站点的一名骑手。学习的过程虽然艰难，但老高挺高兴。不仅因为自己第一个月来北京就赚到了钱，更是因为老高觉得自己"掌握了一门技术"，这门技术可以帮助他在大城市更好地生活：

> 手机这东西，难者不会，会者不难。学会了最好，年轻人学起来也没有那么难，一旦会了，哪个平台都可以去。以后我不在这儿（指美团专送）干了，还可以去别的平台嘛。

学会了使用智能手机让老高信心大增。后来站点里每当有新人进来，遇到不会使用智能机的情况，老高都会热情地跑上前去分享自己用手机的心得。老高也很有耐心，甚至在下午没单的时候，会主动提出帮助新来的骑手"用手机"。一天下午，老高又在教新来的骑手下载 App，旁边经过的骑手看到了，笑着嚷嚷道："老高教得好！但是他只会用安卓，不会用苹果！"[①]老高听到了，笑眯眯地抬起头说："咱不用苹果，用苹果干啥！"

老高与智能技术的初次交锋以他的胜利过关圆满结束。在站长的帮助下，他顺利地跨越了技术障碍，加入到外卖劳动的大军中。随着数字劳动研究的兴起，学者倾向于将"骑手"定义为低准入门槛的职业，但是，诸如老高这类骑手的存在也时时提醒着我，零工就业人群的数字素养依旧是影响他们就业、生活的重要面向。根据中国互联网络信息中心发布的报告，截止到 2023 年 6 月，中国的网民规模已达 10.79 亿，互联网普及率达到 76.4%。毫无疑问，这些数据展现了中国在数字化的过程中取得的巨大成就。但是一个不能忽视的事实是，相较于 14.55 亿的总人口，中国依旧有近 4 亿人口未能接入互联网，[②]其中包括老人、小孩，以及诸多像老高一样的努力挣扎着的人。

---

① 安卓和苹果这里指的是手机的安卓系统和 iOS 系统。

② 中国互联网络信息中心：《第 52 次中国互联网络发展状况统计报告》，2023 年 8 月，https://cnnic.cn/NMediaFile/2023/0908/MAIN1694151810549M3LV0UWOAV.pdf。

我想起了有一次采访"UU 跑腿"一个业务大区的负责人，在提到关于手机的使用问题时，他不无感慨地回忆：

> 最开始的时候，2016 年，很多人没有智能机。想跑单的大叔、大哥都用诺基亚，没办法接单。那时候最大（的）困难不是说服他们来这个平台，而是在他们还没有充分对平台信任的前提下，劝说他们投入 1000 块钱，买一个新手机，把诺基亚换成智能机。因为人家没干过这个，不知道挣不挣钱，很不确定。

在这个世界上，有些人活在未来，过着充满科技感的生活，但也总有一些人，活在当下甚至过去，对于互联网和技术一无所知。骑手们在熟悉算法之前，需要先熟练掌握手机的使用。对于千千万万像老高这样来自媒介并不发达地区的农村骑手来说，这并不容易。走到这里，骑手们与算法的故事，才算刚刚开始。

无限游戏的二重奏

哲学家詹姆斯·卡斯（James Carse）在《有限与无限的游戏》中为我们提供了分析世界的一个新视角。他将世界上所有的人类活动都比喻为一个个游戏，而游戏分为两种，有限游戏和无限游戏。有限游戏以胜利为目的，而无限游戏以延续为目的。这样的比喻发人深思。我在田野里观察到的一个个外卖骑手，为了生计流动奔波，虽然偶有抱怨，却一直在努力劳作。如果将外卖经济比作一种游戏，那么，它是有限游戏还是无限游戏呢？在这个游戏里，谁是赢家，谁是输家？我也曾不止一次地疑惑，既然跑外卖的生计如此困难，为什么会有源源不断的骑手加入进来？他们为什么加入这个游戏？又在其中获得了什么？

从某种程度上来说，跑外卖是一种无限游戏。

如果我们把外卖的供需链条拉长，就会发现围绕外卖所建立起来的，其实是一个包含了物流、交通、运力、人力、消费、餐饮等诸多方面的巨大的游戏场域。在这个游戏场中，外卖员就是游戏的闯关者。他们之所以加入这场游戏，是因为外卖本身有着一套游戏化的管理模式。这种游戏化的管理通过使用五花八门的规则手段，不断吸引着参与者。这些规则中混合着游戏文化特有的自愿性、规则性和赌注性。[1]用外卖骑手自己的话来说就是，"跑外卖是会上瘾的"。平台通过细分管理领域、建立不同规则来不断增加游戏场景，扩展游戏空间，让外卖游戏得以延续下去。

在这一部分，我们需要讲述的正是平台管理所形塑的"无限游戏"。与传统的"赶工游戏"不同，外卖游戏更像是一场精心策划的"二重奏"游戏。平台首先利用了人们喜欢娱乐、冒险和探索的心理，设计了充满游戏化体验的劳动模

---

[1] Seaborn, K., & Fels, D. I., "Gamification in Theory and Action: A Survey," *International Journal of Human-computer Studies*, vol. 74, 2015, pp. 14–31.

式；更重要的是，隐藏在游戏化劳动管理模式之下的，是平台有效地利用了外卖骑手的流动劳动，不断进行算法系统的改造、升级和完善。加入外卖游戏的骑手，既是游戏的参与者，也是游戏系统的研发者和开拓者。他们通过自己的街头劳动，不断地与算法进行交互，帮助算法升级。也正是他们的游戏劳动，促使外卖玩局可以持续下去，变成一个无限循环的游戏。

外卖劳动凸显了强烈的算法中介性。我想要在这里展现的算法中介不是传统管理方式的简单数字化，而是包含了算法技术作为一种"自主性技术"所特有的交互性、生成性，甚至情感依赖性。[①] 外卖系统中的算法具有精准推送、预测和反馈等功能。在外卖的大游戏里，骑手和算法系统形成了既冲突又合作、既对抗又妥协的微妙联结和互动。这里的算法不再被骑手比喻成一种冷冰冰、无情感的技术，而是具有自己想法的、"有点坏"却又"十分聪明"的拟人化系统。骑手在外卖游戏中展现了充分而不气馁的主动性，在劳动的过程中不断反向感知算法、了解系统，与这一套管理系统斗智斗勇。游戏正是在这样的人机互动中展开。

外卖游戏下的人机互动超越了一元的、单项的"压迫—反抗"过程，充满了情境性的变化和一些不可预知的复杂性。围绕外卖经济的算法化，外卖平台有意无意地形塑了一种无限游

---

① Winner, L., *Autonomous Technology: Technics-out-of-Control as a Theme in Political Thought*, MIT Press, 1978, pp.7–13.

戏的生态观感。它有效地抓住了骑手的注意力，将他们的劳动力转化为数据式的生产力，借以延续这一游戏。

"打怪升级"

有了算法的介入，外卖劳动的管理变得"无微不至"，与订单派送相关的每一个步骤几乎都有着非常明确的称呼，如"系统派单""商家接单""骑手到店""骑手送单"等。几乎每一个细分场景中都有算法管理的影子。算法不仅接替了原有人力资源的大量管理工作，同时也开始建立一种其更加擅长的分类、分级的管理机制。

算法首先建立的是骑手的等级标准。在不同的平台中，外卖骑手被划分为不同的等级，虽然名称各异，但共同指向骑手的"送单能力"。简单来说，就是送单数量越多、所干时间越长，骑手等级越高。例如，在先前存在的百度外卖平台上，骑手被划分为从"普通骑士"到"神骑士"共七个不同的等级（参见表3）。相应地，每个等级的派送补贴、积分累积也不尽相同。例如，一名"普通骑士"送一单所获得的额外奖励是1毛钱，而具有"钻石骑士"资格的骑手就可以拿到1元钱。在其他平台上，不同等级的骑手拥有不同的类似"特权"，等级越高，特权越多，包括优先派单特权、超时豁免权等。虽然名称不太相同，但是其他外卖平台也遵循类似的等级划分标准，例如"美团"在一些跑单活动挑战赛中将骑手划分为铜牌骑手、银牌骑手、金牌骑手、钻石骑手。对不同等级的外卖员，在骑手装备、有效订单量、配送准时率等层面有不同的要求。

表3 百度外卖平台骑手的等级评定标准

骑士等级	每单补贴 (RMB)	所需积分
神骑士	1.5	6000
圣骑士	1.2	4100
钻石骑士	1.0	2800
黑金骑士	0.8	1800
黄金骑士	0.5	900
白银骑士	0.3	400
普通骑士	0.1	NA

"等级"关联着"特权"，这让一些年轻肯干、有冒险精神的外卖骑手跃跃欲试。

> 这个跑单啊，就是上瘾。跑一单给一单钱。都是白花花的银子。所以，跑到了一百，你就想跑二百。等到跑上二百，你会想，我能不能跑三百？就是不知足，人都这样。

> 我更愿意把挣的钱想象成实物。比如说，今天挣了一百，就是一顿饭钱，可以和同事happy（开心）一下；要是挣了二百，那就可以给女儿买一套衣服；三百呢，我就更高兴，几乎可以给儿子买个电动玩具汽车了！

骑手的等级设定是一种充满游戏化的设计。它与诸多当下网络游戏的进程设置颇为相似。例如，每当晋级成功，游戏者就会获得新的称号、权益或者相对应的武器装备、积分值等。除了系统实时更新的骑手等级，平台还会设置日跑单量、周跑单量、月跑单量等团队排名。站点的管理员会定期在工作群组中推送个人跑单成绩，按照送单数量由多到少依次排列，以促进内部竞争。

这些榜单有效地激发了骑手的兴致，成为大家茶余饭后的谈资。等单的空隙，无聊的骑手们会聚到一起，比较各自的骑手等级，免不了彼此吹嘘一番。老高十分关注骑手的排名。每次看到站长推送日排行榜，他都会迫不及待地打开手机研究一番，进行点评。一天下午，我们坐在街边聊天，老高偶然间看到了站长发布的周跑榜单，便开始和一旁的骑手议论起来：

> 张元卫贼能跑，每次都是前三。啊，小张这几天不太行，都没进前五，是不是前几天他请假了？……有些是真能跑，不要命，咱确实比不了。你说这个张元卫，早9点干到晚12点，叫你，你行吗？

旁边的骑手听了，纷纷笑着摇头，七嘴八舌地说，"比不了，比不了"，"这个咱真是不行"。虽然有一年的时间，我都在潘家园附近的粥铺采访骑手，但并不认识张元卫。我曾经也拜托老高帮我联系，看看他是否愿意跟我聊聊。老高每次都摇头拒绝："别问了，那小子忙得很，没空。……就算有空，你也抓不着他。"在骑手的眼里，张元卫毫无疑问是一名优秀的游戏竞技者，他送单多、送单快，让很多骑手很是羡慕。在站点的管理群里，时不时地会有人发"打倒张元卫"这样的话，作为骑手对送单游戏里优秀的竞技者羡慕而戏谑的回应。

除了骑手的等级，平台还会定期推出各种挑战赛、系列赛等，通过承诺完成任务、获得奖励的方式，激励骑手参与送单劳动。例如，2021年夏天的时候，楸树街的美团众包骑手积极地参加了"清凉一夏"挑战赛（参见图6）。挑战赛共49天，分为七个档次，依据每个人的送单能力，系统给到个人的挑战目标并不相同。同样地，在完成预期目标后，得到的奖励、奖金也不尽相同。常规的打卡、签到、在线时长等成为参与比赛的常态化要求。

图6 外卖平台的"清凉一夏"挑战赛

闯关

如果把外卖系统看作一个游戏场，那这个混合了物流和交通的游戏场里面存在着多种多样的竞技者，骑手便是其中之一。

他们的任务，就是在层层的游戏"关卡"中想方设法"快速通关"。骑手送餐的场景，与一些网络游戏里的打怪升级几乎一模一样。唯一的不同，在于后者是虚拟场景，而跑单是在真实、物理的世界中进行，面对的是真切的风险和不确定性。

在闯关的送餐游戏中，时间和空间相互交织，形塑了外卖员的劳动紧张感。城市基础设施的空间治理成为外卖员在送餐过程中面临的首个挑战。出于社会管理的考量，政府和交通运输部门对于外卖员的车辆、道路、行驶路线设立了具体规则和约束条件。例如，北京规定持京 B 牌照的摩托车禁止进入四环以内，同时禁止摩托车使用非机动车道等。而我们在 2020 年基于北京市外卖骑手的调研中发现，有 30.52% 的骑手使用京 B 牌照的摩托车进行送单。在实际的送单操作中，京 B 摩托不进四环的治理要求难以达到。我询问老高站点里有摩托车的骑手，他们的解决方案分为"运气派"和"策略派"。"运气派"觉得是否被交警抓就是一个碰运气的事情。如果真的被抓了，罚钱了，就自认倒霉。"策略派"更讲求跑单路线的技巧：

> 不要上二环，二环经常有查车的。有次远远地看见了，交警都穿一个金黄色的外套，（我）掉头就跑。……有时候，（微信）群里也会有人说，哪儿查车，就避开。

为了赶时间，外卖员可能会闯红灯、逆行、上环路等，以此来节约送单时间。在这个过程中，骑手一方面需要注意躲避交警、往来车辆和路人；另一方面需要时时应对系统派来的订单，并按照时间的先后、差异等统筹判断，以最快速度策划出送单路线。在外卖的游戏中，送单是一项"多线劳动"。系统要求外卖员同时应对来自多方的不确定和实时更新。可以说，"多线劳动"处理的好坏，直接决定了骑手能否准时完成送单任务。对此，不少骑手谈到时都深以为然。

很多时候，城市交通基础设施的"阻滞"会与外卖骑手的路线形成冲突，使其不得不做出具有风险性的选择。

> 最多的时候，身上挂了 15 个单，要求在 45 分钟之内送完。……不好好规划，绝对送不完。一定要规划，先送哪个，再送哪个。

> 最害怕的就是大商场。进去就出不来啊。有一次，（我）一直在里头打转，二十多分钟，好不容易找到一个口出来，结果发现不是（之前）那个入口，电动车放在（商场）对面。……现在遇到大商场（的单），我一般不接。

小蔡师傅是"饿了么"的外卖员。提起商场取餐的经历，他心有余悸。时间的紧迫感和断续性促使外卖员对送单工作进行实时的、有规划性的计算和考量。外卖员会在实际的劳动过程中慢慢地摸索出应对多线劳动的一套经验。例如，小蔡师傅对于送单顺序、路程先后进行规划，对特定场所的订单选择不接单等。

外卖员的流动劳动也经常因为空间的物理阻止和打断而不得不实时调整劳动节奏。例如，小区里的门禁、路障、电梯会拦截外卖员，一些高档小区和商场甚至明令禁止外卖员进入。这时骑手不得不想办法"过关"。有的骑手会选择将电动车或者摩托车停在小区、办公区域外，步行前往送餐，还有的会与保安斗智斗勇，想办法让自己通过。例如，小蔡师傅非常气愤于某些小区的进出"不平等"，"凭什么一般人的电动车让进，外卖的就不让进"。与保安吵过几次后，小蔡师傅选择在每次进门前脱掉自己的外卖外套，把餐箱放脚踏板上，保安认不出来，就会让他通过。

对于剩余里程和送单数量的实时计算也成为外卖员的必备技能。使用电动车跑单的外卖员，需要随时准备更换电池。有的外卖员会租用如"易换电""铁塔换电"等充电桩中的电池，也有的外卖员自己购买电池，中途需要返回住处或站点更换电池。对于电池剩余里程的计算变得十分重要，尤其在高峰时段，电池电量逐渐下降带来的焦虑感让一些骑手"不敢多接单，不敢跑远"。

送餐劳动就像一场游戏，流动、停滞、阻碍、再流动的来回交替成为常态。当平台市场逻辑将生产工厂由特定的位置搬到大街上时，外卖劳动就打破了传统工厂制下连贯、有序的特点。实时面对阻碍、实时解决问题成为外卖骑手的劳动日常。为了最大限度地达到外卖游戏中的劳动要求，身体的上场和主动流动成为重要选择。例如，在遇到高层写字楼时，外卖员更倾向于跑楼梯而非等电梯；遇到熟悉的配送地点时，外卖员会更加依赖自己的路线规划而非系统给出的推荐路线。零工经济中的"闯关游戏"塑造的是一种时间紧迫感。在后面的论述中，我们将会详细阐释。这种时间紧迫感在很大程度上决定了外卖员的"游戏"状态。通过此种游戏化的运营，平台得以"黏"住骑手，确保送餐游戏的持续进行。

真人游戏

在有文字记载的文明建立之初，游戏便随着人类社会而产生。发展至今，游戏化（gamification）已成为十分跨学科的概念，被广泛应用在教育、人机互动、健康等诸多领域。与此相对应，学者对于游戏化的释义也拓展到了各个领域。概括来说，游戏化指的是一个有意设定的过程，即在非游戏的场景下，通过使用游戏化的元素来达成娱乐化之外的目的或结果。[1]在劳动研究领域，布洛维曾提出"赶工游戏"（the game of making out）的概念。他发现车间里的工人在枯燥、严苛的工作环境中，会自动加入相互竞争、比较的赶工氛围，从而更加积极主动地投入到车间生产劳动中。布洛维认为，工人这样做既转移了自身的注意力，同时也形塑了一种自身对资本主义生产关系的变相同意，即"制造同意"（manufacturing consent）。[2]这一描述切中肯綮，它有效地观照了资本对工人产生的"制造同意"的影响。

---

[1] Seaborn, K., & Fels, D. I., "Gamification in Theory and Action: A Survey," *International Journal of Human-Computer Studies*, vol. 74, 2015, pp. 14-31.

[2] Burawoy, M., *Manufacturing Consent*, University of Chicago Press, 2012, pp. 77-94.

很显然，骑手一旦加入到外卖的"升级打怪"，就会自觉不自觉地响应、默认现有的游戏规则，并积极参与送单。

但是布洛维没有过多谈论游戏规则的设立过程，而这正是平台经济下外卖劳动值得关注的地方。不同于传统的工厂竞技，外卖产业中的游戏化不再是因比较而起的、简单粗略的赶工指标，而是精细的、全场景的游戏化升级。在这个过程中，外卖骑手参与到了"赶工指标"的设置中来，与送单劳动相关的所有程序几乎都被做了游戏化的处理，包括可见的订单数量、累积分值、好评率、准时率等。可以说，这是一场基于人机互动精心设计的"真人游戏"，外卖骑手本身既是游戏的参与者，也是游戏的建设者。尤里安·库克里奇（Julian kücklich）在论述互联网游戏时使用了"玩工"的概念。他认为，网络游戏的玩家是游戏公司创造力和研发力的重要来源，通过不断参与游戏，网络玩家不但帮助游戏公司吸引了更多的参与者，而且他们在参与游戏过程中，帮助修改、填补了诸多游戏漏洞，用免费劳动促进了网游资本的商业化完善。[1] 丁未在网约车司机研究中，用"制造能动"来描述网约车司机的线上反抗如何成为"滴滴"平台数据完善自身的有力补充。[2] 与此相似，外卖骑手也成了

---

[1] Kücklich, J., "Precarious Playbour: Modders and the Digital Games Industry," *The Fibreculture Journal*, 2005, Retrieved August 3, 2023, from http://five.fibreculturejournal.org/fcj-025-precarious-playbour-modders-and-the-digital-games-industry/.

[2] 丁未:《遭遇"平台"：另类数字劳动与新权力装置》,《新闻与传播研究》2021年第 10 期。

另一种"数字玩工"，他们在游戏化的场景下，参与跑单游戏，同时帮助系统完善跑单游戏。

一位从事平台算法研发的技术人员说：

> 这套管理系统的设计很漫长，慢慢发展出来的，随着业务不断发展进行设计。今天发现几个问题，明天堵上几个漏洞。后台一开始的标注也没有那么详细，都是后来根据骑手数据的反馈、使用体验等慢慢加上去的。……差不多两三年的时间……对于骑手送单的某一部分活动，后台一般会有几百个甚至上千个标注。

平台游戏化的设定与骑手的送单反馈密切相关。算法正是根据加入游戏的骑手所生成的跑单数据来初步划分不同的骑手等级和奖惩措施。而诸多后续的标签完善，其实也是依靠骑手参与游戏过程中发现的系统漏洞或者由骑手补充了缺失的数据，包括建筑物的楼层、小区的入口位置、交通线路的方向等。

我在田野调查时发现，系统对于外卖骑手的分级有着自己的一套规则。大部分外卖员会在半年左右升级并稳定在"黄金骑士"一级，而进一步的升级则变得困难。老高说，自己用了一年的时间，才从"黄金"变成"王者"，如果需要继续升级，就需要付出更多的努力和更长的时间。如果升级失败，骑手给出的解释经常是"单不多""工作时间短"或者"不够拼命"。也有骑手表示，由于参与的人越来越多，最高等级的骑手名额已经饱和，"晋级需要碰运气"或者"找关系"。在系统后台中，算法维持着不同等级的骑手划分的微妙平衡，这种平衡往往十分难以掌控，因为它既要保证升级之路的畅通，从而使骑手持续沉浸在送单游戏中不至于放弃；同时又要保证骑手之间有着相应的送单权益和收入差异，以满足部分骑手的优势地位。

吉莱斯皮将算法分类管理的劳动者称为"算术型工人"（calculated workers）[1]。对于外卖骑手而言，他们不仅仅是算术型工人，更是游戏化的参与者。在此过程中，平台算法巧妙地将个体劳动者自我价值的实现与资本的管理结合在一起，并在不知不觉间依靠骑手对于外卖游戏的参与而有效地塑造了算法自动生长、自动发展的根基。

"人体电池"

在具体的实践场景中，外卖平台系统是如何依靠骑手搭建起来的？

我们可以把整个外卖系统想象为一个游戏场，骑手就是游戏玩家，骑手的手机、头盔、电动车等行动轨迹连接着系统后台的服务器。骑手的劳动过程，除了送单，也是不断与后台系统进行互动的过程。在系统后台，每一个外卖员都有自己的主页面，上面显示着骑手的送单量、等级、从业时长、积分、奖

---

[1] Gillespie, T., "The relevance of algorithms," in T. Gillespie, P. J. Boczkowski, & K. A. Foot (Eds.), *Media Technologies: Essays on Communication, Materiality, and Society*, MIT Press, 2014, pp. 167-194.

励等。这些数据由骑手所在站点或者团队直接管理，并成为之后送单情况排名的直接依据。

这样的互动交流大多是通过"边走边看手机"的方式进行的。在此过程中，外卖员的流动成为平台数据生产的重要手段。例如，有学者发现，平台系统会利用骑手手机上的 GPS 定位、WiFi、蓝牙或者智能头盔等实时收集流动劳动过程中的数据。[①]（参见图 7）

图 7　时时被手机定位的骑手

送餐是一项流动性劳动，而流动本身所产生的数据面向十分丰富，包括基于外卖员送餐速度、单量、人流量的数据；基于餐品的种类、价格、打包和出餐时间的数据；基于消费者等待时长、口味偏好、家庭住址、外卖超时忍耐程度的数据等。

---

① 陈龙:《"数字控制"下的劳动秩序——外卖骑手的劳动控制研究》,《社会学研究》2020 年第 6 期。

如果把"送外卖"拉长为一个基础物流传输链条，不难发现，流动的过程是外卖员联结各方参与者一并加入数据生产的过程。肖珊娜·祖博夫（Shoshana Zuboff）在论述"监视资本主义"时，敏锐地意识到了人的行为可以在数据化时代被作为商品出售。[①]尼克·斯尼塞克（Nick Srnicek）将数据称为平台市场逻辑下的新能源。[②]在外卖系统中，基于外卖员的流动所生产的数据成为外卖平台"训练"物流调度系统、进行用户精准画像的重要原材料。依靠由流动所积累的数据，算法系统得以被持续"投喂"、不断进行深度学习，从而实现在既有设定原则上更加精准、全面地对外卖物流进行预估、评判、分类，提高平台劳动管理的效率。

早在 2017 年 6 月，我就曾与"百度外卖"的一位数据架构师进行过交流。彼时的他已经开始考虑如何对已建立的算法体系进行修正和优化，使其不断走向自动化和智能化。关于配送平台的算法设计原理，他这样解释：

> 我们在 2015 年初就已经实现了全自动化的这样的一个派单。自动化派单这个事情，背后要解决（的），就是我们怎么实现从零到整个这一套的核心调度的技术。这个订单，从技术到系统，到自动地分配给最

① Zuboff, S., *The Age of Surveillance Capitalism: The Fight for a Human Future at the New Frontier of Power*, Profile Books, 2019, pp.1-9.

② Srnicek , N., *Platform Capitalism*, John Wiley & Sons , 2017, pp. 36-50.

合适的人，中间有一系列的（问题），需要系统去支撑。……我们怎么样让这个系统具有自动地学习、自动地优化的一个能力，（让）它像 AlphaGo 一样，能够每天根据不同的棋谱，对于系统来说，就是根据每天不同的、新的订单配送的情况，去自动地学习，使得这个系统越来越智能，越来越适合每一个区域的调度。

在过去的几年里，利用不断扩大的用户、商家和外卖员数量，平台的算法体系也得到了持续充实和扩展。他补充说，

自动派单之外，我们有实时可视化的监控系统。（例如）有分析、回顾（作用的）时光机系统，有预测、做模拟的仿真系统，以及指导我们业务去做业务分析的询导系统。除了调度系统，还有一些系统去支撑。

无论是这位数据架构师所说的时光机系统，还是仿真、询导系统，都展现了算法依靠流动劳动的"投喂"变得越来越智能的事实。在机器的深度学习模式中，外卖平台的算法和外卖员的流动劳动形成了相互依存、共同进化的关系。一方面，算法设定的指标会倾向于"细化"或"完善"外卖员的送单劳动；另一方面，源源不断的人力数据又会"投喂"并"训练"算法，将一些系统漏洞、尚待完善的地方补足。

2021 年的夏天，我和几位研究生同学在房山区良乡镇的楸树街采访外卖骑手时，遇到了李飞龙。在我的请求下，他答应带

我去附近大学城送餐。他挑了几个北京理工大学的单子。因为疫情，外卖员无法进出校园，只能选择送单地址最近的地点送餐。外卖单上的送餐地址五花八门，"C区H口""B区1口""小区大南门"，让人很难搞清楚。令我惊奇的是，李飞龙竟然全部知道。他载着我骑得飞快，不时把车停在路边，取出餐，放到一处不起眼的栅栏下，拍照上传，然后载着我去下一个地方。

> 这些地方以前都没有。疫情之后就有了！因为学校进不去！……都是我们一个一个跑出来的，之前的系统乱七八糟，我们也是熟悉了。学生都在宿舍附近下单，一栋宿舍楼下的单多了，我们送的单多了，系统就会标识出来。

李飞龙一边说着一边给我看他的手机。果然，在他的送单地图上，围绕北京理工大学出现了不同的区域标注和送餐点设置。按照李飞龙所说的，依靠骑手流动所生产的数据成为完善送单系统的重要依据。

郑广怀在研究外卖骑手时，用"下载劳动"来描述外卖骑手的数字化劳动生产。"下载"的概念生动形象，它展现了平台作为一个强大、有反思力的有机体，如何将一整套精密、动态的劳动控制模式嵌入劳动者的外卖送单活动中。[①] 如果我们的思

---

① 澎湃新闻：《武汉市快递员外卖员群体调查：平台工人与"下载劳动"》，2020年3月30日，https://www.thepaper.cn/newsDetail_forward_6733259。

绪如《黑客帝国》所展现的那样打开，那么毫无疑问，骑手就是一个个连接着后台服务器和升级系统的"人体电池"，源源不断地在为平台系统贡献自己的数据和能量。这样的比喻听起来有些危言耸听，但在整个外卖游戏中，数据化的流动是闯关游戏得以持续运行的重要基础。

系统的进化

在进入外卖系统智能化讨论之前，我想补充一点对于技术发展的看法。虽然智能技术进化飞速，令人目不暇接，但是我们仍旧需要清楚地意识到，一项技术能够发展到今天的样子，离不开对既往的、历史性的技术逻辑的积累。在人类历史进程中，技术的发展有着自己独特的逻辑。一项技术从来不是凭空出现的，而是带着既往技术的DNA。换句话说，技术是一个复杂的组合体。[①] 与此同时，这些技术的DNA里往往嵌套了复杂、神奇甚至难以解释的人文逻辑，因为技术的应用从来都是在特定的社会场景中展开的，而特定场景下的技术实践与诸多社会结构和社会实践，如阶层、性别、身体、空间、时间等紧紧交织在一起。

说回到外卖的算法系统，它的发展也是如此。它继承了先前发展的互联网技术，并在此基础上聚合了更加多样的组合和

---

① ［美］布莱恩·阿瑟:《技术的本质：技术是什么，它是如何进化的》，曹东溟、王健译，浙江人民出版社，2014 年，第 23—44 页。

结构。需要看到的是，外卖系统的建立绝非一朝一夕，而是与外卖产业不断增强的组织化、市场业务的不断细分以及个体劳动者持续不断的劳动力供给有着密切联系。通过田野调查、访谈和资料的汇总，本章尝试在此"拼凑"外卖算法系统发展的脉络，从而跳出简单的技术研发逻辑，来展现系统发展的复杂性和围绕这项技术所展开的多元话语。

系统初建

虽然"外卖"兴起是近几年的事情，但在历史上，"外卖"业务早已存在。在北宋的《清明上河图》中已经出现送餐伙计的画面。一伙计右手拿两双筷子，左手提两个饭盒，身着围裙，正出发给客人送餐。① 宋朝推行休养生息政策，废除了宵禁制度，百姓可以自由活动，市面上因此出现了很多酒肆瓦舍，餐饮酒食文化十分兴盛。一些客人在酒肆瓦舍玩累了，想要吃饭，可以去附近的酒楼订餐，店小二可以送餐上门。根据史书记载，当时的餐饮店"逐时施行索唤""咄嗟可办"。②

《东京梦华录》中还记载了当时的诸多酒家送外卖的场景。由于餐饮店众多，竞争激烈，"凡百所卖饮食之人，装鲜净盘盒器皿，车檐动使，奇巧可爱。食味和羹，不敢草略"。③ 餐饮店

① 大师小讲：《最早的外卖：外卖小哥的宋朝兄弟 | 大宋的餐饮业》，2018 年 5 月 18 日，https://mp.weixin.qq.com/s/GbePYEjrKVoqHqEBmlSzrg。

② 外卖怎么做：《以史为鉴，外卖发展编年史（宋朝 -2014）》，2018 年 1 月 12 日，https://mp.weixin.qq.com/s/kdh7U3ZLTPWCtAw8nUq_iQ。

③〔宋〕孟元老撰，邓之诚注：《东京梦华录注》卷五，中华书局，1982 年，第 131 页。

将美味佳肴用精美、干净的食盒包装好，送到客人手中，在当时成为一种流行趋势。在后续漫长的餐饮发展中，外卖虽然一直不是主营业务，但却作为餐馆联络社会关系、积累运营资本的方式留存下来。由于餐食的即食性，餐馆的外送业务多面向周边熟客，基于邻里街坊、亲友关系的"方便"外卖占大多数。

外卖作为一种发展的可能被确立下来，得益于电话的出现。沟通变得更加容易，人们对于餐食的需求可以及时、准确地传达到餐厅，电话订餐也成为传统餐饮的分支业务。例如，成立于 1965 年的日本快餐巨头玉子屋，依靠电话订单将自己的外卖业务不断扩展。在国内，一些连锁公司除了堂食业务，也会通过电话订餐的形式，接受一部分外卖订单。

一次采访中，三十出头的女外卖员臧佳在回忆自己打工经历时讲道，自己的第一份工作就是"送外卖"。那时她寒暑假去镇上一家餐饮店打工。店里主要做一些日常餐食，餐饮店的对面有一个塑胶工厂，工人时常加班，会产生很多外卖订单。臧佳在店里除了负责洗餐具，就是接听对面塑胶厂的订餐电话。她需要用笔一个一个写下需要的餐品，通知后厨烹饪，待餐品做好，走路送去塑胶厂。

> 夏天的时候，三十多度，热得很。中间有个市场，绕一下过去，不到两公里，走回来，全身是汗。有时候一趟还送不完，就多走一趟。

臧佳的工作是大众传播时代人力派单模式的真实写照。

2000 年以前，我国的外卖配送以电话接听、人力派单为主。在这一时期，电话、自行车、摩托车等沟通和传递工具出现，不少餐厅借此推出了电话订餐、打包自提、一对一送餐等业务，外卖生意得以维持并在一定程度上得到扩展。这一时期的外卖业务主要以餐厅自配送为主，也有少数的互联网 O2O^① 企业参与，如"生活半径""朝阳美食汇"等。

2000 年到 2010 年，随着互联网技术的不断发展，外卖行业的数字化进程不断加快。一些餐饮企业除了使用电话订餐，也开始研发线上订餐系统——在移动互联网兴起之前，主要是 PC 端的订餐服务。同时，第三方的技术服务平台开始和餐厅合作开发线上订餐系统，数字化初具规模。2010 年以前，尽管物流的数字化已经提上日程，但外卖订单的匹配和对接依然主要由人工负责完成。换句话说，在这一阶段，"人"始终是协调外卖网络正常运转的核心。即便是第三方的外卖企业，也主要通过使用人力来完成订单匹配。餐厅或外卖平台的派单员需要及时接听电话、记录地址、匹配送餐时间，甚至在餐饮订单多起来的时候，进行更复杂的匹配、协调工作。

曾在"饿了么"干过派单员的徐开回忆，人工派单"不好干"。他需要从早到晚地坐在电脑前盯着屏幕：

> 单少的时候还行，单多了，确实不好协调，一个

---

① O2O 是 online to offline 的缩写，指的是一种商业运作模式，即通过互联网将线下的业务转移到线上进行交易，以此扩大用户规模。

头两个大。高峰时段就是不停地打电话，挂了这个来
了那个，全部都是问题。

根据"百度外卖"负责派单系统的数据架构师甘锐的说法，
人工派单（人工调度）是一项"十分有挑战"的工作：

> 人工调度，就是订单进来以后，用人把订单和骑
> 士匹配（起来），做一个决策，派出去。在这么短的时
> 间内去做决策是很难的，而且要考虑的因素其实是非
> 常多的。既要考虑商户、用户所在的位置，又要考虑
> 骑士身上已有的订单。你（指调度员）要快速在短时
> 间内反应过来，同时还要去判断，这个订单分配给这
> 个骑士后，他身上可能已经有几单了，后续订单顺序
> 怎么变化，会对他的路程产生怎样的影响，以及这个
> 订单超时了怎么办……

按照这一说法，像徐开这样的调度员应该就是最初的"人
工智能派单系统"。而随着外卖平台订单的不断增多，人力派
单模式难以跟上快速扩张的业务需求。受制于时间和算力，即
使是非常有经验的调度员，一天能够调度的订单上限也只有
500—800单。而在2010年左右，当时一些第三方平台的订单
已经达到几万单甚至数十万单。随着企业雇佣调度员的数量增
多，成本也在不断增加。在这种情况下，许多外卖企业不再满
足于线下的、人力的物流调度，而是着手建立自己的数字系统。

至此，外卖网络开始由"人工派单"向"系统派单"转变。

只是，这次的技术转变，与其说是为了解决外卖行业的技术痛点，不如说是由资本推动的新一轮市场角逐。在 2010 年前后，受到风投资本和互联网创业潮的推动，外卖配送业成为创业"风口"。2011 年，国内最早的外卖平台"饿了么"先后获得金沙江创投、经纬中国、红杉资本、大众点评等机构的投资。2013 年，"美团外卖"成立，2014 年，"百度外卖"加入竞争。在很短的时间内，"外卖"从无人问津的冷门业务变成了"香饽饽"。诸多外卖平台纷纷加入游戏，并着手创建自己的派单系统。

至此，一个由餐厅、平台、外卖员、"人工 + 数字"派单的外卖网络初步建立。彼时的外卖系统，也正在经历进化期。在移动互联网普及之前，"人"依旧居于系统发展的核心，而随着中国互联网通信技术的不断发展，外卖网络开始走向数字化和智能化。下一节要展现的，正是这种"人机的互换"。在过去短短几年间，外卖系统踏上了数字化和智能化的快车道。"人"被赶下指挥台，取而代之的是能够不断自我学习、自我进化的算法。这样的变化牵动着数量庞大的外卖骑手。伴随着数以千万计的流动劳动者和消费者不断加入，外卖系统以极快的速度升级、进化，并开启了这场外卖经济的无限游戏。

快速进化

如果把看待技术发展的视角拉长，我们就会发现，外卖系统的进化史像极了人类的发展史，两者都是充满奇幻色彩的加速度运动。科学家李四光在《人类的出现》中曾说：

> 人类文化的发展……从新石器时代的开始到现在至多不过一万年，金属时代的开始到现在不过数千年，人们开始利用电能到现在不过一百多年，原子能的利用则仅是最近几十年的事……人类的发展不是等速度运动，而是类似一种加速度运动，即愈到后来前进的速度愈是成倍地增加。①

这样的观察对于外卖来说，同样适用。人力送餐在中国历史上存在了至少千年，但是互联网的出现大大加速了外卖行业的运营规模和效率。数字化的送餐进程仅有二十多年，系统派单的出现也就是过去十年间的事情，而人工智能派单则只有几年的光景。在外卖经济的发展中，技术的发展神秘又飞速。我们很难想象，过去上千年不温不火的送餐活动如今已经变成了一种遍及大街小巷、轰轰烈烈的系统化劳动。系统是如何快速进化的？哪些人参与了系统的加速升级？产生了什么影响？这些问题值得进一步探究。

2017 年的夏天，我走访了"百度外卖"。在访谈过程中，研发团队着重强调了"算法的演进"，并试图通过人工、系统、云端、深度学习四个阶段来概括外卖技术系统自身的发展和进步（参见图 8）。

---

① 李四光:《人类的出现》，选自《高级中学课本——语文》(第二册)，人民教育出版社，1995 年，第 216—217 页。

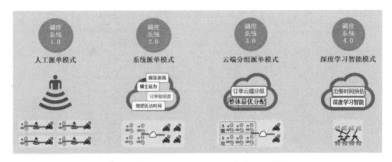

图 8　外卖平台智能派单系统的演进模式

（人工派单）局限太大。我们详细分析了这个事情，分析了一些原因，决定走系统化。做这个事情的时候，是 2014 年，整个行业没有任何一家公司做这种外卖订单的自动调度。我们是行业里面第一家决定做大规模的系统化、人工智能自动派单的公司，也是真正的第一家开发这样一整套人工智能派单系统的（公司）。

而我想知道的，恰恰是这些进化阶段背后关于"如何"的问题。人工智能的派单系统是如何做出来的？根据研发团队的说法，2014 年前后，技术团队做了一个辅助人工派单的系统，但因为缺少数据积累，系统无法进行精准测算。此时的辅助派单系统"只能给一个大致的结果"，最终由人工做更进一步的筛选和决策。与此同时，工程师补充了一句话，令我印象深刻："人工的筛选对我们来说，也是一个数据积累的过程。"

　　辅助派单系统建立的背后，隐约浮现出了"数据的反噬"。同时，"数据积累"也道出了人工智能派单系统飞速发展的奥秘。数据作为算法发展的基础，成为人工智能发展的重要基石。[①] 对于外卖行业来说，2015 年以来市场的飞速扩张为其带来了海量的数据积累。伴随着移动支付的流行和风投在外卖领域的竞争加剧，在过去的十年间，外卖市场的扩张达到了成百上千倍。这一变化可以从两个方面窥见：一方面，线上订外卖的人口数量激增，自 2015 年以来，线上订外卖的人口已增加到近 5 亿；另一方面，外卖配送人员的就业数量也显著增加（参见图 9）。虽然截止到目前还没有关于外卖员就业人数的官方统

图 9　不断增多的晨会骑手

---

① 孙萍：《"算法逻辑"下的数字劳动：一项对平台经济下外卖送餐员的研究》，《思想战线》2019 年第 6 期。

计，但通过把主要的外卖平台就业人员相加，我发现，外卖员的就业人口实现了从个别到超过千万的增长。消费和就业人口呈百万倍量级的剧增，催生了巨大的消费需求和劳动力产出，这也成为外卖平台进行数据积累的重要条件。

根据工程师甘锐的描述，除了调度系统，"百度外卖"的研发团队还做了一个外卖配送的"仿真系统"。该系统通过创建虚拟的外卖送餐场景来不断地训练人工智能匹配订单的能力，并可以根据多种突发情况来模拟和调整派单系统。

> 这个仿真系统是基于历史积累的大量数据去建立的。通过这个系统，我们可以实现的是，每个骑手，不管分配什么样的订单给他，我们可以能够预计每个订单的完成时间。……这个系统具有人工智能的自动优化能力。它像 AlphaGo 一样，可以根据每天不同的、新的订单配送的情况去自动地学习，（这）使得系统越来越智能，越来越适合每一个区域的调度。

能够自主学习的外卖仿真系统在 2015 年之后逐步建立并完善，这并不是一个巧合。恰恰相反，它的完善期也正是中国外卖经济的急速拓展期。在这一时期，成千上万的外卖骑手、消费人群和调度员成为建构人工智能派单系统重要的"人力基础设施"。正如丁未在研究网约车司机时所发现的，网约车司机是帮助"滴滴"平台前期发展、"打下天下"的主力军。2018 年，我和曾在"百度外卖"工作过的蒋大哥聊天，还清楚地记得他时常抱怨平台的派单系统。用他的话说，就是"东一榔头西一锤子地乱派单"。在派单系统发展的初期，骑手们正是外卖这个大系统里的"人体电池"，他们贡献自己的数字劳动，系统将数字劳动转化为有用数据，从而帮助派单系统不断地升级完善。

数据化成为系统快速进化的秘密，而数据化的完成又完全依赖人的劳动。依托技术的发挥，"人—数据—算法—系统"的链条初步搭建成立，这也解释了外卖算法系统进化的过程。技术进化的过程，也是其不断合法化自己的过程。如何塞·范·迪克（José van Dijck）所言，数据化正在成为获取、理解和监视人们行为的合法化途径。[1] 海量数据和以"吸食"数据为主要动力的算法系统"相得益彰"，构成了当下外卖平台公司强大的算力和预测力。2018 年，"美团"自然语言处理（NLP）中心开始建立"美团大脑"。根据团队的分析：

> "美团大脑"是我们正在构建中的一个全球最大的餐饮娱乐知识图谱。我们希望能够充分地挖掘关联"美团点评"各个业务场景里的公开数据，比如说我们有累计 40 亿的用户评价，超过 10 万条个性化标签，遍布全球的 3000 多万商户以及超过 1.4 亿的店铺。我们还定义了 20 级细粒度的情感分析。……我们希望在

---

[1] Dijck, J. V., "Datafication, Dataism and Dataveillance: Big Data between Scientific Paradigm and Ideology," *Surveillance and Society*, vol. 12, no. 2, 2014, pp. 197–208.

> 不久的将来，当用户发表一条评价的时候，能够让机器阅读这条评价，充分理解用户的喜怒哀乐……总结商家的情况，供用户进行参考……帮助用户快速地进行决策。[①]

根据技术团队的解释，"美团"的知识图谱意味着人工智能技术的又一大进步：机器开始从感知智能向认知智能跃迁。所谓认知智能，可以被理解为系统开始理解人的语义，并学着像人一样思考。系统不但在计算能力、知识储备上超过人类，同时开始具备强解释性、推理能力和理解能力。通过对海量数据的分析，在未来，这样的"美团大脑"可以"帮助用户进行决策"、"指导店老板决策"、"对用户进行风险管理"等。

外卖平台的智能化一路高歌猛进。在过去的十年间，外卖系统经历了从系统派单到云端派单，再到深度学习的智能派单模式，而且整个过程的进展呈现出明显的加速度。虽然在系统进化的后期，我们已经很难看到人的身影，但如果把系统的进化史拉长就会发现，系统的腾飞"起于微末"，人的劳动和数据生产是其成长的关键。在"美团大脑"的知识图谱进化中，贡献力量的有商家、用户，还有千千万万奔跑在路上的外卖骑手。对于系统的进化，外卖骑手是感知最直接、最深刻的人群。这也正是下一节要讨论的议题：作为系统的使用者和系统进化的

---

① 美团技术团队：《美团大脑：知识图谱的建模方法及其应用》，2018 年 11 月 1 日，https://tech.meituan.com/2018/11/01/meituan-ai-nlp.html。

贡献者，外卖骑手如何感知系统、评价系统？他们与系统形成了怎样的关系？

系统困局

"人工智障"

骑手对于系统的感知多来自对 App 的使用以及自身的送单劳动。在日常工作中，骑手对于后台系统的称呼十分多样，包括"送单 App""技术""后台""手机"，也有骑手直接使用"平台"来称呼派单系统。对于大多数骑手来说，后台的技术系统"十分复杂"，"整不太明白"。而在日常的交流中，骑手对于系统的感知形态通常十分具体、充满了情境性。他们根据自己的劳动去理解、揣摩算法，并阐释了自己对于技术系统的理解。我和调研小组其他成员在访谈中听外卖员讲了很多大大小小的关于系统的例子。这些例子虽然无法让我们看到整个系统与劳动的互动全貌，但是却像一块块单片的拼图，让我们得以透过个案"以小见大"，窥见系统与劳动的动态互动。

在实际的送餐过程中，骑手对于派单路线和地图引导的抱怨十分普遍，几乎到了人人都要说两句的地步。其中对于地图的智能引导抱怨最多。我在 2017、2018 年的田野调查中发现，彼时很多外卖平台的订单配送距离设置都是计算直线距离而非实际路程距离。由于算法需要根据订单的配送距离预估配送时间，实际路程与直线距离的差异增加了外卖员的配送压力。对此，高喆师傅多次向我抱怨：

> 直线距离短，实际距离比这长多了！有一次，一个去豪景东方的单子，显示是 3 公里，结果你猜，我跑了多少？5.2 公里！……系统这个地图不对。显示直线距离算什么？我们又不是直升飞机，起飞、降落就行。

对于计算距离，平台的地图系统后来做出了调整，以实际距离代替了直线距离来计算时间。但是，一些骑手仍然不满，他们表示，系统显示的距离经过了处理，被有意无意地缩短了，实际的送单距离往往要超过系统显示的距离。骑手大多不通晓计算和技术，但在他们看来，后台这些充满高科技、十分复杂的算法系统出现的问题有时"十分幼稚"，让他们啼笑皆非。他们在聊天的时候，将后台系统戏称为"人工智障"。

岩晖涛（下文对话中简称"岩"）是潘家园附近的一名"饿了么"骑手，他不高，有点胖，说话的时候笑眯眯。2017 年开始，他在一家连锁餐厅驻店，专门负责该餐厅的订单派送。采访后，我们加了微信，有时会通过微信聊天。有一天，他主动找我，问我是否还在继续做外卖骑手的调研，并表示他愿意给我提供一些系统"搞笑的事情"。为了让我更好地理解，他先是给我发了很多张手机截图（参见图 10），然后开始讲系统是怎样"无理取闹"，以至于让他无可奈何。

下面是我俩的微信对话：

岩：今天这些单派得，太不合理了。

我：哪里不合理？

岩：反向派单能合理吗？现在时间太紧张了。

我：就是逆行吗？

岩：嗯，系统的路线就是逆行路线。你看，从 3 到 4，我得过一条河，还有一条高速。按照地图导航，我得绕一个大圈。按理说，以高速为界，两侧的单几乎没法送。我今天倒好，送了好几次！

我：你是怎么过去的？

岩：找天桥，逆行过去。

由于后台系统会根据骑手的流动数据来不断调整送餐路线，所以在很多情况下，流量多的数据便有了合法性。于是，很多情况下，骑手为了节省距离、缩短送餐时间而不得已选择的逆行路线也会被后台地图逐渐采纳，并发展成推荐路线。每次说起这个事情，岩晖涛都会哈哈大笑，然后抛给我一句："鲁迅说得好，这世上本没有路，走的人多了也就成了路！"

也有骑手抱怨后台系统

图 10 "人工智障"地图

"不好使"、"不智能"。老高站点里的同事曾经抱怨过 App 的蓝牙识别不准确：

> 不点到店，没法出餐。（App 后台有一个）蓝牙识别到店（功能），有的（时候，后台对）商家定位不准，你明明就在，但你就点不了到店。你到不到店，技术说了算。但是这个时候，如果客户取消，就是（我们的）物流责任，罚骑手五百，一天白干。

诸如定位不准、无法点击下一步、派单混乱等问题经常被骑手们提及。而每一个技术性的问题背后，其实都与骑手的配送"业绩"和劳动收入紧密关联。为了保证自己的送餐过程顺畅，骑手发展出了很强的能动性和灵活性，他们会实时跟进订单的剩余时间、到店取餐时间、路程的远近，以及楼层、有无电梯、是否需要通过门禁等。面对"人工智障"，骑手会在此过程中开辟一套特定的、与系统对话的逻辑，并在此基础上实现人与机器的共同进化。通过送单劳动，骑手不断地为平台算法所设计的逻辑"试错"。骑手所承担的劳动，更像"测试端"的工程师，他们一次次地送单，一次次地验证系统的准确性。唯一不同的是，测试工程师面对的是电脑屏幕，而骑手的测试则是在三维立体、充满各种复杂情况的大街上。"骑手抱怨—平台改进"的这个过程生动地展现了智能算法的成长历程。

"养系统"

2021 年夏天的午后，我们和大强哥、王小笠、李飞龙、驴哥等骑手在房山美食一条街的一家餐馆聊天。闲聊时我提到外卖的派单系统，以此开启了话头，骑手们纷纷发表意见。在你来我往的激烈讨论中，我发现，虽然大家对于平台的派单系统充满了各式各样的不满，但是却在一点上达成了共识，那就是，作为骑手，需要养好自己的派单系统。坐在我旁边的大强哥扒了一口米饭，没好气地说：

> 系统就是爷爷，需要时时养着！你对它好，它才会对你好！

大强哥是房山良乡楸树街的众包骑手。他三十岁左右，身材魁梧，挺着个啤酒肚，骑一辆大摩托，为人直爽，说话声音大。按照我的理解，他算得上是房山美食一条街的"意见领袖"。他干的时间长，经验丰富，认识的骑手兄弟多，也喜欢跟大家交流。遇到拿不准的事情，骑手们会找他商量。2021 年夏天，我和调研小组的同学们多次前往楸树街，大强哥热情地给我们介绍其他骑手，还给我们每人指定了一位骑手，让我们跟着去跑单。我曾经跟着大强哥跑了一个下午，他骑车快，走路速度也快，我不得不跟在后面一路小跑。

对我来说，"养系统"是一个非常有趣的田野议题。根据大强哥的反馈，系统是分层级的，只有把数据弄好了，系统才会派给自己更好的单子。对于如何"弄好自己的数据"，大强哥的回答是："好好跑单。"他的解释如下：

> 首先，不能老拒单。拒一次两次行，一天拒很多次，后台就会知道——它都有自己的设置。到了一定数量，你不但接不到单，还可能被封号。对啊，因为你老拒单。……还有，要坚持跑。你看那些排名靠前、业绩好的，哪个不是全天在岗？（他们）很少请假。三天打鱼两天晒网不行。数据都是积累起来的，不常跑，没有好数据。

在跑单过程中，骑手们敏锐地发现了后台系统是靠数据积累对外卖骑手进行等级评定和派单的。这一点尤其适用于抢单的众包骑手。到了午高峰和晚高峰时段，众包骑手们出现在大街上，三五成群，或坐在小吃店门口，或倚靠在电动车旁，开始埋头"抢单"。我曾不止一次地听到骑手们抱怨，一个订单发出来，大家一起抢，但是最后，总是会落到他们知道的几个人手里。他们对此百思不得其解，有人说是因为不同品牌的手机抢单速度不同，也有人说是距离的问题，还有人说是抢到的人用了作弊软件。

但是大强哥不这么认为。按照他的说法，那几个固定的人总是可以抢到单，是因为他们的"数据好，跑单从来不挑"，所以系统才会倾向于把好单子派给他们。大强哥一直坚持说"好数据是靠努力得来的"。他并不看好整日蹲在街头"挑单子"、

"拒单子"的骑手。相反，想要有一个好的数据，需要埋头苦干。

在这里，"养系统"的埋头苦干和前文中所提及的闯关游戏不谋而合。系统在不断升级、进化的逻辑下，需要骑手生产源源不断的数据"投喂"自己。在游戏化的逻辑下，骑手劳动和后台系统形成了微妙的互动循环：送单多、时效快的骑手会得到更多的订单，而单量小、"挑单子"的骑手则不会得到系统的正反馈，并存在被边缘化的倾向。算法系统逐渐向着组织化和层级化的结构转变，其中，持续性、遵从性成为系统派单的主逻辑。

"闪送"平台的"派单"和"抢单"分类是"养系统"生动的体现。平台会根据骑手的送单数量和工作时长将闪送员划分为"派单"和"抢单"两个类别。前者指的是由平台主动派单给骑手，"派单"的级别高、单量多、订单价高；后者则需要骑手在平台分发出来的订单中自主抢单，"抢单"级别低、单量少、订单价低。骑手想要维持"派单"的级别，需要持续地、不间断地定额劳动。按照规定，一个骑手每周、每天都需要完成一定额度的送单量，如果因为某些原因没有完成规定订单量，则会被降级为"抢单"。

"算法想象"一直是算法研究中的重要领域，它旨在探究人们如何知晓、认识算法体系本身。[①] 拥有专业技能的人可能通

---

① Bucher, T., "The Algorithmic Imaginary: Exploring the Ordinary Affects of Facebook Algorithms," *Information, Communication & Society*, vol. 20, no. 1, 2017, pp. 30-44.

过算法的内里机制向外延伸想象算法的应用，而更多的、无从知晓算法"黑箱"的人，则通过算法体系的外在表现关注算法的系统设置。在这一理论探索中，"算法想象"并不仅仅是一种"想象"而已。相反，它是一个实践过程，一个生成性过程。个体对于算法的想象会直接影响到其个人生活以及其与算法的交互。长期的实践经验养成了外卖骑手对于后台算法的独到想象。大强哥、王小笠、李飞龙、驴哥在一起的时候，时常讨论起后台的算法"黑箱"。虽然他们无法从专业的角度理解、阐释为什么在一些情况下算法会这样，在另一些情况下却变成另外的样子，但是他们的猜测、质疑、想法毫无疑问形成了"算法八卦"（algorithmic gossip）[1]，这些话语的表达组成了外卖骑手对于算法的想象，也深刻地影响着他们的跑单劳动。

例如，当知道系统需要不断通过个体劳动"被投喂"时，"养系统"所需要的持续性有时候让骑手们很为难。虽然平台以灵活自主的工作定位来招工，但在实际的劳动过程中对骑手有连续的工作时间要求。一些骑手因为探病、秋收或者其他紧急情况回老家的情形时常发生，而这些意外一旦打断了其工作的连续性，他们的后台数据就会变得"不好看"，骑手等级也会随之下调。一位"闪送"平台的骑手曾在"抖音"上闷闷不乐地描述自己的处境：

---

[1] Bishop, S., "Managing Visibility on YouTube through Algorithmic Gossip," *New Media & Society*, vol. 21, no. 11–12, 2019, pp. 2589–2606.

必须天天跑。你看，我这几天回老家一趟，有点事，这绩效就下来了。没法拿到大单，只能送一些周边的小单。

2014 年，网页设计顾问兼作家埃里克·迈耶（Eric Meyer）创造了"无意的算法残酷"一词，用来描述计算机设计中的一个缺陷——缺乏共情的能力。[①]的确，在送餐平台的算法设计中，通过持续性劳动来"养系统"的做法也同样充满争议。作为身处社会之网中的流动人群，骑手面临着生活和劳动中的诸多不确定。通过单一的算法监控来"定价"骑手的劳动而不允许其"出现意外"，其实是在将骑手当作一种可以持续生产价值的机器，而非具有个体化生活情境的人。

更加令人惊奇的是，在日积月累的劳动中，骑手们会对算法系统产生情感依赖。他们将 App 拟人化，并努力地与其进行对话。在这个过程中，"养系统"成为一种非常有趣的人机互动实践。"非常聪明""鸡贼""很会算计"等用来形容人的词汇被大量用来形容平台后台的派单系统。在等单之余，骑手们也会"钻研系统"。他们通过浏览 App 网页内的诸多细则、规定，从中得出自己的理解，并与其他骑手一起分享、讨论，甚至是在送单过程中不断实践、验证。关于骑手"逆算法"的劳动实践，将在第六章详细展开。这里我所要强调的，是骑手与系统形成的既依附又对抗、既合作又协商的互动过程。在这个过程中，

---

① Meyer, E., "Inadvertent AIgorithmic Cruelty," December 24, 2014, from https://meyerweb.com/eric/thoughts/2014/12/24/inadvertent-algorithmic-cruelty/.

甚至出现了有趣的情感依赖。在情感社会学的论述中，学者认为，情感的唤醒和联结是人类的重要特性。同时，情感受到社会和文化诸多结构性因素的影响。[①]外卖骑手与技术系统的互动是催生其情感唤醒的重要因素，也极有可能是我们人类即将面对的人机对话的未来场景。

卡罗琳·马文在其著作《当旧技术尚新》一书中，阐释了对于技术进化的理解。她认为，技术的进化不仅仅有功用性、工具性的一面，更有其人文性和社会性的一面。[②]这样的观点，放到今天算法和人工智能技术的演进中依旧适用。在技术形态发生深刻转变的今天，算法的进化绝对不是单纯的编码、程序、软件所讲述的单一逻辑。恰恰相反，它的进化深深地嵌入在平台劳动的过程中。算法的进化需要以数字劳动者的"行为化数据"作为基础，[③]并在此之上形塑对劳动者越来越精细和严格的管理。这也正是我在本章开头所表述的"生成性管理"的内涵。

此种"反噬"的后果，值得我们深思。正如《外卖骑手，困在系统里》所阐释的，当算法系统越来越严苛，骑手的速度越来越快，整个外卖产业便陷入了难以逃脱的"负循环"。也正因此，外卖产业会被冠以"过渡劳动"的意涵，源源不断地有人加入，也源源不断地有人离开。如今的外卖系统更像是一个

---

① Turner, J. H., & Stets, J. E., *The Sociology of Emotions*, Cambridge University Press, 2008, pp. 32−46.

② Marvin, C., *When Old Technologies Were New: Thinking About Electric Communication in the Late Nineteenth Century*, Oxford University Press, 1998, pp. 4−8.

③ Zuboff, S., *The Age of Surveillance Capitalism: The Fight for a Human Future at the New Frontier of Power*, Profile Books, 2019, pp. 1−9.

"技术奇点"[①]，把所有参与其中的人带向一个未知的未来。

提上日程的算法伦理

在智能技术如此"脱缰"的今天，我们确实有必要呼吁对于它的控制和反思。尤其是当技术与资本进一步绑定以来，它的强大动能及相伴而生的强大破坏力日益显现，技术的利维坦似乎正在成为现实。平台经济日益普及，技术的资本属性和公共属性发生了明显的冲突。"困在系统里"的骑手所展现的正是这样一种矛盾。骑手参与了算法的生产，却无法参与算法规则的制定。对于算法伦理问题的讨论，展现出了技术的公共性逻辑与私人化逻辑之间的矛盾。

我们不妨回到技术设定的最初期望。技术的初心和本质是什么？从有了技术发展的理念起，人类历史对于技术发展方向的设定应该是让社会和生活变得更美好。这种"美好"体现在技术的发展让越来越多的人享受到或便利或充裕的生活。技术可能会被滥用，但技术带有的共享、公益，始终是其最重要的社会属性。正如有学者指出，"与狭隘的私人性、集团性相对立的公共性、公益性，是技术社会化实践最重要的价值内核和评判标准"。[②]

---

① "技术奇点"（technological singularity）指的是人类社会的技术发展正在临近一个时间点。在这个时间点上，现有的技术、人类的文明都可能会被完全颠覆，而人类面临的发展方向也是完全无法预测的。

② 袁祖社：《"数字鸿沟"及其跨越：一种技术公共性重建的实践理性视角》，发表于"数字鸿沟：数字时代的代际与社会问题"研讨会，2022 年 4 月 17 日。

退一步讲，无论是从学理还是实践角度来说，基于人类智力劳作所产生的技术产品，其必然带有与生俱来的公共性特质。这种公共性特质表现为技术的出现会增益于人类的生存、生活与发展，能够帮助人类进一步解决整体性的生存困境，并不断增加人类生活的公共价值。例如，互联网技术的最初出现，便是基于全人类互联互通、信息自由流通的逻辑来进行的设计。无论是技术史还是社会史都表明，一项技术的生成绝对不是个体化、单一化的产物，恰恰相反，它具有集体性、互动性，是结合了多种行动者且具有多元特质的产物。说回到算法，它的生产和生成同样是遵循集体性生成的逻辑。因此，当这样一项集体合作的技术因为诸多组织化、结构化和科层制的干预而演变为单一方面的决策与独断时，便出现了技术有悖于公共性的问题。

"外卖骑手，困在系统里"的讨论在全社会范围内迅速引发了关于算法技术伦理的关注。这引起了政府的重视，也给平台公司带来了较大的舆情压力。在此之后，各方终于开始积极反思算法作为一种带有社会权力关系的技术系统应该如何被建构和管理，并开始采取行动。

在最为大家所诟病的骑手"送餐时间"的问题上，"美团"于 2021 年 9 月向社会公开了骑手配送时间的计算规则。对于骑手配送时间的预估，后台系统设置了"历史数据模型估算时间""城市通行状态特性下估算时间""出餐到店取餐等配送各场景累加估算时间"和"配送距离估算时间"四种算法，并承诺将使用四种算法中的最长时间作为骑手的"预估送达时间"。在此之外，为了减少取餐环节"人等餐"的情况，骑手可以通过 App 上报，获得一定的时间补充。在回应关于算法优化的目标问题上，平台确立了三个原则：一是坚持公正合理、以人为本；二是坚持公平协调，充分考虑消费者、商户、骑手等平台关联各方的利益诉求；三是坚持公开透明，及时向社会公开关系各方权益的算法规则。2021 年 11 月，"美团"公布了"订单配送"算法，通过其给出的资料，"美团"指出订单分配的逻辑综合了骑手、商户与消费者三端，并调整了骑手的时间宽裕度、顺路程度两个指标来进行订单分配。

政府政策紧随其后。2021 年 9 月 17 日，国家互联网信息办公室、中央宣传部、教育部、科学技术部、工业和信息化部、公安部、文化和旅游部、国家市场监督管理总局、国家广播电视总局等九部委印发了《关于加强互联网信息服务算法综合治理的指导意见》，明确了算法生态规范的原则："算法应用公平公正、公开透明，算法发展安全可控、自主创新，有效防范算法滥用带来的风险隐患。"2022 年 1 月 4 日，国家互联网信息办公室、工业和信息化部、公安部、国家市场监督管理总局等四部门联合发布《互联网信息服务算法推荐管理规定》，指出在提供算法相关服务时，"应当遵守法律规定、尊重社会公德和伦理，遵守商业道德和职业道德，遵循公平公正、公开透明、科学合理和诚实信用的原则"。

这是一种积极的反馈。算法的伦理问题被提上日程。通过《外卖骑手，困在系统里》一义，社会各方开始关注数据的生产、算法的规则制定以及由此衍生的平台劳动者权益问题。而在"生成性管理"逻辑下的平台经济中，算法伦理反思的核心议题应该是数据的从属和算法规则的公共参与。在智能与个体生活劳作联系如此紧密的今天，数据和算法的问题"已经从单纯的'个体信息'和隐私保护的单一维度，扩展至'个体权益、企业竞争和生产关系'三个维度"。[①]因此，回到政治经济学的视角去反思这是谁生产的技术系统、应该为谁所有、能够产生什么样的公共价值，显得更为必要。

技术伦理学家安德鲁·芬伯格在《可选择的现代性》中这样说："首先，我们正在进入一个以泛化的技术为特征的新时代，这些技术以非常难以意料的方式影响着我们；其次，它关系到我们如何对待技术，因为，这也许是历史上的第一次，公众的参与正在开始对技术变革的形式产生重要的影响。"[②]后疫情时代，基于全球产业、信息技术的民族国家利益纷争和市场化消费，强化了智能技术发展的光环、优势和支配性心理。谁掌握了更多的技术、谁拥有更多的数据，谁便拥有了决定未来数字化方向的更多主动权。也是因此，数字技术的生产、规则的确定、数据的确权问题一直都存在。在此，我们尤其需要警惕基于资本的数字化意识形态正在不断销蚀技术的公共性特质这一趋势，毕竟，技术对于生活世界的彻底殖民，不是我们想要的未来。

---

① 徐偲骕、李欢：《平台 V.S. 用户：谁该向谁付费——数字平台与用户之间基于数据的经济关系探讨》，《新闻与传播研究》2021 年第 5 期。

② ［美］安德鲁·芬伯格：《可选择的现代性：哲学和社会理论中的技术转向》，陆俊、严耕等译，中国社会科学出版社，2003 年，第 9 页。

第三章

学做骑手

对于大多数人来说，成为骑手，既是一个适应平台组织管理的过程，也是一个自我身份协商的过程。骑手是一份服务业工作，这也意味着个体的规训和服从不可避免。正如《我在北京送快递》的作者胡安焉所言，干快递时，"自尊心的确是一种妨碍"。[①] 在某种程度上，快递员、骑手这样的职业具有相通性。在这一章中，我将重点描述外卖骑手如何进入外卖行业、学习服务，并最终在平台上形成一种黏性劳动的趋势。我试图在分析田野数据的基础上给出一些关于数字劳动的理论反思，如为何当代年轻人会选择成为外卖骑手，在成为外卖骑手的过程中，他们对于自己身份的认知发生了哪些变化。

从学理的角度分析，"学做骑手"的过程彰显着中国农民工群体甚至是更广泛的数字中下层人群的工作伦理变迁。以外卖骑手为代表的零工人群，并不想像自己的父辈那样在工厂或工地工作，乖乖地服从工厂、企业的管理支配。他们不想"被人管"，他们"更喜欢自由"。"追逐自由"正在成为当下越来越多年轻人的选择，虽然很多时候他们自己也无法解释清楚现在的

---

① 胡安焉：《我在北京送快递》，湖南文艺出版社，2023年，第26页。

工作到底是更自由还是更受限。相较于稳定、省心、离家近等更讨自己父辈喜欢的就业方式，中国二代、三代农民工似乎更加在意自己的选择和自我的感受。

吉登斯在讨论现代性与现代社会时，提出了"自反现代性"的概念。他认为，个体不断地自我反思、调试自身实践并做出最符合自身利益的选择是现代人的重要特征。[1] 这样的阐释放在投身外卖的劳动者身上十分适用。中国当代劳动者的职业伦理正在发生显著变化。面对加速变化的社会，工作不再是为了稳定和长期收益，而是更趋向于追寻短期劳动利益的最大化。据我的观察，从事外卖的劳动者虽然也有犹豫和纠结，但会主动消解传统社会捆绑在自己身上的诸多束缚，他们会与传统认知进行协商，并在合适的时候果断脱离，积极投入到零工经济的平台劳动市场中。工作的流动性、可变性和不稳定性成为他们生活的常态。

根据"美团"和"饿了么"发布的研究报告，两个平台分别有 77% 和 75% 的外卖骑手来自农民工群体。[2] 这是相当庞大的一个数字，同时它也告诉我们一个重要信息：平台劳动虽然是新职业，但是参与其中的依旧是耳熟能详的"旧人群"。而恰恰是这样的"旧人群"，他们的职业伦理出现了"新变化"，才

---

[1] Giddens, A., *Modernity and self-identity: Self and society in the late modern age*, Stanford University Press, 1991, pp. 477–484.

[2] 美团研究院：《骑手职业特征与工作满意度影响因素分析》，2021 年 7 月，南方站长网，https://www.nfa5.com/news/202107/08124281.html；饿了么：《2020年"00"后蓝骑士报告》，2020 年 7 月 22 日，新浪科技，https://tech.sina.com.cn/roll/2020-07-22/doc-iivhvpwx6919209.shtml。

更值得我们注意。对于离开农村的农民工来说，城乡的差异和平台的分化管理加剧了他们个体化、原子化的生活方式。一个人在外打拼成为一种习惯。那么，他们真的只是原子化的人吗？答案是否定的，也是复杂的。因为他们不但未能成为个体化的自由人，反而因此需要承担更大的风险。

贝克在《风险社会》一书中曾经阐释了"制度化个人主义"的概念，他指出，晚近现代性中的个人看似越来越自由，但实际上并不是无拘无束的个体，而是与各种社会结构、网络、规则、制度越来越紧密地联系在一起。我想，外卖骑手也正在上演此种"制度化个人主义"。他们逃离工厂，追逐"自由"，但却在"学做骑手"的过程中发现自己深刻地与系统、平台、消费者等各种元素绑在一起，而在此过程中，他成为首要且唯一的责任人。在外卖的江湖里，获得收入、学习话术、忍受污名、打架反抗等均成了个人需要独立面对的事情。学做骑手，既是一个被平台服务规训的过程，也是一个逐步接受个人主义的过程。

外卖劳动的工作形态成为塑造骑手身份认知以及自我与社会关系的重要基础。骑手劳动伴随着平台不断细化的劳动组织形态和彼此竞争的机制而变得越来越缺乏联结性。它变得个人化、变得难以联结和分享。平台劳动者似乎丧失了工友文化，取而代之的是个体化的沉默与零星碎片的表达。超长的劳动时间和按件计价的薪资规则让越来越多的人沉迷其中，患得患失、囿于比较。内在的关注远远大于外在的联结。我逐渐领悟到，这群逃离工厂、远离老家、从四面八方赶来的劳动者加入外卖行业，折射出了中国信息化和平台化带给个人的巨大冲击。当越来越多的骑手专注于比较彼此间的收入而非共同利益时，制度化的个人主义便形成了。在追逐自由、"用脚投票"的高速流动中，他们的数字劳动旅程就此开始。

"自由的选择"

逃离工厂

> 初三就不上学了。14（岁）那年，跟我妈妈来到北京，跟着她去给公园浇了 10 天花。后来去餐厅当服务员，干了三年，挣钱少，累。2017 年 10 月，开始去工厂里上班，在广东惠州，有个电子厂，给华为的平板电脑后壳做代工。朋友说缺人，就去了。挺无聊的，一直坐着，低头干活。平常工资不高，订单多、缺人的时候，（工资）多点儿。2019 年，有两个半月，挣了一万，还不错。白黑加班那种。后来朋友介绍，回来北京，干"饿了么"全天兼职。在望京中央公园这边。

小蔡师傅是我和调研小组在 2020 年疫情期间认识的骑手。他是望京吴站长站点里的骑手。采访他的时候，他只有 21 岁，却已经是两个孩子的爸爸，调研小组的同学用"英年早婚"来形容他。转行到外卖仅仅一年的时间里，小蔡师傅已经干过外卖里所有的工种：团队、兼职和众包。与他聊天能够发现，他虽然年纪小，但说话利索、思路清晰，有着丰富的社会经验。小蔡师傅喜欢干外卖，不喜欢进工厂，是典型的"逃离工厂派"。如果说有谁能够充分体验工厂和外卖的不同，小蔡绝对算一个。

对于从传统生产制造业中走出来的农民工来说，平台劳动所展现出来的是一种全新的劳动模式。它把工作场地从工厂搬到了大街小巷，似乎变得更自由、更灵活，甚至什么时候干活、什么时候收工，都可以"自己说了算"。对于农民工来说，这样的劳动模式充满了对于逃离工厂监管、实现"自由劳动"的美好想象。小蔡说：

> （外卖）比建筑工人好。不用搬砖、出大力，基本不太累。……以前在工厂也干过。（外卖）好干一些。没有工长或组长在背后时时监督你，看到偷懒就骂你。上厕所还要请示。

关于跑外卖"更自由、更灵活"的说法，我在与外卖员的访谈中屡次听到。正如小蔡所言，对于没白没黑加班加点或在工地下力气干活的人来说，跑外卖确实是一份挺美好的职业。也正是在这样的美好设定中，伴随着互联网平台产业的迅速扩张，中国劳动力人口开始了一场轰轰烈烈的大转移。"逃离工厂"成为近几年劳动就业的一种常态。越来越多的农民工群体和其他无法一一细述职业类别的社会群体加入外卖行业。我在第一章中曾讲过外卖平台上的"拉人大战"和扩张的中介系统，这也是促使外卖劳动者不断增加的原因之一。2021年，我所在的调研小组关于北京市外卖员的调查问卷显示，有工厂做工经验的外卖骑手占比高达 43.26%，有建筑工地做工经验的人数占比达 25.97%。

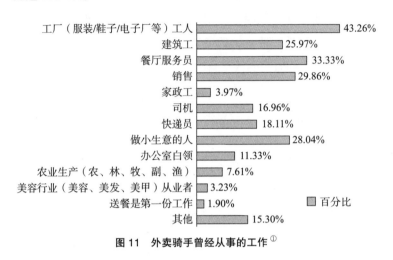

图 11 外卖骑手曾经从事的工作[①]

互联网服务业对于制造业的人口吸纳造成了传统产业与平台就业难以调和的矛盾。根据 2021 年《制造业人才发展规划指南》的表述，到 2025 年，中国制造重点领域人才缺口将达到 3000 万。[②] 而截至 2021 年，中国的灵活就业人数已达 2 亿。[③] 一端是制造业产业升级，人才缺口不断扩大；另一端是年轻人逃离工厂，加入零工就业大军。

[①] 数据来源：2021 年北京市外卖员问卷调查，此题为多选题。

[②] 余丽：《制造业人才缺口近 3000 万，亟需复合型人才》，《中国对外贸易》2021 年第 9 期。

[③] 中国政府网：《目前我国灵活就业规模达 2 亿人》，2021 年 5 月 20 日，http://www.gov.cn/xinwen/2021-05/20/content_5609599.htm。

为什么年轻人宁愿跑外卖也不喜欢进工厂？学界、媒体和社会层面都曾对此有过讨论。很多人认为，"跑外卖"成为受欢迎的就业去处与当下国内宏观经济发展、就业压力、社会就业政策导向等有着密切关系。随着产业的升级转型，平台就业规模不断扩大，势必对传统制造业形成虹吸效应。与此同时，后疫情背景下的失业浪潮涌来，"跑外卖"作为一项零工就业成为很多人获取收入的不得已选择。面对持续不断的媒体报道和社会讨论，我也曾经疑惑作为当事人的骑手会如何理解这个问题。令我惊讶的是，他们的回答简单直接：

> 为什么干外卖？收入高呀！

> 这行也不是什么好工作，但是它给钱及时，不拖工资。到了时间，你就去账户提现。

> 灵活，没人管。我讨厌被人管着。

> 挣得多些。有老婆孩子，要养家糊口咧。

"跑外卖"的选择与劳动者个体的、家庭的经历和喜好密切相关。其中，"收入高""不拖工资""管理松散"成为农民工"用脚投票"、奔赴外卖的主要原因。在这个加速流动的市场中，个体劳动者彰显出了很强的能动性，外卖相对更高的收入让他们变得实际且敢于决断。我也发现，外卖骑手很容易受到别人的影响。很多骑手表示，自己加入外卖是因为听别人讲"外卖挣钱"，所以自己也想试试。"外卖小哥月薪过万"成了很多人口口相传的美好劳动故事；"只要来跑外卖，月入过万不是梦"这样的话语激发了很多人对于劳动致富的美好想象，也最终帮助他们开启了逃离工厂的行动。这是一群脑袋灵活且善于流动的人。说得形象些，这些逃离工厂、来跑外卖的新生代劳动者就好比一群消息高度灵通的蜜蜂，无时无刻不在搜集更加符合自身利益或者高收益的工作机会，一旦发现哪里有蜜可采，便迅速飞向哪里。

2022 年曾有专家因提出"建议年轻人多进工厂，少送外卖"而冲上新闻热搜。对此，很多外卖骑手和年轻人并不买账。他们认为自己"逃离工厂"有理有据，对专家的意见不以为然。有位"哔哩哔哩"视频平台 UP 主在视频中讨论此事时这样说：

> 其实我想告诉你的是，哪有什么招工难呀，哪有什么用工荒啊，无非就是招马难、用牛荒。当然了，肯定有很多人会说，哪有什么招马难，哪有什么用牛荒。你不信你问一下那些大神们，你问一下提桶跑路的那些老哥们，为什么跑路啊？无非就是吃不饱啊，无非就是干累的干不下来呗。你说要是解决用工荒的话，还用得着咱鼓励年轻人不要去送外卖吗？对吧？把工资提一提，待遇稍微涨一涨，管理上稍微那么人性化一点儿，提桶率它绝对会大大降低的。①

---

① 提桶跑路总舵主：《鼓励年轻人少送外卖多进厂来解决制造业招工难用工荒？网友：没有用工荒，只有牛马荒》，2022 年 3 月 9 日，https://www.bilibili.com/video/BV15r4y1B7Sn?spm_id_from=333.999.0.0。

这位 UP 主用"招马难、用牛荒"的戏谑描述来传达制造业工厂的用工现状，认为工厂招不到人根源在于工作量过大、工资过低、管理严苛。他认为应该首先去想办法改善工厂劳动环境，而不是质疑年轻人的"外逃"。此话不假，"逃离工厂"背后是一个处于转型期社会的复杂就业矛盾。改革开放后，"进工厂""干建筑"成为一代农民工的主要就业去处。依靠庞大的人口红利，中国在过去的三十年间作为"世界工厂"迅速崛起。与此同时，我们也见证了中国工厂劳动和农民工群体逐渐被"污名化"的过程。诸多建筑和制造业过度追求利润、压榨工人福利，将自己变为"血汗工厂"，欠薪讨薪和劳资矛盾不断。既往的诸多研究展现了传统制造业、加工业的工厂劳作充斥着父权制的管理、严苛的训斥和进度紧张的流水线。[1]工厂因此被贴上了"工资低""牛马不如"的标签。

我把视频发给小蔡并询问他的看法，他看了之后觉得这样的提案又好气又好笑，回复了一句："这人肯定没在工厂干过！"

"凭本事吃饭，不丢人"

多数骑手对跑外卖这件事既爱又恨。他们在这个行业里拿到了其他工作无法与之相比的收入，却在旁人面前羞于承认自己是个外卖骑手。很多骑手选择对家人和朋友隐瞒自己跑外卖的工作。伴随着这份工作而来的污名化与合法化矛盾纠缠着多

---

[1] Ngai, P., *Made in China: Women Factory Workers in a Global Workplace*, Duke University Press, 2005, pp. 49–76.

数骑手，他们不得不经常进行自我协商。

一位骑手说："跑外卖和进工厂没啥两样，只不过前者把工厂搬到了大街上。"这一比喻十分有趣。如果要给外卖劳动在空间上下一个定义，它确实是把工厂的流水线劳动通过数字化技术放置在了更大的城市空间中。其间，外卖骑手要经历等单、接单、取餐、送餐、完成订单等一系列任务。同工厂的流水线劳动一样，跑外卖也存在时间限制和诸多重复劳动。学者闻效仪将外卖劳动归结为"典型的劳动密集型经济业态"。[①] 此话不假，无论是从劳动方式还是劳动的组织形态来看，外卖产业同工厂劳动一样，通过使用大量劳动力、进行大量体力消耗来完成工作任务。换句话说，"跑外卖"虽然披着数字经济的外衣，但在某些场景下，仍未能跳出工厂劳动的流水线逻辑。也是因此，"跑外卖"非但没有获得广泛的劳动认同，反而在一定程度上延续了工厂劳动的污名化。

对于大多数外卖员来说，虽然"跑外卖"是"自由选择"的结果，但在实际的劳动过程中，他们不得不面对社会和媒体对于"外卖劳动"的污名化。大部分外卖员由农民工群体构成，因此，围绕"跑外卖"所展开的社会话语依旧在很大程度上继承了农民工群体的污名化。[②] 在改革开放以来的四十余年间，媒

[①] 闻效仪：《累瘫了的劳动者不该"困在系统"里》，《中国青年报》2021 年 5 月 14 日，第 6 版。

[②] 孙立平：《城乡之间的"新二元结构"与农民工流动》，李培林主编：《农民工：中国进城农民工的经济社会分析》，社会科学文献出版社，2003 年，第 155 页。

体对于农民工群体有过诸多负面的报道。[①]这些报道的议程和框架形塑了社会对于劳动者普遍"看第一眼"的现实，而外卖员的污名化过程同样如此。

　　骑手的负面形象伴随着他们的劳动过程而产生，"闯红灯""逆行""车速快""粗鲁""嗓门大""不耐烦"成为他们随身背负的"标签"。在实际的劳动场景中，外卖员可能遭受来自媒体、顾客、路人、保安、物业机构等主体的质疑和不信任。社会学家诺贝特·埃利亚斯（Norbert Elias）在研究胡格诺教徒时提出了"污名化"的概念，他认为污名化是一群人将低劣、下等强加于另一群人并加以维持的过程，是不同人群间权力关系不对等的表现。[②]"污名化"所呈现的过程是一种群体性行为，不具污名的一方将负面的、消极的"标签"不断与被污名化的一方联系在一起，并最终创建被污名化一方的刻板印象。[③]对于外卖骑手的某些刻板印象虽然并非毫无根据，但是这些建构往往忽视了他们是被"困在系统里"需要赶时间的人。这些质疑、不信任给外卖员的身份认同带来了很大困扰。

　　对此，有些骑手逆来顺受，无意接受也无意改变；也有些

[①] 参见李艳红：《一个"差异人群"的群体素描与社会身份建构：当代城市报纸对"农民工"新闻报道的叙事分析》，《新闻与传播研究》2006年第2期；许向东：《一个特殊群体的媒介投影——传媒再现中的"农民工"形象研究》，《国际新闻界》2009年第10期。

[②] Olofsson, G., "Norbert Elias," in L. B. Kaspersen, & H. Andersen (Eds.), *Classical and Modern Social Theory*, Wiley-Blackwell, 2000, pp. 361-375.

[③] 李红涛、乔同舟：《污名化与贴标签：农民工群体的媒介形象》，《二十一世纪》（网络版）2005年第40期。

骑手努力挣扎，试图维护自己劳动的尊严。

阿岚是北京大兴东高地的一名女骑手。2021 年在一次线上访谈时，我认识了她，并在之后多次与她线下见面。阿岚四十岁左右，曾经是一名美发师。她的微信头像是一个盘着漂亮发型的女生侧颜，照片上的女生留着一头棕褐色的长发，长发经过细致的编排和打理，显得十分精致美丽。阿岚告诉我，那是她之前的美发作品，她觉得好看，就当了微信头像。阿岚略显矮胖，留着一头短发，简单利索。她面容姣好，喜欢笑。初次见面的时候，她有些腼腆，坚持要请我们在附近的小餐馆吃饭。阿岚喜欢倾诉，把我们当朋友。

2018 年，阿岚的丈夫染上了网络赌博，两年时间，他深深地陷入其中，把两人十余年开理发店积攒的 170 万全部输光，并欠下了三十多万的网贷。根据阿岚的回忆，有一天她在医院看病，掏出银行卡准备支付医药费。护士接过卡，告诉她卡里余额不足。她的第一反应是"怎么可能"。付款不成，阿岚急匆匆地去了银行，发现自己好多张银行卡里的余额都变成了零。

> 我在银行柜台，看着打出来的账单流水，少的几十块，多的几千块，有四五百页。当时就瘫坐在地上，脑子一片空白，不知道怎么办。

2020 年，和丈夫争吵多次之后，阿岚放弃了离婚的念头，她觉得两人之间还有感情。她卖了店铺，开始跑外卖。对她来说，这绝非易事。一夜之间，她从打扮精致的美发店"老板娘"

变成了身无分文的"打工妹"。巨大的身份落差让她一时间很难适应。她害怕被邻居取笑，害怕遇到自己曾经的顾客。为了躲避熟人，她专门在地图上找了一个离家 10 公里远的美食街，白天在那里等单、跑单。按照她的逻辑，离家越远，被熟人看见的概率就会越小。初涉外卖，人生地不熟，阿岚前几个月的日子并不好过：

> 我好歹也是个理发师，突然不开店去送外卖，你怎么想？我躲得远远的，没办法。外卖不用投资，就拿一个电动车就可以送。没办法，咬紧牙，就出来了。……坐在这边，闲着就掉眼泪，老是掉眼泪，人家看我眼睛是红的，我都不好意思。幸好那时候我戴口罩把脸都挡住，我就怕人家看到笑话。……你不是不知道，在北京，送外卖都（被）瞧不起，反正就是最低贱的那种行业。

阿岚说这些的时候，眼圈红了。她很气愤地问我："劳动吃饭为什么就有人瞧不起呢？这是怎么回事？"

阿岚不是第一个也不是最后一个发出这种疑问的骑手。曾凡胜是一名美团众包骑手，在我们聊到歧视问题时，他狠狠地点头，并给我分享了一个"有趣"的故事。他在北京东四环一个站点跑单，到了午高峰时段，有很多来自一高档购物中心的订单，几乎每次进去送餐他都会被保安拦下，不允许其进入，原因是"他穿着外卖骑手的衣服"，而购物中心只允许"顾客"

进入。为此，他和保安起过多次冲突。午晚高峰期的时候，曾凡胜进不去，不得不在楼下等客人下来取餐。这样的等待让他非常煎熬，有的顾客拖拖拉拉，会耽误接下来的单子。为了能够进入大楼给顾客送餐，曾凡胜在到达购物中心之前，会把电动车远远地停在一边，不让保安看到，然后脱下外卖服，换上夹克衫，装作顾客"混"进购物中心。

"穿着外卖服，他（指保安）就是我爷爷。换上夹克，我就是他爷爷。没有别的，就是狗眼看人低。咱凭本事吃饭，不丢人。"他这样解释。

外卖员遭遇污名化的过程，其实是社会结构创造"区隔劳动"的过程。霍华德·贝克尔（Howard Becker）在其《局外人》中提到了"越轨"（deviance）的社会学理论，这也适用于讨论外卖员在特定空间被区隔的问题。他将建立越轨以及被贴上越轨标签的个体视作两个群体，他们彼此互动，"其中一个群体出于自身的利益来制定和执行规范，另一个群体因为具有一些从个人利益出发的行动而被标为越轨"。[1] 在此过程中，社会强势群体具有定义权，这可以使他们建立自己的社群认同，确立自身的优势进而将自身与其他社群进行区隔。外卖员被排除在购物中心以外是一种规则的制定，而当他们进行反抗时，则被贴上了"越轨"的标签，需要被提防和纠正。

互联网的灵活用工一方面在创造一种快速致富的神话话

---

① [美] 霍华德·S.贝克尔：《局外人：越轨的社会学研究》，张默雪译，南京大学出版社，2011年，第26页。

语，[①]另一方面也在不断渲染低门槛、文化资本贬值的话语，以此让劳动者接受对自身处境的不满。这样的话语设置不但使他们在劳动过程中遭遇阻碍，同时也使很多骑手困惑于劳动的意义本身。"需要你参与"和"需要你服从"的双重话语创立了一种"区隔化劳动"[②]。外卖骑手被他者化，形成了基于职业和身份的阶层差异。这在无形当中使外卖骑手的劳动价值被贬低，建构了外卖骑手"低人一等"的刻板印象。正如阿岚因为害怕熟人看到自己跑外卖而不得不把自己包裹起来。但与此同时，她也憎恨"劳动被人瞧不起"的污名化。这样的心理暗示给外卖骑手设置了诸多心理上的阻碍，时常让他们因看到来自周边的恶意而变得愤怒和无可奈何。

努力与成功

骑手是一群什么样的人？这个问题在我的脑海里盘旋许久。正如本书在导论中所言，外卖骑手来自五湖四海，通过数字化的组织方式被临时集结在一起。他们怀揣不同的想法，有着各自的目的。他们中大部分是农民工，但也有不少是来自不同行业、不同阶层、不同地域的"五花八门"的人，包括有着辉煌创业史的商人、创业失败的青年、体验生活的大姐、想赚外快

---

① 佟新、梁萌：《致富神话与技术符号秩序——论我国互联网企业的劳资关系》，《江苏社会科学》2015 年第 1 期。

② Hanser, A., "Is the Customer Always Right? Class, Service and the Production of Distinction in Chinese Department Stores," *Theory and Society*, vol. 36, no. 5, 2007, pp. 415–435.

的宝妈、为儿子攒钱买房的中年大叔等。虽然对生活有着不同的期许，但都希望通过"跑外卖"多些收入和积累，完成这样或者那样的人生目标。

遇见曾凡胜的时候，他还在开网约车。2020年8月，我在学校上完课打车回家，坐上了曾凡胜的车。那是一辆北汽牌银色电动汽车，标准化的外观和内饰让人一眼便知是平台方的租赁车。曾凡胜三十岁出头，戴着眼镜，平头，四方脸，乍看上去很严肃。聊天的时候，曾凡胜主动提起他是从"滴滴"平台租的车，一个月4500元。5月疫情放开的时候，他从老家来到北京开网约车。

2019年10月，曾凡胜和爱人投资30万在辽宁抚顺开了一家餐馆。房租20万，厨子和服务员5万，食材货物5万。筹备了两个月，12月刚开业，疫情来了，餐馆一直无法正常营业。眼看着自己和妻子这些年辛苦积攒的本金打了水漂，曾凡胜心里煎熬，日夜睡不着。挨到了5月，夫妻两人决定面对现实，转租了店面，关了门来北京打工。网约车干了四五个月，曾凡胜发现"养车"成本太高，攒不下钱。听人说跑外卖挣钱多，就换了工作来跑外卖。

外卖真的能挣钱，一点也不少挣。只要你努力。一单一单都是钱呐。……要是你全职干这个活，得坚持。不是说三天打鱼两天晒网，不行的。那些这样的，都是兼职干。说白了，谁进这一行，也不是说闲着没事干了，都是想多挣几个。每天干一会儿就没人了，

行吗？挣不到钱的。是没人管你了，但是你要生活，
吃穿住……想挣钱，就是得天天干才行。

刚入职的曾凡胜尝到了跑外卖来钱快的甜头，对自己干外卖
的决定十分满意。他干的是美团众包，没有站点管理，时间上来
去自由。但是他非常拼命。我去北三环附近找他做访谈，经常在
定好时间后收到他的微信消息，说让我等一下，他还有几个单子没
送完。他边骑车边给我发微信消息，语音里经常传来呼呼的风声，
他的声音时而清晰时而模糊。不知道是不是赚钱心切，曾凡胜对
于跑单充满了干劲，每天有 12 个小时以上都在跑单。跟他熟悉的
一个外卖骑手告诉我，"曾凡胜不是在跑单就是在跑单的路上"。

曾凡胜给我看他跑单的经过。他打开自己的手机相册，里
面放满了自己跑单时的截图，大部分是关于收入、单价、路程
地图的截图。他每日都在十分认真且努力地参与，计算跑单的
数量，计算时间和路程，以及自己再跑多少单可以拿到奖励金。
这些图片拼凑在一起，组成了曾凡胜的"照片日记"[1]。除了跑
单时偶尔拍下的风景，曾凡胜的手机相册里全部都是这些内容，
大约有几百张。看到我有些吃惊，他笑了笑，似乎理解了我的
意思，补充说要将这些"劳动成果"积攒起来，作为自己努力
还钱、有朝一日可以"出人头地"的印证。

虽然被自己或他人定义为"社会底层"，但这并不影响外卖

---

① 叶子婷、章羽、刘希：《海上凡花——上海工人新村妇女日常生活》，上海文艺
出版社，2021 年，第 36 页。

骑手对于成功的憧憬和想象。我在田野里发现，"成功学"的话术不仅存在于中产人群中，也广泛存在于广大的零工劳动人群之中。在微信、朋友圈、QQ，甚至是他们的餐箱上，外卖骑手用自己的方式阐释对于"成功"和"努力"的认识。通常，这些表达直白简单，却充满感染力。

> 努力拼搏吧，成功等着你呢
>
> 不努力你的未来永远都只是一个梦
>
> 成功的过程叫摸爬滚打，失败就是失败没有过程
>
> 你该努力了，不为别的，就为了以后你想要的东西，你自己会给自己，加油
>
> 只要你跑得够快，贫穷就追不上你。没有小孩天天哭，没有努力天天输

以上这些话是我从认识的外卖骑手的微信签名、头像或者QQ签名中"偷"来的。关于努力和成功的话语，频繁出现在骑手的朋友圈或网络签名中。在他们的描述中，成功之路必然需要努力拼搏，只有保持乐观，不放弃希望，才会获得成功。很多骑手赞同，要想取得成功，必须能够坚持日复一日的劳动。曾凡胜的一位队友的微信签名是："地球不爆炸，我们不放假。宇宙不重启，我们不休息。"同大多数人一样，虽然很多骑手没有办法说清楚什么是成功，或者他们将来的成功生活

是什么样子的，但是在面对送单劳动时，他们会毫不犹豫地表达"坚持付出"对于取得成功的重要性。从生成式的算法逻辑出发，外卖骑手的这一判断无疑非常正确。长期的劳动实践和口耳相传的潜规则让他们知晓，持续的跑单可以"养"出好数据，也让他们更加容易获得好订单。

　　"晒单"是外卖骑手展示自己努力成果的重要途径。在等单的空闲，骑手喜欢把自己一天、一周或者一个月的跑单收入截图发到微信群里（参见图12）。主动发进来的截图，往往收入不错。大家看到了，会聚上来评论一番。无论大家伙儿说什么，发截图进来的外卖员大多沾沾自喜，觉得自己运气好，挣到了钱。曾凡胜说截图都是骑手自己选择过的，往往是自己最好的"战绩"，才会拿出来，希望得到大家的夸赞。外卖骑手鲜明而直接地表达对于"成功"的渴望，有的是受到了站长或者同事的"感染"，有的只是单纯地

图 12　一位骑手在微信群的晒单

想要得到夸奖。

  曾凡胜的站长就是一个十分擅长培养骑手"成功意识"的人。他也姓曾，大家叫他"曾老头"。曾站长皮肤黝黑，抬头纹明显，看上去有些显老，所以大家都喊他"老头"。在曾凡胜的眼里，曾老头十分善于给别人"洗脑"和"上课"。每天早会，不到九点，曾老头就会在站点集合的小花园里来回溜达，皱着眉头思考接下来"教育"骑手们的种种话术。曾老头善于揣摩骑手的心思，知道年轻骑手对于生活的想法。早会训话时，他让骑手排成四五排，他面向队伍，站在一排的中心点上。除了强调安全之外，他会搬出自己关于"人生成功学"的那套，用浓重的陕西口音讲给骑手听：

  我不管之前（你）干什么，既然来了，就跑出个样子。不要耍懒，有些小单不愿意跑。你不跑，谁跑？咱们站那些跑得好的，哪个不是从小单、急单干出来的？现在都是一个月一万五以上，下雨刮风就更多了。想多挣钱，就得干！……这几天，有人总是请假。你请假干什么？也没什么事。没事为什么不来跑单？人心都是肉长的，你长这么大，爹妈让你出来干活，难道你还要继续啃老？少玩手机，早点起，多跑几单。

  言语上下，曾老头牢牢抓住核心要义——鼓励大家坚持跑单，少请假。在他看来，"不挑单""不请假""想着父母""少玩手机"的是好骑手，也是通向成功之路的重要标准。作为站长，他对付偷懒、请假的骑手非常有办法。不来开早会的骑手，一次扣 20 元。多次不来，曾老头就会找他训话。在与请假骑手沟通时，他有时十分友好，像一个慈祥、善解人意的父亲；有时暴跳如雷，一边打电话一边大声骂人，并吆喝要封了某人的账号和系统。我去他站点的屋子里做观察，经常发现他的态度在一天里会来回变化多次。

对于他的"成功学话术"，一些骑手起初不以为意，但是架不住时间长了，站点里信奉的人越来越多，大家跑单也变得积极起来。过了几个月，曾老头站点的业绩排名在整个片区也往前提了好几名。曾凡胜经常开玩笑说自己的站长"会巫术"，蛊惑人心。

无论是阿岚，还是曾凡胜、曾老头，他们或许都不认为外卖员是一份成功的职业，但是在很大程度上，他们趋向于认同坚持跑外卖是他们走向成功的必经之路。法国理论学家亨利·列斐伏尔在研究日常生活（everyday life）的过程中发现，重复性是日常生活的重要面向。通过重复的、平淡的日常，我们可以发现诸多不平凡的事情。[1] 对于外卖骑手来说，送单劳动就是他们的日常劳动，而重复性和日常性（everydayness）正是他们在劳动过程中需要忍耐和承受的。从某种意义上说，无论是自我憧憬的美好明天还是他人建构的成功标准，也许正是骑手在平凡的日常劳动中所挖掘的"不平凡"的意义。

作为零工经济的典型代表，外卖骑手的职业选择过程十分能够展现当代社会青年人群的工作伦理变迁。这种变迁主要体

---

[1] Lefebvre, H., & Levich, C., "The Everyday and Everydayness," *Yale French Studies*, no. 73, 1987, pp. 7-11.

现在两个层面：其一，平台经济的发展正在消解工厂大生产和农村集体主义，"固守安稳"变得越来越不可能，大量的农民工和流动人口选择投身到更加个体化、分散化的劳动力市场之中。相较于传统的流水线和组织化劳动，新生代劳动者宁愿用不确定性换取更加灵活、自由的劳动场景。他们不喜欢在工厂或者工地上被呼来喝去，对于严苛管理的工作方式十分排斥。其二，逃离工厂后，广大的数字劳动人群受困于平台劳动的污名化。但差异化的个人境遇和社会经历，使得此种污名化无法削弱他们追寻短期劳动利益最大化的行动力。相反，面对这种"自由的选择"，外卖骑手形塑了自身对于成功这一目标简单直白而富有感染力的说辞。这样的"成功学话语"一方面帮助外卖骑手对自由选择的零工劳动进行了合法化，另一方面也可以算作对于社会污名的一种有力回应和反击。

"学习"服务

话术

外卖骑手中大部分人来自乡村，且多是男性。在进入外卖行业前，他们大多有过在工地、服装厂、装修队等地方劳动的经历。在调研的过程中我发现，不少刚加入的骑手都会出现一种"转行不适症"。他们表示，外卖这个行当"没有想象中那么好干"。有些骑手与商家、顾客的沟通有困难，有些骑手很难适应服务的规则，还有些骑手经常被"打差评"，觉得自己冤枉。

在交流中我发现，这种"转行不适症"与骑手的劳动认知相关。"送外卖"是一种力气活，它需要在高峰时段与时间、体力赛跑。爬高楼、骑快车、抄近道、提重物的本事很重要。而骑手对于"送外卖是一种力气活"的定义使其往往不太关注劳动细节问题，如与顾客的沟通、与店家的关系、礼貌态度、措辞表达等。他们忽略的这些细节，往往会成为其劳动过程中的"短板"，骑手会因为这样那样的问题遭到投诉。

实际上，作为一种平台化的服务型劳动，送外卖既是"力气活"，也是"情感活"。从这个意义上说，外卖劳动与工厂劳动还是有显著差别的。流水线上的制造业劳动是劳动者利用生产工具对劳动对象进行改造的过程。在此过程中，劳动对象是物或物的综合体，在这一生产性的过程中并没有过多的沟通和交流，它对人的情感需求并不高。[1] 即便是有流水线上合作的沟通，也属于工友之间的交流，较少涉及情感的劳动与消耗。但是对于外卖骑手而言，他们的劳动过程多是与人打交道，充满了交流和沟通。例如，与商家、顾客的面对面或电话交流是其送餐劳动中很重要的一部分，交流的顺畅与否成为消费者在后台评价其服务态度的重要面向。[2] 这也正是很多外卖骑手感知

---

[1] ［德］卡尔·马克思、弗里德里希·恩格斯：《1844 年经济学哲学手稿》，选自《马克思恩格斯选集》第一卷，中央编译局编译，人民出版社，2012 年，第 51—54 页。

[2] Sun, P., "Your Order, Their Labor: An Exploration of Algorithms and Laboring on Food Delivery Platforms in China," *Chinese Journal of Communication*, vol. 12, no. 3, 2019, pp. 308–323.

"转行不适症"的核心所在。

从前的就业劳动只看力气大小，但现在的劳动却变得精细化、专业化。对于来自农村、没有任何服务经验的农民工来说，这的确是一件难事。一些年轻的男骑手，在原生家庭里多处于"被照料"的角色，忽然转移到一个需要情感沟通和交流技巧的服务业中，往往表现出明显的不适。在过去的几十年间，中国的乡村地区依旧被父权制和家长制的权力关系所深刻地影响着，男性相较于女性的性别优势一直鲜明地存在着。[①] 外卖平台上的男性劳动者在婚前被父母或者更长一辈的祖父母宠爱，在结婚后受到妻子的悉心照料，少有"照顾别人情绪和情感"的经历和想法。

或许是对此早有预期，外卖平台在骑手上岗的培训过程中会专门设置有关"服务话术"的培训，保证骑手能够展现更好的服务态度。

> ［取餐］您好，我是 ×× 外卖配送员，来取餐。
>
> ［催单］您好，请帮我催一下餐，客户的用餐时间快到了，谢谢！
>
> ［延迟送餐］您好，我是 ×× 骑手，您的餐品因为商家出餐较慢，可能会延迟送达，麻烦您耐心等待，给您带来不便，还请谅解。

---

① Santos, G., & Harrell, S., *Transforming Patriarchy: Chinese Families in the Twenty-First Century Seattle,* University of Washington Press, 2017, pp. 59–73.

　　[无法代购]您好，我是××骑手，很抱歉，因为公司有规定，您备注需要额外代购的商品我们无法为您配送，还请您谅解，谢谢。

　　[拿错餐]实在对不起，由于我的疏忽，给您拿错餐了，给您带来了不便，您看这样行吗？我立刻帮您回去取／重新取一份，以最快的速度给您送过来。

　　[电话不通]您好，我是××外卖配送员，您的餐已送到，但是您的电话无法接通，我先去给别的客户送餐，如果您还需要餐品，请及时联系我，我会再给您送去，谢谢！

　　[通知取餐]您好，××外卖！您订的餐已经到了，麻烦您来取一下，谢谢！

　　[送达]感谢您使用××外卖，祝您用餐愉快，再见！[①]

　　根据送餐的流程，外卖的服务话术被划分为很多类别，如取餐、催单、迟到、出错等。平台几乎预估了送单过程中出现的每一种情况并准备了相对应的话术反馈。服务话语中最经常用到的是礼貌用语，如"您好""谢谢""对不起"等。通过打

---

① 上述外卖话术参见美文网：《骑手外卖配送工作规范及话术》，2020 年 8 月 13 日，https://www.meiwenzc.com/article/241211.html；网易：《作为一名合格的配送员，这些话术你必须要知晓……》，2019 年 2 月 27 日，https://www.163.com/dy/article/F8UEV44V05385E3V.html；另有一部分来自作者及其调研小组的田野调查记录。

造这样一套服务话术，平台希望"大老粗"的骑手可以立即上手使用，从而更好地提供送餐服务。

当然，不同的工种和站点对于服务话术的使用要求存在差异。例如，关于众包骑手对服务话术使用的检查较为松散，多数情况下无人监管，而对专送的要求则更高，站点和平台会通过顾客的后台反馈、线上问卷或者通话录音来检测骑手是否使用了标准话术以及是否"话语得当"。

可在实际跑单的过程中，无论是众包还是专送骑手，对于平台的话术要求都有些不以为意。驴哥是北京良乡楸树街的众包骑手，可能是因为他长得黑、脸略长、嗓门大，大家给他起了个外号叫"黑驴"。后来，这个绰号越传越广，大家都喊他"驴哥"。说到平台的服务话术，驴哥并不在意，他说："没啥用处。说过来说过去，顾客见你就几秒钟的事，哪能啰嗦过来啰嗦过去？谁听！"我问驴哥如果不用平台的话语该怎么办，他没有详细地解释，只说按照自己的想法，说上几句，"该怎么说就怎么说"。

驴哥瞧不上平台的服务话术，这也让他吃到了苦头。在刚开始干外卖不到一个月的时间里，驴哥收到了三个差评。这不是一个好兆头。如果差评继续增多，驴哥将面临被封号的危险。驴哥不服气，一直给客服打电话申诉，但始终没有成功，客服表示有录音为证。他给我看手机后台的差评留言，其中一个给差评的顾客说他"说话声音太大，态度不好"。对此，驴哥有些恼怒：

什么叫态度不好？说话声音大就是态度不好吗？
我身上挂着 6 个单，在路上拼命跑！我没觉得自己态
度不好。我就是让他下来取餐！这也错了吗？

我能够想象，一个在写字楼安静环境中工作的白领突然接
到驴哥的电话，大声嚷着让其到楼下取餐时的情景。顾客可能
被吓了一跳，也会觉得驴哥的语气不够友好。一个差评，骑手
被罚 20 元到 50 元不等，相当于 5 单到 8 单所赚取的收入。话
语表达与交流问题成为很多骑手得差评的原因，他们不理解却
也无可奈何。

虽然情感劳动在外卖行业中的要求和表现并不如航空、家
政、按摩等行业那么明显，但它的确是与顾客沟通过程中非常
重要的一部分。礼貌、友好、有耐心的服务态度更加受到平台
和消费者的鼓励。平台推出的服务话术，旨在形塑和鼓励外卖
行业的"情感劳动"① 准则，但在实际的劳动过程中，这些话
术并未被骑手接受。驴哥和周边的队友们都戏称自己是"大老
粗"，觉得平台给的话术"太矫情"，他们说不出口。例如，送
餐结束后，平台会要求骑手主动感谢顾客订购平台餐品并邀请
顾客给出好评。获得"五星好评"的骑手会有积分奖励。但实
际情况是，多数外卖员从来不会对顾客提出这样的要求，他们
觉得"不太好意思"，对此"没办法开口"。

---

① Hochschild, A. R., *The Managed Heart: Commercialization of Human Feeling*, University of California Press, 2012, pp. 3–22.

当骑手抛弃平台话术、用自己的方式与顾客打交道时，他们才发现不同人群间总是存在"交流的无奈"。乍一转入外卖行业，这些粗犷的汉子对于情感劳动细致入微的表现方式无所适从。他们被卡在中间不知道怎么办时，逐渐在与人交流中慢慢地意识到需要从头学习如何"服务别人"。对于适应了高强度劳动的农民工来说，学习精细化的服务流程并不容易。在社会转型的大背景下，平台经济对于整个社会的冲击不仅仅体现在生产层面，也体现在社会和文化关系层面。[①] 进入服务业的农民工群体被迫放弃基于传统亲缘关系、差序格局的社会联结，转而接受基于专业主义、理性化的工作伦理。[②] 原有的邻里关系中包含着熟悉、信任和包容，但是这些内嵌在乡村关系下的伦理一旦遇上市场交易与服务专业化，便失去了它的立足根基。他们需要换上一套新的交流准则和交流技巧，学会联结陌生网络并获取短期信任。

信任

信任说起来容易，做起来难。这是外卖骑手普遍的心理感知。一方面，他们觉得平台的管理苛刻，很多规定都极度不信任骑手；另一方面，他们也哀叹世道变了，人与人的信任没有了。

---

① 孙萍、邱林川、于海青：《平台作为方法：劳动、技术与传播》，《新闻与传播研究》2021 年 S1 期。

② Heelas, P., "Work Ethics, Soft Capitalism and the 'Turn to Life'," In P. du Gay, & M. Pryke (Eds.), *Cultural Economy: Cultural Analysis and Commercial Life*, SAGE Publications, 2002, pp. 78–96.

　　为什么平台劳动下的信任建立如此困难？在很大程度上，送外卖所形塑的关系是一种数字化关系。无论是消费过程还是送餐过程，都是通过平台搭建的数字系统远程执行的，人与人的交流互动也通过手机来实现，面对面的时间十分短暂。只有在送餐给顾客的时候，骑手和顾客才有可能发生面对面的互动。这些都不利于信任的建立。信任的建立需要时间和互动。在数字化脱域的情境下，两者都难以实现。

　　送餐劳动所搭建起来的网络是陌生人网络。它依据后台的算法匹配，通过计算一系列指标和参数，形成具有随机性的数字关系。在这种数字关系下，临时性和陌生感充斥着外卖骑手劳动过程的始终。我用"陌生的相逢"来描述店家、骑手和顾客三者之间的关系。很多时候，外卖骑手并不认识顾客，顾客也并不知晓骑手的状态，想要在短时间内培养双方的信任感十分困难。骑手往往处于"被评判"的一方，遇到冲突或者问题，他们无权做出决定，而是由顾客来选择是否相信骑手。

　　驴哥的朋友王小笠刚跑外卖不到两个月就遭到了差评和投诉。王小笠17岁，中专上了一年半，觉得无聊便辍学来北京打工。与他一起来的还有另外两个朋友。王小笠的第一份工作是在北京的一家理发店给顾客洗头，顺便推销办卡。因为"嘴笨、不会说"，业绩不好，所以决定跑外卖。认识他的时候，他刚退掉租来的老旧电动车，换了一辆新车。新买的电动车崭新、通体蓝色，远远看上去很漂亮。小笠很自豪。第一次见他的时候，我觉得他像一个初中生，驴哥平日里就叫他"小孩"。但是，"小孩"对于送单的一股干劲很快被顾客的不信任打压下来：

有一次，我停下来去超市买了一包烟，其中一个顾客要的。结果另外一个客人从（后台的）地图上看到我不动了，很生气，就投诉我。……有些（顾客）不好说话的。看你路过他的地方，却没进去，给你打差评。

数字化的后台监视成为顾客对骑手产生不信任的重要来源。为了给消费者提供更好的服务体验，外卖平台会在顾客点单完毕后，在后台呈现出餐品配送的整个过程，包括商家是否接单、骑手在什么位置、何时到店、何时取餐、何时送餐等。同时，骑手手机上的蓝牙和定位系统与系统后台绑定，顾客可以从后台看到骑手的移动路线和轨迹。可以说，这是一种"全景敞视"的可见性服务，骑手的一举一动都处于顾客的监督之下。也正因为如此，当骑手在路上出现停滞或者与顾客的路线预期不一致时，顾客的不信任感便可能因此上升。

这种情况下的投诉多出现在午高峰或者晚高峰时段，顾客等餐心切，发现骑手送餐时间过长或移动轨迹过慢时便会投诉骑手。但是在高峰时段，骑手经常会同时派送很多订单，在单量多、运力有限的情况下，线路规划的先后顺序显然无法同时满足所有顾客优先取餐的需求。"要看好，安排好先后顺序，要不然很容易超时"。同大多数骑手一样，在时间紧迫的情况下，王小笠一般会优先派送即将超时的订单，然后再派送其他订单。但此种情况总是有可能遭到其他顾客的投诉。王小笠觉得委屈，"顾客不在路上，不知道我有两个单子马上就要超时了。人人都想先拿到餐，总要有先来后到是不是"。

除了数字化的"监视"，骑手"提前点送达"也是造成顾客不信任的重要因素。"提前点送达"指的是骑手在没到达顾客指定地点前点了"送达"按钮。按照站点的管理规定，如果骑手因"提前点送达"而被投诉，将面临严重的惩罚措施。骑手会被罚款 500 元到 1000 元，这相当于一个全职骑手一周的收入。之所以有如此严厉的惩罚，是因为平台认为骑手"提前点送达"是非常伤害顾客的信任的行为。在实际的送餐过程中，除去极少数的故意点击"送达"，多数骑手都会小心谨慎地对待和处理。只是有时候，骑手送单的"超时"与"准时"之差可能就体现在几分钟甚至一分钟的时间里。送餐超时意味着骑手的送单准时率下降、积分数额下调，甚至部分骑手要面临被扣除配送费的风险。在这样的紧急关头，骑手往往会选择与顾客沟通、提前点击"送达"来保证不被扣钱。这也正是出现误会和问题的症结点。驴哥分享了两个"提前点送达"的经历，一个是他自己的，另一个是在商圈跑单的老余的。

　　（我）到了那栋楼，发现地址在 12 楼。还有两分钟就超时了，当时。我着急，就边等电梯边给顾客打电话。接电话（的）是个女的。我说："你好，我已经坐上电梯，马上上来，但是这个单子马上就超时了，我可否提前点送达。我马上到。"可能电梯里面信号不好，不知怎么的我听不见她说话。想着再过几十秒就到了，我就点了"送达"。上去之后，她开开门，站在门口。我递给她餐，说了声抱歉，她接过去也没说什么。我就走了。结果刚下去电梯，还没出单元门，一看，我被投诉了。说我未经允许提前点送达。

那个伙计更是可笑。他都打电话跟顾客说了，说来不及，时间有点晚，可否先点"送达"再过去。顾客同意了。结果后面还是投诉了他！说他自己"提前点送达"，明明餐还没到。……我估计，老余嘟嘟囔囔，普通话说得不好，人家没听清！

说到老余的例子，驴哥情不自禁地笑起来。跟他聊天的时候，他经常叹气，嘟囔说世道变了，城里人虽然都是文明人，却相互不信任也不理解。对于顾客的顾虑和不信任，驴哥似乎有些伤心，却也无可奈何。

大家都更相信系统，而不是人。

驴哥的观察或许是对的。在平台化的劳动场域中，信任建立的机制正在发生明显的变化，即正在"从对传统的亲缘、人际、结果、制度的信任向对现代的网络、系统、程序、信息技术方向漂移"[1]。即使外卖骑手从乡村来到城市，他们依然保留着原有的传统亲缘关系。往常的信任和包容依然主导着他们的生活。但外卖的送单经历让他们逐渐意识到，在陌生的环境下，人际关系的信任是一种奢求。外卖劳动是一种在"陌生的相逢"

---

① 谢鹏远：《在线纠纷解决的信任机制》，《法律科学》（西北政法大学学报）2022年第2期。

的逻辑下发生的劳动，由于陌生性和短暂性，人际信任变得越来越困难。也是因此，他们需要不断"纠正"自己的认识，在后续的工作中更加小心，与顾客的交流互动也变得更加谨言慎行。

阿尔文·托夫勒说，短暂性比持久性更符合现代经济原则。[①] 在平台经济的语境下，这句话同样适用。短暂性关系的生产和消费，是平台经济带给我们的重要变化。也正是这种关系的速消和短暂，决定了系统信任比人际信任更加有可能解决陌生人之间的冲突和矛盾。纵观各种不同的送餐平台，骑手和顾客无法达成一致这类事情，几乎每天都在上演。在此过程中，诉诸平台决策成为双方几乎唯一的选择。系统信任正在逐渐取代人际信任，这不但成为外卖劳动的典型特征，也正在成为平台经济下社会关系的新趋势。

挨骂

如果顾客与骑手发生冲突，诉诸平台决策在所难免。出于维护市场和提升服务水平的需要，平台在处理纠纷时会偏向顾客。这不足为奇，"偏袒顾客"几乎出现于各种服务行业，毕竟，在激烈的市场竞争中，消费者导向的意识形态占据重要位置。[②] 外卖骑手对此会经历一个逐步适应的过程。刚开始发现自

---

① ［美］阿尔文·托夫勒:《未来的冲击》，黄明坚译，中信出版社，2018 年，第 43—47 页。

② 孙萍:《"算法逻辑"下的数字劳动：一项对平台经济下外卖送餐员的研究》，《思想战线》2019 年第 6 期。

己的话不被相信、不被重视时，他们往往十分气愤，有些人甚至当着我的面破口大骂。随着遭遇的次数变多，他们也变得不再大惊小怪，反而能够逐渐适应。不被相信以及处于话语弱势的一方成为常态。用驴哥的话来说，就是"习惯了"、"麻了"。

等单的时候，大家聚在一起，分享自己送单时遇到的不平事。聊到热闹时，各自打开手机，竞相晒出自己被罚的手机订单记录。对于平台的判罚，他们虽然十分不满，偶尔还会骂上几句，但是在介绍整个事情的过程时，他们的语气已显得十分轻松，甚至带着几分幽默和诙谐。

为什么外卖骑手会习惯平台对顾客的偏袒？这是否是长期以来服务业的习惯"涵养"？对此，有人说"时间长了就习惯了"，也有人说"有意见也没办法。要么干，要么走人"。其实，骑手对于平台偏袒顾客"逆来顺受"的态度与其所处的整体极不友好的劳动环境有着密切的关联。在上一节中我们分析过，跑外卖虽然自由，但外卖员也不得不承受来自社会的污名化。在送单的过程中，"表演服从"成为骑手劳动的必修课。这里的服从体现为外卖骑手需要忍受来自周边世界的评价、质疑，甚至在面对言语羞辱时，也需要努力劝服自己保持克制。有学者在研究富士康的组织管理时发现，工厂的基层管理会通过"骂人"的方式来建构一种军事化的男性气质。频繁使用语言暴力成为规训富士康工人男性气质的重要体现。[1] 外卖骑手所受到的

---

[1] 邓韵雪：《世界工厂里军事化男性气质的塑造与实践——一项对富士康基层管理人员的研究》，《妇女研究论丛》2018 年第 3 期。

话语暴力虽然不来自特定管理者，但是一些有意无意间的负面说辞、评价和言语羞辱，对于形塑外卖骑手"隐忍""顺从"的劳动态度具有重要影响。对于穿梭在大街小巷的外卖员来说，"挨骂"已经成为他们劳动的日常，忍受"挨骂"成为他们跑单过程中的必修课。

> 刚干（外卖）不久，经验不是很多。两家餐送错了。一个小区，一个游泳馆。小区客人说："我没点饺子，你给我送一份饺子。"我吓得不行，发现送错了。其实另外一份已经给送到游泳馆了。但我说："餐就在我手上，我现在给你换回去。"我其实已经送给别人了。我一路骑着车狂奔，心怦怦跳。去了游泳馆取回来，赶紧往回送。小区客人点了八十多块钱的东西。我到了，送给他。他很生气，开始骂我。很难听的话。我说："这一份餐我送给你，我把钱赔给你。"他不听，大声骂我。我吓得不敢说话。记得特别清楚。

这是柳叶的一次被骂的经历。她是"饿了么"的专送外卖骑手，14岁辍学，跟父母在新疆乌鲁木齐打工，20岁结了婚。采访的时候，她25岁，已是两个孩子的母亲。她2019年2月来到北京，和老公一起跑外卖。她眼中的北京并不友好。刚开始跑外卖的几个月，她被顾客骂哭了两次。回想起自己这些不愉快的经历，柳叶现在竟能够笑着讲完。很难想象，眼前这个年轻但语气坚定的妈妈，曾经被顾客骂到偷偷抹眼泪。

其实送外卖的，经常走在路上挨骂。有一次人家把我骂哭了，因为我逆行。高架桥绕不过去，我翻桥上去。我都没挨着他，他骂得很难听。说你他妈的骑车不长眼，在这作死什么的。（我）很生气，但我也不敢说什么。他一米八多的个子，后面出事，他再打我一顿，不值得。

除了挨顾客的骂，外卖员也会遭到路人的反感。电动车速度快、噪声低，靠近人身边时难以察觉。行走的路人忽然发现身边有骑手疾驰而去，不免心生惊慌。加上不少外卖骑手为了赶时间会抄近道或者借用行人道路，也会招致路人的反感。大街上的骑手，像一个个竞技游戏中快速移动的闯关者，加入熙熙攘攘的行进途中，让人心生不安。一次，驴哥的好朋友王小笠在北京二环胡同口送餐。拐进胡同，看到一位老大爷拄着拐杖，坐在马扎上晒太阳。他一抬头，看见了王小笠，上下打量了一番，没好气地说："你们这些送外卖的，走路最不讲规矩。老是闯红灯不说，跑得还这么快。我这个老头子总有一天要被你们的电动车撞死！"面对突如其来的训斥，王小笠愣在那里，一时间不知道怎么办。他本欲上前理论，但看到手中快要超时的单子，只好叹了口气，愤愤不平地骑车离开。

在与顾客交流的过程中，骑手经常挨骂。被骂最多的是送餐迟到。但这往往不是他们的错，而是餐厅的出餐时间较长，挤压了骑手的送餐时间。可是，骑手是与顾客接触的最后一道沟通线，一些顾客会因此迁怒骑手。在王小笠的商家清单里，有几家店的订单他最不喜欢接，因为"出餐慢"。他一一列举，我听到了鸡公煲、砂锅粥等需要慢蒸慢炖的餐品，当然也有一些高峰时段出单数量极大的餐厅。这些餐厅在午晚高峰时期会涌入大量订单，俗称"爆单"，后厨也会因为单量增加而无法按时出餐。

通常来说，这些餐厅的等餐时间平均在 1 小时，而平台给骑手的所有配送时间（注意这里包括等餐时间）总共才有 45 分钟，所以常常出现配送超时的问题。众包骑手干得时间久了，经验丰富，看到这些餐品的订单都会尽量避开。对于"替商家背锅"这个问题，王小笠曾经一针见血地指出解决该问题的办法：将餐厅出餐时间与骑手送餐时间加以区分。但是这个问题在平台实际的运营过程中并没有得到解决。我曾试着询问平台的市场运营和一些站长，为什么这样的权责划分不被采纳。其中一位平台的运营人员说："不给划开（出餐时间和送餐时间）。给总算。商家是最大的利益，没有商家，哪来的外卖。商家不给你合作，平台也没有办法。"

这位工作人员所说的"商家是最大的利益"道出了平台经济的运营逻辑。商家是平台扩张的重要基础，与尽可能多的商家、餐厅合作是平台扩展市场、增加用户选择和使用黏性的重要前提。因此平台会尽量避免做出伤害商家的事情。如果区分了送餐时间和出餐时间，部分出餐慢的餐厅便会遭到顾客的排斥，这是平台和商家都不想看到的。

"骑手为商家背锅"的情况在 2020 年之前的调查中屡见不鲜。但是在 2020 年到 2021 年间，外卖的送餐时间与交通事故频频引发关注，外卖配送平台着手解决这一问题。2021 年下半年，"饿了么"和"美团"相继在配送系统中添加了"骑手报备"选项，即在商家出餐慢、骑手等待时间过长的情况下，骑手可选"报备"。每次报备后，系统会为骑手延长 5—8 分钟的配送时间，若两次报备后商家仍旧未出餐，骑手则可以免责取消订单配送，这在一定程度上改善了骑手因商家出餐慢而被骂的窘境。

如果说迎合顾客、说出各种规定话术是一种积极的情感劳动，那么在对方质疑或者谩骂的时候能够保持忍受、顺从、克制的心态和行为，则是一种消极的情感劳动。外卖员的劳动场景中有不少消极情感劳动。这种情感劳动不以积极外显的方式流露，而多以自我消化、忍耐服从的方式存在，因此很少受到关注。在与路人、顾客、商家的交流过程中，忍受社会的污名化质疑、"控制自己的脾气"正在内化为外卖骑手重要的职业素养。很多骑手在解释其中的原因时提到了"服务业""吃脸色饭""挣这份钱"等等。一些骑手分享了他们与顾客对骂甚至正面冲突的时刻。几乎我采访的每个外卖骑手，都有过一段与人争吵或者打架的"光辉历史"。事后回想起来，他们表示对此"不能冲动"。他们非常庆幸自己在一些关键时刻控制了自己，躲开了麻烦和不必要的争端，否则"后果自己可能承担不起"。

打架

接下来讲述的两个故事，比挨骂再升一级，都跟肢体冲突有关。通过这两个故事，我想描述一种看似特别、但在骑手看

来又十分普通的境况，那就是如何在"学习"服务别人的过程
中进行反抗。这些选择"反抗"的骑手大多年轻气盛，对于劳
动的尊严或者"面子"十分重视。如果有人触及这些底线，他
们会毫无顾忌地把平台灌输给自己的"服务理念"抛诸脑后，
并为了自己的尊严而战。这种情况并非寥寥无几，而是比比
皆是。

　　虽然骑手被平台、站点、算法的层层管理限制，但这并不
意味着他们一直老老实实、言听计从。我在田野里遇到的骑手
大多十分洒脱自信，深知平台管理留有的诸多协商空间。用理
查德·霍加特（Richard Hoggart）的话来说，他们在一些时刻
展现了工人该有的聪明和坚持。[①]"打架"这种事情在服务业十
分不被看好，因为它不但意味着买卖生意的完全丧失，更预示
着服务者和被服务者就此"结仇"，老死不相往来。可恰恰是这
样一种极度不被看好、不被鼓励的事情，却屡屡出现在外卖骑
手的身上。对此我很好奇。外卖骑手为什么要跟别人打架？这
其中的原因是什么？争吵或者打架，对于骑手而言具有什么样
的用意和目的？

　　保罗·威利斯（Paul Willis）在《学做工》的研究中曾经剖
析过工人群体的主体性问题。他认为，工人子弟的主体性往往
不会自我标榜，而是隐藏于一些不被人注意的瞬间。例如，他
们反对学校文化，过早辍学，不喜欢主流的教育模式。这些在

---

① ［英］理查德·霍加特：《识字的用途》，阎嘉译，商务印书馆，2020 年，第
　 330—337 页。

广大社会群体中被视为"正途的"、合适的教育逻辑并不能打动他们，他们喜欢"逆其道而行之"。他们的"反智"和对学校教育的不理会，恰恰是其主体性的展现。如威利斯所言，"大规模的工业化和城市化所带来的新型社会能动者，不会自诩为新型的社会主体，也不会在自己的前额贴上自制的标签。通常，人们只会借助于对他们卑下地位的侮辱性刻板印象来认识他们。不要错过下层群体创造意义的瞬间，这些瞬间在理论上无法避免，却通常未被人注意"。① 这样的观点和逻辑其实也能够帮助我们理解骑手打架的问题。

第一个故事来自赵武，我们前面提起过他。他来自东北，幽默善言，是美团众包的一名骑手。2020 年 8 月，他与一小区保安因为进出的问题争吵起来，并闹到了派出所。以下是他的自述：

> 有一次，我去送餐，在中国电商（建筑物）。门是开着的，我就往里进。保安让我出来，不让我进。我出来后，他把门关上，说不是不让你进，你得走着进，不能骑车。我就走着进去了。但我出来之后，发现有人从他旁边骑车进去了，他不管不问，把门打开。我就特别生气，跟他理论了几句。这保安挺霸道的，一顿骂我，还说要打我。我说你来打，我就把头伸过去

---

① ［英］保罗·威利斯：《学做工：工人阶级子弟为何继承父业》，秘舒、凌旻华译，译林出版社，2013 年，第 10 页。

了，然后他就推了我一把。他其实没打我，推了我一
把，我就躺地下了。

我不能随随便便让他。本身就挺憋屈。他看我不
起来，说了一些狠话，说我垃圾还是什么，还说要来
点黑社会那个性质的给我看看。我说你随便，你怎么
着都行。我不在乎。他就是吓唬人，碰着胆子小的可
能就被吓唬住了。但我这么多年了，啥事没遇到？我
不在乎。

报了警，派出所出来调解，让他给我赔礼道歉。
刚开始他不赔礼，我说你不赔礼咱就耗着，反正今天
钱我也不挣了。不行的话到时候就拘留你。判可能判
不了，但是拘留五天一周的应该是没问题。你毕竟伸
手了，有监控看着。

后来他想了想，就赔礼道歉。然后我就跟小区物
业说，我说你必须让他保证，我以后送餐他让我进。
不让我进也可以，那别人（指骑手）也不能进。如果
有人进，而我不能进，这个不行，就是专门针对我。

他这就是个人行为。并不是说公司或者物业有政
策要他这么干，他就为了为难你。他是为了什么？首
先，他一个月挣3000块钱，看到外卖员多挣了一些
钱，他来气。他把着大门，有这个权力让你进，不让
你进。他也是社会的最底层，工资低、任何东西都低，
他自己平常也是被人骂、被人说。然后突然间他有这
个权力了，自己当然要装一下，就是为了彰显自己的

权力，让自己有一些成就感而已。

虽然后来想想也不值，但是有的时候，怎么说，就上来那个劲儿。脾气不好，还不能动手打人，就必须争口气。当时也不在乎钱不钱的、一百二百的了，我就跟你折腾，最起码我也能折腾出点事来，不能让你什么好处都占了，对吧？

第二个故事来自大强哥。他也是美团的一名众包骑手，三十岁上下。人不高，但十分壮实，有一个大大的啤酒肚。大强哥为人仗义、豪爽。遇到媒体需要采访骑手时，我和小组的同学找大强哥帮忙，通常他会一口答应下来，拍着胸脯说"我谁也不怕，不怕媒体，不怕公司"，然后开始打电话，很大声地帮助我们拉人找骑手，把场地、人员等安排妥当，十分高效。大强哥的这次冲突发生在他与顾客之间，两人因为路线的问题扭打在一起。

当时我接了那一单。地址不是在小区，是小区旁边的平房，像咱们以前的老房子，那里边确实不好找。本身就是一个村庄，门牌号对不上。要是按照门牌号、楼号，我能找着。但是在村里边，我找不着。我到附近地方给他打电话，说自己只能到一个大概位置，问他："要不你出来拿一下？"他说不行，然后指挥我从哪儿走从哪儿走，我走了半天，找了半天，始终没找着。他就一直跟我较劲，让我找。

　　我没找到。我说自己实在没有时间了，不是不给你送，我还得送别的餐。我下个订单眼看就要超时了，我要先去送别的单。他不乐意。没办法，我直接把他的订单点了完成，就去送别的单了。他一看时间太长还没送达，就打电话过来，张口就骂我。我就对着骂。

　　我俩相互骂了之后，他打客服投诉我。客服给我打电话询问情况，我说了。然后我说，他要是想要餐，我再送一趟无所谓；他不要的话，这个单我掏钱买了。但是这顾客挺较劲的，要我送。我就去了。可是到了地方，让他出来拿，他还是不出来。耗了很久很久，我找不到，就说在村口等他。

　　最后还是来了。是两口子，还挺厉害。一到地方，那男的二话不说，啪地给我一拳。打在我胸口上。当时我就急眼了，拿着餐也没给他，直接甩他脸上了，俺俩就打起来了。我给了他一拳，把他鼻子打流血了。那时候就严重了，就报警了。

　　他鼻子流血了，要我赔钱，要讹我。我说我没钱，要不你拘我，要不你看着办。他说投诉我，我说你随便。后来平台的人来了，站长也来了。站长让我给他赔礼道歉，我就是不赔。我一分钱也没有，你拘我都认，我就不给钱。他抓着不放，最后把警察气得也没辙了，跟他说不行就去法院告我。他把警察都整急眼了，你知道吗？

　　之后，他就打电话投诉我，一直投诉我。客服被弄得没有办法。最后，站长直接亲自过来找我，说，不行了，你回家歇几天吧。他意思就是给我封号。这是我最长的一次封号。封了一个星期。我回家歇了几天，也没赔钱。最后也就这样，不了了之。

赵武和大强哥都在肢体冲突中选择了反抗。对此他们的分析十分一致，即"我可以服务，但不能被欺负"。在他们近乎勇敢的回应中，他们把自己定位成"打工人"或"劳动者"角色。在他们的认知里，这样的角色虽然辛苦，但并不存在心理上的攀附和顺从。相反，他们厌恶欺凌、权势和高高在上的优越感。他们基于这样的认知，对自我进行了再生产。

在"消费者至上"的外卖逻辑中，骑手一直是"被管理"的角色。他们自己也承认，需要学习如何服务他人、如何与他人交流。农民工的身份标签伴随着他们，这使不少人认为这样一群来自乡下的"大老粗""老爷们"需要被管教、被规制。赵武和大强哥似乎既是需要"被管教的人"，也是普通的外卖骑手。如果从人群中一眼望去，他们没有什么特别引人注意的地方。他们两人都有妻小，也都算是外来务工的农民工，已在外卖行业干了三年以上。但是，即便是这样的"老骑手"，也无法被服务业的"服务意识"或者"情感劳动"完全说服。在遇到极度不公平的对待时，他们会毫不犹豫地选择面对挑战和积极回应。

打架使他们与数字化管理的主流文化相对立，但他们却并不畏惧。这里的言语和身体反抗既是一种本能反应，也是一种自我保护，它超越了平台规则和管理本身。对于骑手来说，争吵和冲突已经变得稀松平常，每个人都会遇到。在学习服务的过程中，这样的反击恰恰是他们主体性的瞬间表达。它的存在告诉我们，数字劳动的过程和交互充满偶然性与情境性，而主体和主动性也随时可以出现，它并非清晰可辨和能够预测的。

黏性劳动

"游击队" VS "正规军"

秋季的午后，北京出现了难得的蓝天白云。阳光斜照在马路对面的餐厅墙面上，反射的光让人难以睁眼。万源路的众包骑手慢慢出现，在熙攘的街道上，他们三五成群，或说话或抽烟，倚靠着自己的电动车等单子。

虞叔五十上下，人长得魁梧，戴个眼镜，大家说他"装学问人"，他总是嘿嘿笑一下。虞叔和阿岚姐认识，两人都是附近的众包骑手。等单的时候，他喜欢一个人在街边抽烟或者在手机上打牌。可能因为抽烟，他总是咳嗽。阿岚姐一看到他在网上打牌，就骂他没有良心。"他妈的，最近这个单子是越来越少，越来越少，半天能等来一个就不错了。"虞叔最先沉不住气，骂起来。他一开口，旁边坐的骑手都附和，开始抱怨没有单子。我和调研小组的几位同学在一起，看到我们在听，他们来了兴致，朝着我们七嘴八舌地说开。其中一个年轻的骑手说："从开春过来，一天不如一天。今早上到现在，我就跑了7

单。以前的这个时候，还不得至少 15 单。还不如去南方厂里上班！"

用虞叔的话来说，众包骑手的活儿这些年来"越来越不好干"。单子变得越来越少，而骑手则肉眼可见地越来越多。虞叔的收入，眼看着从旺季时候一天四五百变成三四百，再到如今的一二百。他的士气也如这不断下降的收入一般，越来越低。2021 年 6 月见到虞叔，说到工资，他说"快养活不了自己了"。那个月，虞叔从早干到晚，一天不落，到手的钱刚过六千。从月入过万到工资削减近一半，众包骑手的"好日子"似乎一去不复返。这样"僧多粥少"的状况自 2020 年以来变得尤为明显。经济下行压力增加，就业困难，旅游餐饮等服务行业严重受挫，诸多从事这些行当的个体工商户、小生意人也纷纷投身外卖。虽然在这期间外卖餐饮的业务范围也在扩大，但是终究敌不过蜂拥而至、想要快速增加收入的大量"过渡人群"。整个池子的人变多了，订单即便能够维持原样，也难以为继。

从 2018 年到 2024 年，我跟踪走访了北京朝阳区、东城区、大兴区和房山区周边的一些众包骑手点，发现骑手们抱怨的症结点共同指向单量和收入的减少。虽然很多骑手没有出现像虞叔所说的收入"折半"的情况，但也都在抱怨单量和收入大不如从前。这一状况在 2021 年尤其明显。我与调研小组采访的众包骑手，大多情绪沮丧、感到不满甚至充满抱怨。老骑手尤其如此。

但有趣的是，这一现象却没有出现在专送骑手那里。换句话说，专送骑手似乎并没有显露出明显的抱怨、不满情绪。他们虽然偶尔也会抱怨站点管理或者平台不近人情，但总体来说工作节奏稳定，心情也不错。这是很有趣的一个对比。为什么众包骑手会如此不满，而专送骑手却没有？

解答这个疑惑需要回到骑手的劳动分类和平台本身的商业逻辑。我们在第一章的"细化的类别"中曾经讲过众包骑手和专送骑手的区别。前者指自主决定上线时间和劳动时间的送单骑手，这类骑手没有固定站点，可以在城中自主抢单、接单，自由流动，平台对其管理较为松散。后者指有劳动时间要求、受站点管理的骑手。他们的送单地域通常是3—5公里以内的商圈，每天分早晚班，午晚高峰必须在线，不得拒单。专送骑手的奖惩由站点决定。

"众包"和"专送"的最大差别在工作的"自由度"上。前者更加自由、灵活，订单价格灵活，许多"不受管"或者"喜欢无拘无束生活"的人会选择众包；"专送"则更像是传统的工厂制工作，定时定点，订单价格比较固定，而且每日必须工作10小时以上，不得缺勤或者随意请假。这与制造业的工厂劳动并无差别。在2015—2016年外卖兴起之际，为了快速抢占市场、拓展业务链条，外卖平台在产品端实施了"价格战"策略，即给消费者大量发放补贴、折扣、代金券等；在人力运营端则采取了"广招工"的策略，各地的招工主要以众包骑手为主，强调工作时间的灵活性，并大量给予送单补贴。这样的"补贴红利"迅速在市场上传开，关于"外卖小哥月入过万"的媒体报道不绝于耳。大量劳动力从四面八方闻讯赶来，纷纷加入外卖行业，期望在资本扩张红利中分得一杯羹。

平台运营初期，运力的大部分由众包骑手组成。但是，就在平台劳动"灵活自由"的话语传遍大江南北之时，另一个问题随之出现：大量灵活自由的劳动力投身外卖，这虽然大大增加了外卖配送的运力，却也十分"不稳定"和"不靠谱"。一位负责运力的"饿了么"工作人员说："我们要做的生意，说白了就是'填饱肚子'的生意。大家都是在饿了的时候点餐，谁都希望能快点吃到饭。但是，如果大部分骑手都是众包，高峰时段我们没有办法强制他们上线。很多时候会出现'爆单'的问题。客人吃不上饭，投诉的就多。"在遇到大雨、大雪等恶劣天气时，平台订单陡增，"爆单"的情况时有发生，"保证运力"和"扩招众包"成了一个两难的问题。几乎所有外卖站点的站长最头疼的一件事情就是在极端天气的时候保证运力。上海虹口区一个站点的站长赫小川曾经分享过他在下大雨时打着雨伞跑到骑手宿舍一个一个去劝服他们出去跑单的故事。

下雨没人愿意出来。给他们打电话，不接。年轻人都这样，想着下雨就不跑了，反正没成家也没有那么大压力。那天早上我就带了一把伞，骑着电动车去他们宿舍了。一个门一个门地敲。我人到了，大家都不好意思，磨蹭一阵都出去了。专送都这样，何况是众包。只要一下雨，众包的都躲在家里不出来。你一点办法也没有，就得指望专送的。

在平台对于站点的考核中，骑手的运力考核是非常核心的指标。概括来说，运力考核指的是某一区域的订单配送能力，尤其是在高峰时段，平台需要尽力确保在规定时间内将所有订单派送完毕，而运力保障的前提是充足的外卖骑手在线。例如，平台会定期对其管理的所有外卖站点进行排名，运力强、送单量大的站点排名更靠前；运力弱、骑手在线人数少的站点则排名靠后。

在前文中我们曾说过，平台的运营逻辑核心是提升用户使用感知。所有外卖平台都将用户的使用体验看作重中之重，因为这直接决定了平台的订单量和业务量。而用户体验的最直观感受来自送单的及时率和准时率，要达到这一目标，需要平台对于骑手的运力做出综合调配。随着业务链条的不断延伸，平台将重心由众包转向专送。

我与调研小组在 2018—2021 年针对北京骑手的跟踪调查问卷发现，四年间，北京地区的全职骑手人数越来越多，从 39.96% 涨到了 61.54%，而兼职骑手的比重则从 60% 左右下降至 38.46%（参见图 13）。这一结果印证了众包骑手一直以来的抱怨——在以消费者满意度为导向的市场扩张格局下，平台更加青睐稳定、可靠的专送骑手而非上线时间灵活的众包骑手。于是，无论是在招聘还是订单派送上，平台日益重视专送骑手的配置，以此来保证 7 天 24 小时的配送运力。这样一种策略导致的结果便是众包骑手订单量和单价的缩减。当然，在这一数据中，全职骑手里面也包含"全日制"跑单的众包骑手，但是相较于专送骑手，他们所占比例较小。

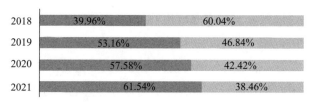

图 13　全职骑手和兼职骑手的比例（2018—2021）

外卖平台业务链条的不断修正完善也伴随着其对于外卖骑手劳动的"正规化"和"职业化"要求。企业端的招工导向以及其与政府部门的合作成为重要的推手。2021 年 12 月，人力资源社会保障部办公厅颁布了《网约配送员国家职业技能标准》（2021 年版），将"网约配送员"划分为 5 个等级，分别为初级工、中级工、高级工、技师和高级技师，并明确了各等级配送员所应掌握的工作内容、技能要求和相关知识。至此，外卖骑手这一新兴的、流动式的劳动形态被收编为正式的劳动岗位，名为"网约配送员"。骑手开始逐渐有了需要遵从的职业技能、职业标准等层面的规章制度。

在聊天时，虞叔以及其他骑手戏称众包骑手为"游击队"、专送骑手为"正规军"。随着平台招工和派单策略的改变，外卖骑手"灵活""自主"的劳动感知越来越弱，随之而来的则是对工作时间、配送订单总量越来越严格的要求。"强控制"再一次成为骑手工作的普遍要求。[1] 对于专送骑手来说，他们有了固定

① 梁萌：《强控制与弱契约：互联网技术影响下的家政业用工模式研究》，《妇女研究论丛》2017 年第 5 期。

的 10 小时以上的工作时间。而对于众包骑手来说，他们不得不因为"僧多粥少"的情况而主动增加劳动时间。

街头"鄙视链"

如果众包骑手对平台的运营和管理不满意，他们是否可以联合起来发表自己的意见、影响平台的管理政策呢？我曾试着寻找这样的发声和抗议，也确实找到了一些案例。除了一些零星的罢工，骑手们与传统工人并不相同，他们更加具有媒介敏锐度，会利用短视频、直播等网络平台来发表自己的见解，大多数是通过自身的劳动经验在"抖音""快手"等媒体上控诉平台的不公正策略。这些视频有的关注度颇高，也收到不少留言、点赞和转发，但是总体上来说，它们对于平台推行的管理政策并无太大影响。

这是为什么？为什么在骑手反对的声音很多也很大的情况下，依旧无法影响到平台的招工和派单政策？这是一个值得探究的问题。按照一般劳资矛盾的路径进行分析，工人的诉求没有被重视和回应的主要原因，或在于资方对于商业利益的看重和考量，或在于工人的反对声音暂时无法影响到资方的正常用工生产。在平台市场逻辑的语境下，公司对于劳动者、工人的管理已经全然不同于制造业。我想要论述的是，当下平台化的用工模式本身是削弱劳动者声音、降低劳动者联合性的重要途径。其中包括两个路径，一是基于媒介技术中介化的个体劳动形式，二是基于工种细分后的内部分裂。

首先，外卖劳动中个人化、原子化的劳动生产方式使外卖骑手的联结变得困难。在既往研究中，互联网的中介、动员能力一直为学者所称赞，例如在车企工人的罢工中，互联网在提升工人的认知和情感、提升组织效率、提供示范等方面影响颇大，大大促进了工厂工人的参与度和团结度。[①]但在外卖的语境下，个体化的流动以及随时接入互联网的便利成为其进一步分化劳动者组织的手段。在外卖用工中，传统劳动场景下的固定工作场所、集体宿舍、集体业余活动等已不复存在，取而代之的是流动的工作地点、基于手机的远程系统接入和近乎寂寞的个人等单过程。从抗争政治的角度讲，劳动者集体式的日常生活、消费、休闲能够在无形中促进其团结纽带的形成，[②]但是这样的场景在外卖用工中并不存在。平台采用的是基于算法系统的一对一劳动接入口，远程的控制虽然没有值班经理、流水线工长那样直接有效，但是也足够迅速和明确。我们可以想象，奔走在大街小巷的一个个骑手和他们所携带的手机、电动车，共同组成了一个个信号终端，源源不断地接收、反馈来自后台系统的指令和要求。大家互不影响，既不需要流水线一般的团体合作，也不需要为了超过别的车间而组织"赶工游戏"。只要个人及时、准确地完成订单，其他事情大多与己无关。

　　送外卖是一项孤单的工作。在平台的招工和用工过程中，每个人都代表一个独立的"责任体"。一旦接到送单的任务，这

---

① 汪建华:《互联网动员与代工厂工人集体抗争》,《开放时代》2011 年 11 期。

② 汪建华、孟泉:《新生代农民工的集体抗争模式——从生产政治到生活政治》,《开放时代》2013 年第 1 期。

个"责任体"需要完成接单、安排路线、送单、联系顾客、处理意外等一系列任务。一个站点的工友或者周边认识的骑手并不能真正算作可以依靠的人，因为他们如同个体化的自己一样，也在流动。我曾访谈过的朝阳双井站点的一名站长说，他所在的站点除了他和调度员，半年之内，所有的骑手都更换了一遍。"没有一个以前认识的，都走了。新进来的多，弄得我一直叫不上名字，也分不清谁是谁"。高速的流动使社群和社会关系的建立变得困难，大城市的外卖骑手蜂拥而来，又四散而去，很难形成真正的组织化力量。

其次，平台用工细分使得外卖骑手产生了分化。在过去的十年间，外卖平台的商业规模从几近于无扩张成拥有庞大消费群体的"送餐帝国"，这在世界上的任何国家都几乎难以实现。外卖平台在飞速的业务扩张中不断地调整自己的运营策略。其中很重要的一部分便是对于劳动力大军的动态灵活管理。一个非常明显的态势是，外卖业务的细化同时伴随着骑手工种的细化。我根据田野观察大致梳理了一下外卖平台对于骑手类别的划分发现，外卖骑手的类别不断被细分，从最初的"直营"和"众包"两个类别，逐步演变为"专送""驻店专送""普通众包""乐跑众包""驻店乐跑"等多个类别（参见图14）。平台同时会根据不同的地域特点来配置不同的骑手种类。例如，在一些距离较短但人流密集的地方，平台会加派乐跑骑手，专门配送数量庞杂的"小单"以提高外卖配送效率，而在距离较长、人流较少的地方，平台则会安排更多的普通众包骑手。

图 14 平台骑手类别的演化图

虽然骑手类别的划分是平台统筹调配劳动力的结果，但类别划分同时也塑造了外卖骑手对于不同劳动类别的差异化认知和认同。这些差异化认知随着骑手劳动实践的深入，逐步演变为相左、相异的观点，从而在骑手内部形成了基于骑手类别的社群划分和边界建立。我在田野调查中收集了一些骑手对于不同工种的有趣表述，这表达了他们对于平台设置的不同工种的理解。

> 我们专送的，就是给众包"擦屁股"的。

> 乐跑他们是人吗？他们就是平台的狗腿子。

> 只有跑得好的、熟悉路的、技术好的，才能干乐跑。

> 专送是"正规军"，众包就是"游击队"，好的、高品质的服务都在专送。

在这些表述中，我们可以清晰地看到骑手对于不同工种类别的定义和划分，以及对于各个工种之间关系的认知。专送给众包"擦屁股"、乐跑是平台的"狗腿子"、专送是"正规军"、众包是"游击队",这些词汇非常生动地展现了他们眼中不同工种间的权力关系。对于此间关系的判定在很大程度上来自他们的劳动实践和对平台系统派单的感知。我们在上一节已经讲过众包和专送的区别。总体来讲,众包骑手的劳动时间、地点更加灵活,也更加"无拘束"、"不受管",而专送骑手有固定劳动时间和劳动范围,给人的感觉更加职业化、更加"勤恳服从"。专送骑手以派单为主,众包骑手则是抢单。一般在后者"挑挑拣拣"之后会有一些剩余单量,这些单子最终会被派送给专送骑手来"兜底配送",因此,有过此类经验的专送骑手会说自己是在给众包骑手"擦屁股"。

2019 年前后,北京地区开始陆续出现"乐跑骑手""优享骑手"这样的新名词。[①] 平台一方面利用后台 App 的推送通知来鼓励众包骑手签订协议将自己转成乐跑或优享骑手,并宣扬变成乐跑或优享骑手后送单量和收入会大幅增加;另一方面,平台通过众包骑手的站长[②]进行线下宣传和地推,鼓励众包骑手转为"乐跑"。但出乎意料的是,这些转岗宣传遭到了众包骑手大范围的抵制和反对。从大类别上来说,乐跑、优享依然是众包骑手,因为他们与普通众包骑手一样,没有固定的站点管理

---

① "乐跑"为"美团"的专职称呼,"优享"为"饿了么"的专职称呼。因为本人的采访对象中乐跑骑手为多,所以在下文的部分论述中,我将以乐跑骑手为代表来概括此类骑手。

② 众包骑手没有固定站点管理,但是会根据其送单的具体区域划归到一个虚拟站点中,往往是一个外卖群。有一个站长进行管理,但较为松散。

和工作区域。但是，相比于众包骑手，乐跑骑手的客单价更低、权利更少、劳动时间也不如众包骑手自由（参见表4）。驴哥是北京房山区楸树街的众包骑手，他坚决反对美团平台把骑手转成乐跑：

表4　普通众包、专送、乐跑三类骑手的对比

	普通众包	专送	乐跑
客单价	4.3 元起	8 元 / 单	3.2 元起
骑手权利	可挑单	不可拒单	不可拒单
工作区域	全城送 / 可划定	固定区域 3km 商圈	流动区域，多在餐厅聚集地
日送单量（不完全统计）	20—40 单	20—40 单	60—120 单
每日收入	200—300 元	200—300 元	300—500 元
工作状态	刷单、挑单	等单	一直在路上

　　本来一单就便宜了不少，4块多，变成乐跑就剩下了3块多。3块多一单，干起来还有什么意思？而且不让拒单，什么单子都得送。这不就是专送吗？但是专送单价高。转乐跑图什么？图把自己累死吗？这是要把我们压榨成什么样？……我坚决不干。

　　楸树街的众包骑手因为是否要转乐跑的问题争论不休。下午三四点钟，大家坐在烟酒超市的门口七嘴八舌地讨论着，还有的人忍不住破口大骂。大家对平台压低单价、增加劳动强度

的做法十分不满，并说好了要一起抵制。推行刚开始的几周，大家斗志昂扬，坚决不转乐跑。楸树街的站长为此急得团团转。但一个月后，"第一个吃螃蟹"的骑手出现了。根据驴哥的说法，一天晚上，一名骑手在站长的怂恿下，偷偷地在平台上签署了转岗申请，并在第二天开始跑单。很快，他的"背叛"引发了连锁反应，大家发现乐跑虽然单价低，但是订单多，只要努力勤恳，挣得比众包多。于是，楸树街有越来越多的骑手转成乐跑。原先一百多号众包骑手，在三个月之内，有一半以上变成了乐跑。

就这样，楸树的骑手开始出现分化。坚持干普通众包的骑手对于乐跑骑手既羡慕又生气。羡慕的是他们每日的收入，由于订单多，一个乐跑骑手一天的跑单量能够在80—120单左右，收入是普通众包骑手的两三倍。生气的是乐跑的"背叛"，乐跑不顾工友情义，心甘情愿地向资本低头，用更低的价格出卖自己的劳动力，在他们看来，这是一种"狗腿子"的表现。我认识的大强哥、王小笠、李飞龙、驴哥等，都是坚持普通众包的"死硬派"。每次问到乐跑的问题时，他们都会当机立断地表明自己绝对不会转乐跑。当时的场景十分有趣，就好像我是在考验他们的人格人品一般。可能在他们心里，有些坚持确实比挣钱更重要。

从有了乐跑那一天起，众包与乐跑的"嫌隙"便已产生。有时候这种嫌隙来自骑手自身的选择，但有时候也来自外部的助推。毫无疑问，乐跑的出现是平台塑造可靠运力的一种尝试。乐跑工种的典型特点是以高单量为诱因，让骑手以较低价格接单送单，在获得较高收入的同时，骑手不得不放弃众包骑手享有的诸多权利，如自由上下线、自由选单、自由拒单等。用大强哥的话来说，乐跑的工作更像"低价版"的专送，而且平台无须花费站点管理的额外费用。为了保住运力，众包站长会定期在微信群"开会"，鼓励大家加入乐跑。为了减轻大家加入乐跑的选择负担，后台的系统将转入乐跑的机制变得十分灵活。一次转岗的时间仅为两周，一个众包骑手如果选择了转成乐跑，可以在两周后退出。

"乐跑"政策一推出，众包站长们便有了具体的任务和指标，他们需要在规定的时间内将更多的骑手"招揽"进乐跑人力池。为了完成计划，北京商圈各处的众包站长使用了各种策略来鼓励众包骑手干乐跑。于是，众包骑手除了需要应对来自乐跑骑手的"日常心理伤害"之外，还需要应对众包站长的"骚扰"。众包站长每隔一段时间就与众包的骑手们以"学习平台政策"的理由见面，并劝说他们跑乐跑。东高地的众包骑手赵武有过好几次这样的经历：

> 给我们封号。说我们一天拒单太多了，然后让我们去"学习"。学什么？其实也没有什么。就是把我们叫到一个地铁站旁边或者小吃店跟前，训你两句。然后开始打广告，让你干乐跑。说乐跑怎么怎么好，干了乐跑就不用整天等单了，单都跑不完。……我们那个站长特烦人，每天变着法子坑骑手。大家都老烦了。

根据赵武所说的，东高地周边在推出乐跑之后，站长又与平台商量，推出了"驻店乐跑"的骑手"新品类"，就是在乐跑的基础上再进行分工细化。一个或几个骑手专门负责几家餐饮店的外卖订单配送。这些餐饮店一般出单量大、配送范围近。这样下来，众包骑手原本被乐跑日益"侵蚀"的单量变得更少，选择坚持干众包的骑手越来越少。用赵武的话说，"钱是没有了，就剩下一点骨气了"。2022 年初，我在微信上和赵武聊天。他说自己在附近加油站找到了一份加油的工作，而且对方还给交社保。他已经签了合同，准备去上班。他开玩笑说，"众包已经快被平台杀死了，挣不了几个钱，我再这么下去，连自己家的狗都养活不了"。赵武家养了一只金毛，他有时会在朋友圈晒自家狗的照片，有时也会发给我看。

工友变成了彼此的竞争对手，这是目前众包骑手面临的"无奈"。[①] 在外卖的语境下，平台的雇佣类别划分有意无意地造成了骑手之间的隔阂和边界感，这一点在既往的平台劳动中还未被充分讨论。以细化分工为特点的平台的资本生产政体在无形中构筑了工人群体劳动过程的差异，从而构建了基于劳动特征的"鄙视链条"。在平台的设计方案中，不同的工种彼此之间存在竞争关系，因此骑手的联合也变得困难。[②] 这

---

① ［德］卡尔·马克思、弗里德里希·恩格斯：《雇佣劳动与资本》，选自《马克思恩格斯选集》第一卷，中央编译局编译，人民出版社，第 711—743 页。

② Graham, M., & Anwar, M. A., "Digital labour," in J. Ash, R. Kitchin, & A. Leszczynski (Eds.), *Digital Geographies*, SAGE Publications, 2018, pp. 95-105.

些隔阂、边界不仅体现在骑手关于送餐劳动的话语论述之中，也体现在日常生活的方方面面。例如，众包骑手、乐跑骑手和专送骑手在空间区域的使用上存在差异。同一区域内不同类别的骑手在等单的时候，分别拥有属于自己的固定聚集点，彼此之间少有往来。在楸树街，众包的骑手占据美食一条街店面的主要步行区域；乐跑骑手因为经常被众包骑手奚落而往往选择在距离主街不远的附近街道等单；专送骑手因为站点在一家大型超市门口，往往选择在超市附近聚集。确如马克思所言，外卖骑手的细化分工实际上进一步削弱了骑手的劳动价值，加剧了骑手内部的竞争，使骑手之间的联络合作变得越来越困难。

"黏在平台上"

李建平，30 岁，河北衡水人，房山良乡镇的众包骑手，于 2016 年加入"美团"，是为数不多的我采访到的夜班骑手。李建平每天的工作时间相对固定，上午的 11 点到下午 1 点、下午 5 点到晚上 8 点以及午夜 12 点到凌晨三四点。李建平的家庭是典型的男主外、女主内模式。他有一个小孩，五岁。老婆全职带孩子，负责一日三餐伙食。午高峰 1 点左右，李建平雷打不动回家吃饭。吃完饭开始睡觉，为晚上跑单做准备。

> 半夜也会跑。像曼玲粥店、炸鸡店、麦当劳都会开门。只要肯等，还是有单。最好的时候能在这个时段拿两三百。等单的话，就在这些店里，找个椅子。

店里没什么人，就一两个值夜班的。困了就趴一会儿
也没事。不会赶你走。慢慢等。

　　李建平跑众包夜班，因为 2020 年以后，单单每日午晚高峰
的订单并不足以养家糊口，他需要跑更多的单子。但是白天其
他时间段众包骑手众多，分到的单子并不多。于是他选择了晚
上，人少，竞争也小，相对单子多一些。"你要相信，总有夜猫
子要吃饭！"李建平笑着说。李建平是个实际的人，喜欢穿一件
军绿色的大衣。他说等待的时候不想事情，也不会伤感，来得
多就能赚得多。但是到了凌晨两三点钟睡意袭来时会很困，为
了防止自己听不到订单提醒的声音，他会把手机音量调到最大。
　　漫长的等待成为李建平跑夜班外卖的主旋律。有一次凌晨，
我在小区周边的商场处看到了几个值夜班的骑手。街道上灯光暗
淡，只有零星几家餐饮店开着门。透过昏暗的灯光能看见骑手穿
着蓝色或黄色的外卖服，很好辨认。一些骑手聚在路灯下，有的
趴在电动车上，有的蹲在旁边，也有的坐在顾客稀少的餐馆里睡
觉或者玩手机。夜里的街道非常安静，偶尔能听到他们交谈几句。
　　夜班骑手需要迎接漫长等待的考验，需要"黏在平台上"，
通过耗费大量的时间来换取一定的单量。而随着外卖就业人数
的不断增长，这样的劳动状况越来越普遍。通过分析过去四年
的问卷数据发现，全职骑手在过去四年的平均劳动时长明显增
加。在 2018 年，劳动时间超过 10 小时的骑手有 36.5%，到了
2021 年，这一数据上升到了 62.6%。这意味着，骑手在平台上
的劳动"黏性"明显增加。

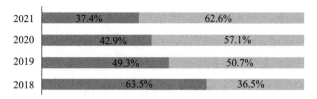

图 15　全职外卖骑手（含专送和众包）每日工作时长（2018—2021）

　　我与调研小组的老师曾在一篇合作的论文中阐释了"黏性劳动"（sticky labor）的概念。我们想论述的核心观点是，伴随着平台组织化的不断提升，外卖骑手在平台上参与劳动的时间越来越长。平台通过游戏化的系统交互、策略式的管理方法，让越来越多的骑手不得不延长劳动时间。这里面包括人均单量和单价的调整、算法等级的规制管理，以及基于手机使用和微信群的管理等。[1]平台组织化程度不断增强的一个表现是骑手日益被平台"涵化"，其平台黏性逐渐增强。"涵化理论"最早出现于传播学的电视研究领域，它旨在说明长期沉浸于暴力电视节目的青少年更加有可能出现暴力倾向。[2]而平台对于外卖骑手的"涵化"则与此逻辑不太一致，它不以劳动的时长为主，而是通过各种客单价和送单量计算规则的设计和变革，变相减少骑手实际收入、增加骑手等待时间、诱导骑手形成送单"上瘾"

① Sun, P., Chen Y.J., & Rani U., "From Flexible Labour to 'Sticky labour': A Tracking Study of Workers in the Food-Delivery Platform Economy of China," *Work, Employment and Society*, vol. 37, no. 2, 2021, pp. 412–431.

② Potter, W. J., "A Critical Analysis of Cultivation Theory," *Journal of Communication*, vol. 64, no. 6, 2014, pp. 1015–1036.

的情形，从而使骑手"黏"在平台上。

以外卖平台的客单价改革为例。2020 年 5 月，"美团"在全国范围内对专送骑手进行客单价改革，其中主要变动在于订单的客单价由固定额度改为浮动累积额度。当然，不同城市和地区的改革范围和客单价变动情况并不相同。这里以上海杨浦区平凉路站点为例。骑手在接到客单价改革的通知时，只是简单从站长那里得知一单的价格从 8.5 元变成了 8.1 元，这引起站里骑手的强烈不满。他们的直接反应是，之前一个月跑 1000 单，原先能挣 8500，现在少了 400 元。消息很快在微信群传开，招致很多骑手的质疑和反对。

但是很快，站长和骑手们发现降薪的原理并没有那么简单。改革后的单价按照骑手月送单量进行累积式计算。具体算来，一个订单的初始单价比之前降了 1 元多。如果骑手配送单数在 400 单以下，那么订单的单价按照 7.2 元计算，加上一个月全勤奖励，最多可以获得 2880 元基础收入。如果订单数超过 400 单，则以 0.5 元为基础单位累加单价，送的单量越多，单价越高（参见表 5）。

表 5　上海杨浦区平凉路站点（专送骑手）客单价改革

单价改革前	单价改革后	
8.5 元 / 单	400 单及以下（全勤）	7.2 元 / 单
	400—600 单	7.5 元 / 单
	600—800 单	8 元 / 单
	800—1000 单	8.5 元 / 单
	1000 单以上	9 元 / 单

按照所在站点站长吕强民的计算，此番单价改革更适合跑单多的骑手："平台在鼓励多跑单。跑得少挣得就少，但是跑得多，按照这个计算方法，其实比之前挣得多。"善于计算的骑手们凑在一起相互盘算，很快，大家就发现了平台的"诡计"：确实如站长所说，在送单基础价位随着送单数量上升的计算逻辑下，只有送得越多，工资才会越高。大家粗粗地算了一下，一个骑手只有在每月订单达到1600单上下时，工资才会比改革前的高。一个跑1600单，每月无休的情况下，一天需要送够50单以上才可以。站里一位骑手没好气地说：

> 这么改，就是让我们这些骑手不吃饭不睡觉跑单，黏在平台上！

平台的"黏性化设计"造就了众多"单王"，也成为骑手们茶余饭后的重要聊天素材。"单王"通常指一个站点或区域当月送单量最多的外卖骑手。在大部分人看来，"单王"是"拼命三郎"的代名词，大部分单王要身体素质过硬，也要"能等得起"。"单王"通常是"熬"出来的，需要超长时间和超强密度的劳作。

刘力敦，42岁，是上海浦西一个外卖站点的佼佼者，也是远近闻名的"单王"。用站长的话来说，他是"用生命在跑单"。刘力敦的老婆在上海开了一个小吃店，每天早上五点左右，刘力敦就赶着去给老婆的小店进货。送过去之后，就开始上线跑单。刘力敦不分早晚班，因为几乎所有时间他都在岗。他从早上五六点开始一直干到深夜11点前后方才收工，一天的跑单时长超过 15 小时。

站里的骑手对于刘力敦的"超长待机"十分钦佩，称他为"不睡觉的机器人"。私底下，站长给刘力敦算了过去一年的收入，发现他的平均月工资在一万五以上，有一个月的收入竟然达到了两万三千多。对于外卖骑手来说，这样的收入足以让包括站长在内的很多人歆羡。平日里站长和刘力敦私交不错，经常请他在开早会的时候给骑手们"说说经验"。刘力敦最常说的两句话是："不要想着今天单少就不跑了"，"系统不会偏向一个人，也不会针对一个人"。

刘力敦眼中的外卖不是一项技术活，而是一项考验耐心的重复性工作。马克思说："分工越细，劳动就越简单。工人的特殊技巧失去任何价值。工人变成了一种简单的、单调的生产力，这种生产力不需要投入紧张的体力或智力。他的劳动成为人人都能从事的劳动了。……工人想要维持自己的工资总额，就得多劳动，多工作几小时或者在一小时内提供更多的产品。"[1] 确实，骑手的送单劳动几乎没有特殊技巧，简单易学和高替代性让他们几乎丧失了在订单价格和订单数量上的话语权。为了维持足够体面的薪资水平，他们唯一能做的就是"自愿"延长自己的劳动时间，靠"等"和"耗时"来完成更多的订单。时间的阶层性和价值区分由此显现，我们将在第四章对时间的

---

[1] ［德］卡尔·马克思、弗里德里希·恩格斯：《雇佣劳动与资本》，选自《马克思恩格斯选集》第一卷，中央编译局编译，人民出版社，2012 年，第 711—743 页。

"差序格局"做详细的分析。平台订单单价的差异化设计更像是一套"劝服型"人力管理算法，它通过设计各种"规则条款"信息来制造"黏性陷阱"，从而实现锁定劳动者的目的。[1]

哈里·布雷弗曼在探究劳动过程时提出了生产劳动下的"局部工人"这一概念。局部工人展现的是技术革新将传统的工艺生产分解为不同的工序，打破了工人对于全套工艺知识的占有和控制，从而实现对工人阶级的分割。[2] 这一论述放在外卖骑手的语境下仍然成立，只是，对于外卖骑手的控制不是体现在生产工序的变化上，而是基于用户需求对具体的劳动形态进行了区分和设计。专送、众包、乐跑骑手之间的不满与冲突体现了平台技术管理设计对于工人联合的冲击。从一定程度上讲，技术专制主义瓦解了工人的团结，巩固了平台资本的统治地位。[3]

---

[1] Seaver N., "Captivating Algorithms: Recommender Systems as Traps," *Journal of Material Culture*, vol. 24, no. 4, 2019, pp. 421–436.

[2] ［美］哈里·布雷弗曼：《劳动与垄断资本——二十世纪中劳动的退化》，方生、朱基俊、吴忆瑄等译，商务印书馆，1979 年，第 1—45 页。

[3] 王星：《技术的政治经济学——基于马克思主义劳动过程理论的思考》，《社会》2011 年第 1 期。

第四章

区隔劳动

过去十年间，中国的信息化进程见证了浩浩荡荡的劳动力大转移。农民、建筑工人、工厂工人等开始离开土地和制造业，逐渐向大城市的服务业聚集。平台经济顺应互联网的资本与人口红利迅速崛起，并形成了不同产业间劳动力的虹吸效应。在人口转移的过程中，空间和地理的流动成为务工人员劳动生计的重要特征，相关论点也已经在劳动社会学和乡村研究等领域被广泛讨论。[①]伴随着数字经济一同崛起的有劳动人群在空间位移层面的变化，也有社会民众对于新经济发展在时间层面的认知改变。中国当下正在进行的数字平台化运动，可以被看作一个由诸多利益方展开角逐的时空场。

　　本章试图论述的是"区隔劳动"这一概念。具体来说，它想展现外卖骑手这样"流动的人群"如何经历、感知城镇化带给他们的疏离感，并最终形成了他们与城市间并不十分融洽的关系。当然，农民工群体在城镇化过程中所体验到的区隔感并

① Schierup, C., Munck, R., Likić-Brborić, B., & Neergaard, A. (Eds.), *Migration, Precarity, and Global Governance: Challenges and Opportunities for Labour*, Oxford University Press, 2015, pp.1-24.

不是一个新问题，这个问题在改革开放初期一代农民工奔赴大城市打工时便已开始。^① 很长一段时间以来，学者多以城乡二元的视角来分析和阐释农民工群体的生活。城乡二元的问题确实存在，在中国的语境下，它既是历史发展的问题，也是体制机制的问题。本章希望在观照这一框架的前提下，看到外卖劳动在城市中的独特情境。对于外卖骑手而言，这种区隔感一方面包含静态的宏观制度"区隔"，如户口、教育、保障等机制上的差异；另一方面则体现在动态的、微观的日常劳作中，与骑手的劳动紧密捆绑，包括他们如何在流动的时空下体验一些固有的城乡差异，以及借由资本扩张所带来的劳动者与消费者的差异等。"区隔"一词最早出自法国社会学家布迪厄对于法国居民日常生活方式的调查。在《区分：判断力的社会批判》一书中，布迪厄从文化社会学的角度阐释了"趣味""品位"等文化因素和生活风格如何变成不同社会阶层划分的基础。^② 虽然布迪厄最早是从文学和艺术的角度来讨论民众在习性、趣味和品位上的"区隔"的，但随着这一概念影响力的扩大，区隔的定义不再局限于康德意义上的"纯粹美学"，而是将社会、经济、历史等因素包含在内，变成了一种"文化资

---

① Keung Wong, D. F., Li, C. Y., & Song, H. X., "Rural migrant workers in urban China: living a marginalised life," *International Journal of Social Welfare*, vol. 16, no. 1, 2007, pp. 32–40.

② Bourdieu, P., *Distinction: A Social Critique of the Judgement of Taste*, Harvard University Press, 1987. pp. 1–7.

本"或"文化符号"。[①] 其中身份区隔成为城镇化研究中讨论的重要议题。有研究发现，因为"非市民"的身份，农民工、流动人口、异乡人等在劳动工作时会面临更多的压榨与不平等。他们缺少"市民"身份所享有的法律、地方政策和文化资本的保护，这种有意的区分成为建构更广泛的社会不平等的根源所在。[②] 韩爱梅在研究中国东北地区服装销售员的田野调查中发现，买衣服的服务交互场景展现了鲜明的"区别工作"。尤其是在高档羊毛衣物商店中，消费者的优越感和服务员的顺从感形成鲜明的对比。两种社会角色在空间、话语和身体互动的过程中彰显着不平等的阶层体验，这是改革开放后市场经济发展的特点之一。[③]

基于以往的研究，本章尝试论述的"区隔劳动"的概念不再局限于文化品味的范畴，而是希望围绕流动人群的个体故事，拓展到平台化劳动、城市生计、个人感知与认同等诸多方面。在时空组合的视野中，城市更像是一个由多维差序格局组成的时空体，上层的时空使用与底层完全不同，其时空感也完全不同。

---

① 赵超：《知识、趣味与区隔——〈区分：判断力的社会批判〉评介》，《科学与社会》2016 年第 2 期。

② Bauder, H., "Citizenship as Capital: The Distinction of Migrant Labor," *Alternatives*, vol. 33, no. 3, 2008, pp. 315-333.

③ Hanser, A., "Is the Customer Always Right? Class, Service and the Production of Distinction in Chinese Department Stores," *Theory and Society*, vol. 36, no. 5, 2007, pp. 415-435.

　　这里的"区隔劳动"至少可以从两个方面进行理解：首先，它是一种差异化的体现。在布迪厄的区隔理论中，社会中上阶层的品味、习性、资本等带有明显的合法性和优越性地位，因此在无形之中变成了一个阶层对另外一个阶层的评判和审视。"区隔"也就意味着展现不同和差异，甚至利用这些所谓不同和差异再造不平等。骑手的劳动区隔可能会围绕政治、文化和职业身份以及与此相关联的个人职责、劳动任务等展开。送餐是一种充满制度化约束的劳动，服务身份和个体责任的划归在很大程度上形塑了骑手顺从与忍耐的职业特性，也基于此形成了不同人群间鲜明的区隔感。这样的区隔感既可以说是来自不同人群，也可以说是来自不同阶层。它代表着一种无从逃脱的身份限制，因为缺少必要的支持与协助，往往会令个体感到无助与无奈。

　　其次，区隔劳动代表了一种阻碍。这种阻碍主要体现在城镇化的时空规则治理之中。城市在其发展过程中自带其基础设施化的规则，这些规则通过对外卖骑手的身体、劳动工具、流动过程进行规范、干预而彰显自己的存在。在某些特定的情况下，它设立了基于时间或空间的诸多"拦截"，不允许骑手跨越边界；有时候，依附城市或者现代化规则生产出来的诸多规制也会变为深深的"恶意"或伤害，以一种信息不对称的方式，给个体化的生活或家庭以阻隔和困顿。时间和空间因素在其中与个体劳动感知紧紧纠缠，成为"阻碍"的重要组成要素。

　　本章试图阐释外卖劳动在何种程度上变成一项"区隔劳动"，以及此种"区隔劳动"如何在身体、流动、监管等不同层面上加剧了外卖骑手的劳动过渡性。外卖骑手的实际经验告诉我，他们能够鲜明地感受到此种区隔。正如理查德·霍加特在论述工人群体的身份认知时所说：工人民众有一种感觉，"即自己常常处于一种劣势，法律在一些情况下多半是用来对付自己而不是别人，各种清规戒律更偏重针对自己，而不是针对其他群体"。[①] 劳动者所体验到的区隔感不仅仅是一种既定事实，而是嵌入在他们的日常劳动和生产生活中。它可能是一项政策、一个规定、一种体验或者仅仅是一段对话。在本章的论述中，"区隔"更多地指向过程而非结果。我将尝试从风险区隔、时空区隔、流动区隔三个层面来阐释外卖骑手的经历如何形塑了区隔劳动。风险区隔主要代表基于个人职业身份、工作身份以及相关的劳动职责所形塑的一种差异，时空区隔重点阐释了时间和空间如何在外卖劳动中形塑阶层差异感，而流动区隔则主要从新冠疫情管理和人口流动的角度出发，探究阻滞流动背后的机制和原因。

风险与"不确定"

事故

2020 年 10 月的最后一天，我和调研小组的一位同学赶往医院探望出事的李烨。他是一名"闪送"骑手。一周前，他在

---

① ［英］理查德·霍加特：《识字的用途》，阎嘉译，商务印书馆，2020 年，第 107 页。

北京房山区良乡镇的一个岔路口被小汽车撞倒，头盔飞了出去。李烨脑袋着地，失去了意识。路过的"闪送"骑手将他送进附近医院。医生打开他的脑颅，从里面抽出了一托盘的淤血凝块。医生走出手术室的第一句话是，"再晚来几分钟，人就没了"。由于陷入重度昏迷，他住进了重症监护室。

重症监护室不允许家属入内，李烨的家人没有地方可去，只能在走廊里打转。李烨的弟弟也在北京打工，当晚赶来守夜班。他买了一些泡沫垫子，带了一床被子，睡在医院 ICU 外走廊的一个拐角处。李烨的妻子郭霞也来了。出事当晚，她带了几万块钱，匆匆从河北坐火车赶来。做 CT 的时间到了，医生把李烨从病房推出来。我第一次见到了李烨。他的半个脑袋被纱布包裹着，有些血迹渗出来，身上横七竖八地插着管子。郭霞看到时，眼里含着泪珠，弯着腰喊："李烨，李烨，你能听见吗？没事哈，治治就好了！"李烨被迅速推进电梯，见面的时间大约只有几十秒。这是郭霞和李烨的弟弟每天唯一的盼头。

我们和郭霞聊天。她嘴里一直念叨，不相信李烨会出事。事故发生一天后，郭霞依旧无法接受这个现实。她说，李烨平日骑车是一个自己都瞧不上的"胆小鬼"，"肉得很，速度不快"，不知道为什么这次会出事。对于一个来自农村的三口之家，摆在面前的压力是巨大的：家里的主劳力命悬一线，需要支付巨额的医疗费，而且因为没有社保，赔付问题陷入僵局。家里还有四位老人和一个上小学的女儿。

因事态紧急，出事当晚撞倒李烨的汽车车主垫付了四万元手术费，之后便拒绝继续垫付。双方在责任认定上起了争执。

因为事态严重，公安部门需要较长时间的调查。2022 年 6 月，距离事故已经过去近两年。我托人打听李烨的情况，之前跑单的同事说李烨至今没能醒来，仍处于昏迷状态，医药费已高达三十多万。李烨的家人和车主、平台打官司，至今未有说法。

外卖劳动是一项极具风险的劳动。我们在 2021 年的问卷调查显示，47.8% 的受访骑手表示自己曾经有过交通事故的经历，包括一般性的剐蹭、摔倒等。在跑外卖的整个过程中，一旦接单，"将订单送达"便成为外卖骑手的全权责任。高峰时段，高速的流动状态和多单量的身心压力让外卖骑手极易出现交通事故，威胁人身安全。平台公司深知其中的危险性，因此在骑手入职时，便通过劳务协议、站长训话、同事交流、平台培训等各种渠道将这样的风险意识充分传达给骑手。骑手知晓其中的严肃性，并且对于"自己可能发生交通事故"这样的预设有了一定的心理准备。但是正如郭霞所说的："知道有危险是一回事，真摊上了，能不能接受又是另外一回事。"

我采访的骑手大多对"事故"的认知比较平和，都表示希望尽量避免，如果真遇到了也没有办法。令他们较为苦恼的是，当下的交通事故伤害险赔付多是"顾大不顾小"。遇到较大的事故，劳务方和平台公司多会出面，而诸如摔倒、剐蹭等一般性的交通事故则倾向于个人解决。现实就是，日常"小打小闹"的交通事故发生率比较高。

有一次过一个很窄的地方，脚被挤了。当时就麻

了，感觉自己的脚没了一样，还是坚持送完了当时那
一单才回家。没上医院，脚肿得像个鸡蛋，在家躺了
一个星期才下床。

刚开始干的时候，抢不到单。好不容易半夜的时
候抢着一个，困得要死，迷糊着出去送。有个木头桩
子在地上，没看清，没刹车。两只手套都摔破了，裤
子也破了，脚就是疼。第二天还疼，去医院说骨裂了，
医生让我休息。

干外卖这行，摔下、跌下（是）家常便饭。尤其
雨天、雪天的时候，速度快了就会摔倒，骑车的话，
特别容易伤到膝盖，留下后遗症。

上面的话是外卖骑手在访谈时回顾的自己遇到事故时的情
境。几乎在每一个访谈中，我们都会谈到交通事故和伤痛。在
下雨天，我也经常有意无意地发现有骑手摔倒，他们的餐车倒
在一旁，餐食也撒出来了（参见图16）。骑手一方面非常鲜明、
直接地知晓送外卖遭遇交通事故给个人可能带来的伤害，另一
方面对于病痛和事故则采取非常个人化的应对方式和策略，例
如停止工作、在家休养或者忍受因为事故带来的后遗症等。我
询问骑手是否可以走保险，得到的答案多是"比较麻烦""提交
的材料太多""不太清楚怎么走流程"等。多数情况下，骑手会
选择自己应对"小打小闹"的交通事故。

卡萝尔·乌帕德亚（Carol Upadhya）和 A. R. 瓦萨维（A.
R. Vasavi）在论述印度的 IT 产业时，认为现代化使程序员的劳

图 16　遭遇事故的外卖骑手

动与工作变得越来越个人化，缺少集体认同。① 任务未能完成会被归因为个体的能力和效率有待提高。同样的道理，事故之于骑手，也成了非常个人化的事情，正在慢慢进化成"跑外卖"所带来的一种附加风险，不可避免却又无可奈何。在某种程度上，甘愿承担身体受伤的风险以赚取较高收入成为外卖骑手区别于其他社会劳动者的特征之一。在其他职业的人看来，外卖骑手所承担的风险表明他们是一群勇敢的、敢于挑战生活的"孤勇者"，但社会和个体对于这样一种"承担风险"的话语阐释却往往带有无可奈何的意味，正如李烨的妻子郭霞感慨，"不

---

① Upadhya, C., & Vasavi, A.R., *In an Outpost of the Global Economy: Work and Workers in India's Information Technology Industry*, Routledge, 2012, pp.9–49.

是被逼无奈谁干这个"。骑手深知跑外卖有很高的风险，这也是其污名化的一个方面。骑手工作的风险带来了这个职业与社会其他职业的区隔，长此以往，这种区隔也会带来个人身份方面的区隔。

骑手交通事故频发这一现象引发了众多关注和讨论，工伤认定难的问题首先引起了关注。很多骑手尤其是众包骑手，并未与平台或者外包公司签订劳动合同。由于工伤认定的前提必须是用工双方存在劳动关系，因此在发生交通事故时，骑手个人承担的风险大大增加。这意味着他们既要承担"在交通事故中无法得到保障"的社会风险，也要承担事故给个人和家庭带来的身心伤害。为此，国家近些年也不断出台各种政策，旨在降低骑手事故率，规范交通事故发生后的责任险认定和保障工作，其中一个很重要的政策是"新就业形态就业人员职业伤害保障试点"。职业伤害保障尝试在劳动关系之外建立一个新险种，绕开劳动关系认定的难点，优先解决交通事故的难题。第一批试点工作在北京、上海、江苏、广东、海南、重庆、四川等七个省市首先展开。这种"单工伤"的保障模式在一定程度上缓和了交通事故的后果，但也有骑手反映，职业伤害保障与工伤险较为类似，存在手续繁琐、报销时间长等问题。

恶意

2020 年 12 月末的一个晚上，我接到了吴之峰的求助电话。他与我在 2019 年的一次线上访谈时相识，每次回答问题时，他都十分真诚、认真地作答。虽然只有三十出头，但其社会阅历已经十分丰富。吴之峰小学三年级辍学，在做"闪送"骑手之前，做过建筑工地小工、装修工、蛋糕店送单小哥、理疗师、代驾员等十几种工作。虽然只上过三年学，但他逻辑缜密，表达清晰，对于做田野的学者而言是一名理想的访谈对象。吴之峰为人热心，在了解到我的研究之后，曾与我多次进行讨论，并将周边的骑手朋友介绍给我认识。我们后来变成了朋友，经常一起聊天、吃饭。吴之峰跑"闪送"已有七年，积累了不少人脉，有时候也会出镜公司或者媒体活动。

电话那头，他有些着急地告诉我，老刘碰到了事情。老刘叫刘良国，五十岁上下，是吴之峰跑"闪送"的同事、好朋友。两人都是最早一批加入"闪送"的骑手，经常一起等单、吃饭。按照吴之峰的说法，老刘在跑单的时候打碎了一块价值百万的手表，现在店家要求他赔偿。老刘慌了神。吴之峰希望我帮忙找律师咨询，他觉得这样发展下去，后期可能要闹官司。我让他慢慢告诉我事情的经过。当时我并不认识老刘，下面是吴之峰的转述：

> 那天跟平常一样，他（指刘良国）接到一个订单。客户是一家表行，要配送四只手表到十多公里外的地方。
>
> 我们看了监控。店家当时拍了照片。[1] 老刘到了，

---

[1] 为了避免出现物品破损的判责不清，平台系统会要求上传寄送前的物件照作为存证。这里店家拍照片，应该是此意。

看见（店家）正在打包。表行那人用了一个塑料袋，先放进一只表，然后缠几道，再放进另外一只（表），缠起来，两只表打包在一个袋子（里）。另外两只也是这样。老刘拿了表，放进背包，去送了。跟平常没什么两样。……送到目的地，人家说行了，老刘就转身走了，刚走出门口又被收货（的）那人喊回来，说表碎了。刘良国看到那只表时，整个人都愣住了。表壳全碎了，表壳玻璃变成了一点一点的渣粒，像是很严重的撞击那种。

老刘说自己在路上骑车一直比较安稳，也没遇上大的颠簸。收货方打电话给表行，表行立即投诉了刘良国，并报了警。他的平台账号立马被封了。接下来，最担心的问题还是出现了。店家说碎掉的表是江诗丹顿的，名牌手表，价值一百多万。老刘自己估计都没听说过。表行说，包装的时候好好的，到了就碎了，肯定是送货员的责任。那就是老刘的责任。

老刘当时又害怕又着急，拼命跟表行的人解释。他说话快、模糊，人家不听，也不理会，一口咬定是他（在）配送过程（中）出现了问题。老刘白天给我打电话的时候，感觉快要哭出来（了）。

突如其来的事故给刘良国带来很大的打击。跑"闪送"五六年，这次是老刘遇到的最大纠纷。一百多万的赔偿，对老刘这样的打工人来说是天文数字。老刘来自山东菏泽，年过半百依旧和媳妇在北京打拼。老家有三个儿子，都没结婚，在未来几年给儿子们买上房子、娶上媳妇是两口子的"重要任务"。为了多挣钱，老刘跑单非常卖力，经常从早上干到深夜。

吴之峰在出事的第一时间赶到现场，表行的老板和警察也在，柜台前围了一大圈人。吴之峰尝试与表行老板沟通，但老板看他穿着"闪送"服装，并不怎么搭理。警察取证后，撂下一句"等通知"，便让大家散了。一个多钟头过去，老刘依旧没能平复心情。他坐在街边的板凳上，像是丢了魂，一言不发。吴之峰让老刘先回家。他待在表行，继续尝试和老板沟通。可能是因为他很有礼貌，也可能是因为他的坚持，表行老板终于愿意开口和他聊天。内容主要关于手表和老刘的后续赔偿。表行老板一口咬定问题出在骑手身上。老板和店员已经联系了平台，平台表示会继续调查。

吴之峰从与老板的谈话中得到了几条重要的线索：首先，破碎的手表属于二手商品转售，实际价值无法达到之前所说的一百多万；其次，如此贵重的手表，寄送的表行的包装却显得十分简单，只是用塑料袋简单地进行了包裹，并未装盒；最后，平台对刘良国的处理，除了看警察的判断，主要还是看表行的态度。这些线索让吴之峰觉得这件事情像个"陷阱"。

> 当我说老刘就是一个打工的，没多少钱，家里有三个孩子的时候，老板的态度开始出现松动。他变得支支吾吾，说如果给不了原价赔偿，也可以按照二手商品的二十多万进行赔偿。我坚持称老刘没有那么多

钱。说到后面，老板又说，可以按照成本价赔偿，大约是十三万，他们可以开发票。……我觉得这中间有些蹊跷，为什么这么贵的表可以反复折价。这不奇怪吗？

吴之峰敏锐地发现了其中的问题。当晚，我找了几个律师朋友做了一些简单的咨询。律师朋友给出的各种法条解释起来十分繁琐，一时难以完全说道清楚。但确实有一些疑点：手表尤其是表壳的包装、手表本身的质量和价格以及拆封的过程，都存在可以进一步确认的细节。

当天回到家，老刘整个人处于崩溃的边缘。他的账号里预存的 2000 元保险金已被平台扣除，后台显示的余额变成了"负28 万多"。"我当然知道这是手表，又不是没送过。走的过程很仔细。表盘就算碎了，也应该是有裂痕，为什么碎成了玻璃渣渣一样？……要是罚我这些，我可能一年都白干了。也不想活了。"老刘说。可能是因为情绪过于激动，老刘回家后头晕目眩、呼吸困难，他的家人打了急救电话，120 来了后发现老刘血压蹿到了两百多，当晚就让他办理了住院。

第二天，当我们与表行提出对手表材质进行重新核查时，表行表示事情已经解决。根据表行老板的说法，他们已经与平台进行协商，不再要求赔付。第二天，平台发来消息说已与顾客协商解决。三天后，刘良国的账号解封，又可以正常跑单了。

当我再次回忆起事情的解决过程时，总是觉得有些不可思议。原本以为会持续很久的纠纷，竟然在几天之内忽然消失。还没等老刘从悲伤中回过神来，这件事情便已经过去了。在与表行的后续交流中，他们也并没有像当天那样死死咬住老刘要求他进行赔付，而只是表示"会去修复一下表壳"。

吴之峰后来又去找人询问修理这款手表的价格，一位业内朋友告诉他修复表壳只需要千元左右。我们后面聊天，吴之峰戏称表行的人是"骗子"，来"组团忽悠可怜的老刘"。虽然我们没有证据证明这是一场骗局，但是老刘关于表壳破碎的质疑以及吴之峰关于赔偿金不断降低的质疑，的确让我看到了骑手承担的另外一重风险，那就是一部分人刻意创造出来的对于骑手的恶意欺诈。这样的情况不会天天发生，但一旦遇到，对于个人的伤害将是巨大的。吴之峰还给我列举了骑手送电脑、手机、相机的种种风险陷阱。

如果老刘真的被要求赔偿几十万或者十几万，我们很难想象他将会如何面对这一切。在访谈中，我也碰到过不少受骗的骑手。他们或是在找工作时被骗钱，或是在劳动过程中被误解、要求赔付。有些时候他们可以找到解决问题的对策，但大部分时候，面对这些恶意，他们无路可循，只能默默忍受。这样的"被伤害"记忆会在很长一段时间内跟随着他们，有时也让他们心生厌恶和愤懑。走在路上的骑手们，历经摸爬滚打，内心始终装着这是一个"风险社会"的自我提醒，过于热情和友好并不被鼓励。

变身"个体工商户"

2020 年的秋天，陈化兵刚刚入职北京一个新的站点。有一天早会，站长突然召集大家，并要求大家提交材料，说公司有任务要大家配合完成。陈化兵听得没有那么仔细，但从站长的传达中，他知道需要扫描身份证、进行人脸识别，把骑手注册成商户。站长解释说，注册成商户之后，个人到手的钱会变多。陈化兵稀里糊涂搞不明白其中的缘由，但还是"随大流"注册成了个体工商户。

有骑手对此提出疑问，一些地方的加盟商和代理商的回应十分强硬，说不弄就不给发工资。这让原本就搞不清缘由的骑手更加反感。部分骑手把自己的遭遇以短视频的形式发到了网上，引起了不少媒体的讨论。[①] 一位"饿了么"的专职骑手在完成注册后，发现自己被下发了一个"个体户工商营业执照"。他十分不解，在"抖音"上发了一个短视频质疑此事：

> 这个"个体户工商营业执照"到底干嘛用的，我要搞明白。在入职的时候，站点要求我们注册了一个叫"好活"的微信小程序。注册完了，里头有一个营业执照，以我的名字（注册的）。这是不合理的。如果是雇佣与被雇佣的关系，我就是一个员工；如果是合作的关系，它（指平台和合作商公司）就不应该用管理员工的方式管理我。

---

① 具体的报道比较多，可以参见新华网：《三问外卖骑手"个体工商户化"》，2021 年 9 月 28 日，http://www.news.cn/2021-09/28/c_1127910481.htm；新浪科技：《外卖骑手被注册成个体工商户：劳动保障岂能"甩锅"？》，2021 年 9 月 23 日，https://finance.sina.com.cn/tech/2021-09-23/doc-iktzqtyt7590069.shtml。另有诸多报道，在此不一一列举。

骑手变身个体工商户这件事确实存在争议。一方面它帮助一些骑手减少了交税额度，但另一方面，它也让骑手面临身份上的困惑。"我到底给谁干活"成为他们的一大疑惑。这正是当下平台劳动者面临的一大困境——劳动关系的认定。平台、合作商公司与骑手之间的关系是目前学界争论较大的问题。从合作模式上讲，诸如配送这样的在地劳动模式，平台以外包的形式将人力管理交给人力资源公司，而后者多采用"自愿合作"的方式招募劳动者，即双方不具有劳动关系。这样的情形可能适用于时间灵活的兼职骑手，但平台上也有相当一部分人进行全天候劳动，遵从人力资源公司和平台的双重管理，存在并具有实质发生的劳动关系用工特征。对于专送骑手来说尤其如此。如果变成"个体工商户"，就有了一种权责自负的意味。这让诸多原本有社保记录转来从事骑手工作的劳动者难以接受。

2021 年，我们的调研小组针对北京市外卖骑手所做的问卷调查显示，有 23.49% 的骑手不清楚自己是否签订了劳动协议，16.9% 的骑手不知道自己所签订的劳动协议类型（如劳动合同、劳务派遣等）。一位骑手开玩笑说虽然自己注册成了个体工商户，但并没有什么工商资产，"就是光杆司令，一无所有"。

变身"个体工商户"并不是外卖平台的独创，而是当下众多外包公司组织化运营中的一种普遍现象。这也是一种极具中国本土特色的社会现象，按照学者的观点，它源于帮手学徒制。从事工商业的手艺人会带徒弟或者邀请别人帮忙，这种情况下的各方是协作关系，在政治上是平等的，并不存在实质雇佣。[1] 而在改革开放后，个体经济不断发展、经营主体范围不断扩大，"个体工商户"逐步成为一些市场经营主体用以模糊劳动关系、提升自我市场效益的重要手段。将骑手变成个体工商户，是出于经营成本和市场利益的考虑。根据平台代理商易欣的说法，其核心原因在于"规避劳动关系，从而规避社保义务"。骑手被转成个体工商户，可以享受月收入三万以下的免税优惠，同时也具有了自行购买社保的资格。一旦骑手转变成个体工商户，便意味着与平台、合作商公司无法构成劳动关系，这也就意味着，平台无须承担对于劳动者的劳动权益的保障。

> 个体工商户登记时并没有注册资金的要求，申请门槛低。骑手注册成个体工商户的话，平台公司可以通过委托业务的"服务费"来给骑手算工资。骑手就可以给平台公司开具相应的发票，这样平台的税负也降低了。相当于说是双赢。

> （转个体工商户）最早是一批做人力资源和财税业务的人想出来的，打一些政策的擦边球，试探灰色地带。……在家政、保安等行业用得比较多。一开始很多加盟商也不知道。后来逐渐用的人多了，平台公司

---

[1] 李友根：《论个体工商户制度的存与废——兼及中国特色制度的理论解读》，《法律科学》（西北政法大学学报）2010 年第 4 期。

知道了，也开始引导，定了一个官方供应商名录，必须用那几个供应商。

截止到 2021 年 9 月，我国现存"外卖"相关企业达到 197 万家，而其中个体工商户为 183 万家，占比超过 92%。[①] 由于这一事件引发的媒体讨论不断发酵，平台公司开始对此问题进行回应。2021 年 9 月 15 日，"饿了么"发布公告表示"严格遵守国家相关法律法规和各地有关部门的合规要求"，禁止合作商"以任何形式诱导或强迫新就业形态劳动者转为个体工商户"。[②]

将参与用工的人员注册为个体工商户并不是一个新问题，早些年卡车司机和一些制造业零工也会被企业注册为个体工商户以求避税。从法律规定的角度来说，这样做并不违法。如平台代理商易欣所言："平台从财税管理的角度打了一个'漂亮'的擦边球，巧妙地躲避了自己的责任。"学者史蒂文·瓦拉斯（Steven Vallas）和朱丽叶·朔尔（Juliet Schor）在其分析中指出，平台善于将自己打扮成"机构化的变色龙"（institutional chameleons），根据周边政策和社会环境的变化灵活运用各种策略，不断确证自己的盈利机会。[③] 将骑手转变为个体工商户的做法正是这样一种策略化

---

① 腾讯网：《骑手被要求注册为个体户？我国外卖个体工商户共 183 万家，占比超 92%》，2021 年 9 月 16 日，https://new.qq.com/rain/a/20210916A03AVH00。

② 新浪科技：《饿了么：禁止以任何形式诱导和强迫骑手注册成个体工商户》，2021 年 9 月 15 日，https://finance.sina.com.cn/tech/2021-09-15/doc-iktzscyx4342547.shtml。

③ Vallas, S., & Schor, J. B., "What Do Platforms Do? Understanding the Gig Economy," *Annual Review of Sociology*, vol. 46, no. 1, 2020, pp. 273–294.

的"变色"，通过财税方面的变革调整并增强自身对于劳动者责任的"免疫"[1]，从而拓展自身的盈利边界。

变身"个体工商户"，将缴纳社保的决定和责任给了劳动者自己。调查发现，出于各种原因，大部分外卖骑手并不会主动缴纳社保。他们大多漂泊不定，停留在一个固定城市的意愿并不强烈，也更看重眼前的生计而不是未来。2021年北京的调查问卷显示，超过一半的骑手表示自己并不缴纳社保。

时空的阶层感[2]

日夜兼程

社会学家皮特林·索罗金（Pitirim Sorokin）曾经说过："人类的生活其实是一场对于时间的无休止竞争，通过各种带有目的和目标的活动展现出来。"[3]对现代人来说，这样的描述十分

---

[1] Van Doorn, N., "Platform Labor: On the Gendered and Racialized Exploitation of Low-Income Service Work in the 'On-Demand' Economy," *Information, Communication & Society*, vol. 20, no. 6, 2017, pp. 898-914.

[2] 这一部分的论述观点，主要来自作者与合作者既往刊发的三篇论文：Chen, J. Y., & Sun, P. , "Temporal arbitrage, fragmented rush, and opportunistic behaviors: The labor politics of time in the platform economy," *New Media & Society*, vol. 22, no. 9, 2020, pp. 1561-1579；孙萍、李云帆、吴俊燊：《身体何以成为基础设施——基于平台劳动语境下外卖骑手的研究》，《新闻与写作》2022年第9期；孙萍：《媒介作为一种研究方法：传播、物质性与数字劳动》，《国际新闻界》2020年第11期。

[3] Sorokin, P.A., *Sociocultural Causality, Space, Time*, Russell & Russell, 1964, pp. 1-20.

精准。时间在商业化的当下具有鲜明的意义生成，不仅其概念已经深入人心，在社会的组织生产中，其结构也变得越来越细。人们对于时间的感知越来越敏感。人类历经奴隶社会、农业社会、工业社会，步入今天的信息社会，加速占有更多时间成为我们这个时代具有统治性的生存秩序。[1] 在现有平台劳动中，"随选服务""加速""及时"等具有明确时间指向性的词汇已成为日常劳动用语，但是平台劳动的时间性问题之前鲜有研究关注，关于时间与劳动的问题也没有被充分讨论。

在平台化的信息传播和互动关系中，时间成为形塑权力关系的实验场。围绕着平台管理、人口流动和物流运输等一系列社会关系，时间被赋予了鲜明的阶层性和秩序性。时间秩序的建立从来都是一个动态社会权力网相互协商的过程，或者说是一种"博弈生态"[2]，是多方利益集团和社会参与者共同建构的结果。在这个过程中，我们不但需要关注时间性（temporality）的理论问题，也需要关注时间的秩序和逻辑是如何在平台经济的背景下被建构起来的。在平台市场逻辑的语境下，这种权力的体现之一是对忙碌、加班的鼓励和对慵懒、闲暇的鄙夷。[3]

在田野调查中，我经常听到站长对于骑手或"勤快"或

[1] Rosa, H., *Social Acceleration: A New Theory of Modernity*, Columbia University Press, 2013, pp.1-34.

[2] 丁未：《黑白世界：一个城中村的互联网实践——社会资源分配与草根社会的传播生态》，《开放时代》2009 年第 3 期。

[3] Gregg, M., *Counterproductive: Time Management in the Knowledge Economy*, Duke University Press, 2018, pp.3-21.

"懒散"的评价。大部分站长秉承"努力""勤劳"的理念，鼓励骑手多加班、多跑单，并在每日的早会上不断地把这样的认知灌输给骑手。年轻的骑手喜欢睡懒觉，站长对此多不以为然。有些站长还会使用"树典型"的策略，例如在上一章中提到的骑手刘力敦，站长经常请他给年轻骑手分享自己的经验。他勤快能干、坚持超长待机在平台接单，最终换来了高收入和高资历，这让很多骑手羡慕不已。

第三章中提到，近些年骑手送外卖的工作时长不断增加，已远远超过八小时。由于外卖采用的是按单计价、多劳多得的用工机制，大部分骑手非但不介意工作时间超过八小时，还会自己主动增加劳动时长以谋求更多的收入。这种"黏性劳动"在当下十分普遍。或者可以说，劳动者从来都吃苦耐劳，只要能赚钱，他们便愿意慷慨拿出自己的休息时间，日夜兼程或者昼夜颠倒似乎也都不算什么。高收入对他们的吸引力更大。

刘良国和吴之峰是好朋友。在吴之峰眼里，老刘是一个勤劳肯干、努力踏实的老大哥。他跑单速度快、体力好、可以"超长待机"。吴之峰在送单之余喜欢拍短视频，曾经专门给老刘做了他一天送单过程的 Vlog 发在"抖音"上。视频一开始，老刘坐在一间低矮的平房木桌前低着头吃早饭。老刘的妻子端来一碗西红柿鸡蛋面，面条蒸腾的水汽把老刘的眼镜弄得模糊发白。吴之峰拿着手机边拍边问："老刘，请问你的头发为什么这么少？是因为跑单的缘故吗？"老刘抬起头，扶了扶眼镜，一本正经地说："那是被风吹得。"

老刘确实是一名"跑单战士"。下面的表格记录了老刘一天的跑单日程（参见表6）。细细算来，老刘平均每天有15个小时在路上跑单。除去睡觉和吃饭，老刘的生活里只剩下跑单这一项工作。外卖劳动的一个显著特点是生产时间严重挤压社会再生产时间。上一章已经论述过，在2021年的问卷中，六成以上的骑手劳动时间超过10小时。成为骑手后，大部分人会表现得十分适应这样一种长时间劳动，认为"做骑手就是这样"。也许是他们之前的工作就经常加班，也许是他们已经十分习惯这样的劳动模式，朝九晚五、周末、年假等时间概念似乎并不在他们的考虑范围之内。只要活着就努力跑单，成为骑手的人生写照。

表6　老刘的一天

7:00—8:00	起床洗漱、吃早饭
8:00—12:00	外出跑单
12:00—12:30	骑车回家，吃午饭
12:30—18:30	外出跑单
18:30—19:00	回家换电池并顺带吃饭
19:00—24:00	外出跑单
0:00—0:30	返回家中
0:30—7:00	睡觉

做骑手就这样，时间灵活，不是说干活少，是一直都在干活。

我们这样的人，只能干这个，也没有学问。不好好上学，学不进去，就跑单呗。

> 说不准，状态不好的话，就十来个小时；状态好，一直干，晚上 10 点左右收工，回家吃饭。

在访谈中，外卖骑手会用"我们这样的人""不好好上学"这样的话来形容自己。在对工作时间的描述中，他们传递了因自己处于社会底层而不得不选择这样的工作的自卑和无奈。社会分工的不同使人们对于时间的使用带有鲜明的秩序和等级。作为没有接受高等教育、没有太多社会资本的真正"打工人"，他们对于时间的建构如他们的工作一般，是一种"底层的时间"或"非正规时间"，这种时间被排除在"朝九晚五""带薪加班"等正规社会工作时间之外。也正因为他们对于自我时间的"非正规化"认知，骑手才会心甘情愿地黏在平台上，并愿意忍受变得越来越长的工作时间。

> 我是旁边村上的。现在住在渭南。我爸妈、媳妇、孩子，租的房子，因为付不起首付，买不上。租房一个月 700。一天能跑个四五十单，我干晚班。一单 4 块多一点，一晚上挣不到 300 吧。光运里头有一些店是 24 小时的。晚上一直有单，只要想送。但我一般干不了那么久，到凌晨 3 点就回家睡觉了。还有其他一些花销。一般白天睡觉，下午 5 点左右出来，干到七八点，回家吃饭。

　　如果仔细窥探骑手的送餐劳动，我们会发现这是一项带有明显"餐点效应"的峰谷劳动，即每天的早中晚餐时间成为骑手来回奔波、匆忙送单的高峰期，而除此之外的其他时间则是骑手等单的低谷期。平台扩张，骑手增加，订单稀少，大部分骑手不得不选择持续"在线等单"。在早餐结束和午饭过后，骑手们会将自己的接单软件调至"接单模式"，然后找一个小吃店或街边角落，一边吃饭，一边等单。午后的等单时间尤为漫长，有的骑手会去树下倚靠在电动车上小憩（参见图17），也有的会打游戏、看直播、抽烟或聊天。打游戏的骑手三五成群，他们把手机的声音开得很大，并不时在线下打招呼。有时候来了订单，他们慌忙地从游戏中"出逃"，免不了被周边一起打游戏的骑手一通抱怨。

图 17　倚在电动车上休息的骑手

　　不知道什么时候来单，就找个凉快地方待着。

　　单子不一定派给谁。有时候一堆人一下午一个单子都没有，有时候都出去送单。

　　这就跟开盲盒差不多，不知道什么时候来单。有时候中午吃饭的时候也来，没办法就打包了去送单。有时候一下午没有。

　　这种劳作状态与布迪厄所分析的时间差序格局如出一辙，"让人等待是社会权力的集中体现"。[①]的确，在平台服务业中，劳动政治的权力关系越来越体现为时间层面上的分配格局，时间的商业化使一方通过让另一方等待而凸显出"服务者"和"被服务者"的层级和分界。以外卖员为例，为了获得更多的订单，大部分外卖员每日劳动中有超过三分之二的时间处于"等待"状态。必要劳动时间是工人生产必要产品、通过价值交换来维持生计所需要的劳动时间，而剩余劳动时间则是在此之外、不为工人生产任何价值的额外劳动时间。对剩余劳动时间的榨取是资本获利的重要方式。[②]当雇佣关系被零散的劳动过程和时间分配所取代时，资本的计算更胜一筹。因为按单计价并没有将劳动者"等待"的时间计算在内，而是模糊了必要劳动时间

① Bourdieu, P., *Distinction: A Social Critique of the Judgement of Taste*, Harvard University Press, 1987, pp.1–7.

② ［德］卡尔·马克思、弗里德里希·恩格斯：《马克思恩格斯全集》第23卷，中央编译局编译，人民出版社，2006年，第243页。

和社会再生产时间。这种工作时间的模糊边界和不确定性，反而培养了骑手的"平台黏性"（platform adhesion）①。学会日夜兼程是一名"成功"骑手的必备条件。

加速奔跑

加速的时间感是现代性的重要特征。②在平台经济的运作中，满足顾客的即时需求成为平台运转的首要任务。为了吸引客源，各外卖平台纷纷将时间元素纳入广告语以凸显送餐服务的快速、高效。例如"××外卖，叫啥都快""高效、品质、安全"等。或许平台已经做过关于订餐消费人群的研究，发现其中大部分订单都是来自写字楼、办公室的白领，他们在工作中追求效率。所以平台紧紧抓住"速度"这一关键词来主打宣传。

事实证明，外卖平台送餐的速度确实在加快。在过去的四年间，我的田野调查发现，外卖平台的配送时间从50分钟缩减到了30分钟以内。整个外卖业彰显出无与伦比的对于速度的追求，而时间缩短的背后是外卖骑手流动速度的不断加快。"与时间赛跑"正在成为互联网平台经济发展的一个缩影。我曾经试图寻找外卖骑手"不断加速"的原因所在，却发现其层次多元且复杂，它映射出了时间感、流动性和劳动过程在技术媒介不

---

① Sun, P., "Your Order, Their Labor: An Exploration of Algorithms and Laboring on Food Delivery Platforms in China," *Chinese Journal of Communication*, vol. 12, no. 3, 2019, pp. 308–323.

② Rosa, H., *Social Acceleration: A New Theory of Modernity*, Columbia University Press, 2013，pp.1–34.

断更新迭代的背景下充满张力和冲突的现实。[①]

赵艳是美团众包的外卖员，2019 年我们在北京朝阳区十里河一家餐馆的门口相遇，当时她正气喘吁吁地坐在商店门口的台阶上。我走上前寒暄，她说自己刚跟着师父跑单回来。彼时赵艳刚入职"美团"一个月，对于周边商区还不熟悉，时常跑错路。一开始跑单，她只能一单一单地跑，因为要准确地找到楼号和单元号对于她来说十分耗时。一到高峰时段，过量的单子加上顾客的催促经常让她变得十分慌乱：

> 太忙了。你一看手机，发现还剩下几分钟就超时了，肯定着急，就得赶紧跑了。有时候看见人家老骑手从身边嗖地穿过去，对路线那么熟悉，我很羡慕，想自己什么时候也能这样。

赵艳所在的区域有几个大型商场。商场具有写字楼和高档小区的双重属性，其面积大、楼层高，取餐送餐耗时更长。这进一步加剧了她的紧张感。我问她高峰时段怎么办，她说：

> 使劲跑，跑，就是跑！一个高峰下来，觉得自己半条命都没了。心脏要跳出来了！

---

① 人物，赖祐萱撰：《外卖骑手，困在系统里》，2020 年 9 月 8 日，https://mp.weixin.qq.com/s/Mes1RqIOdp48CMw4pXTwXw。

　　对于大多数骑手来说，加速奔跑是避免超时的唯一选择，这种"追赶时间"的做法会带来大量的体力消耗。赵艳说自己上班的第一周，因为要经常上上下下爬楼梯，腿和膝盖都很疼，"下楼的时候不得不侧着走，哎哟哎哟地往下"。两周之后，可能是身体适应了这样快节奏的体力活动，赵艳的腿慢慢好起来。

　　如果不想加速奔跑，也不想订单超时，骑手发现了一个办法，那就是"提前点送达"，即骑手在尚未到达送餐点时点击"送达"。但是这样的操作风险极高，因为一旦骑手点击"送达"，系统会自动发送通知给顾客，告知顾客餐品已经被接收。这往往会引起顾客的误解。一旦顾客因反感而投诉，骑手将面临 500 元以上的罚款。赵艳对于"提前点送达"十分忌惮，她师父曾经多次嘱咐她，这是一个极大的"禁忌"，触碰不得：

　　　　除非是特殊情况（我一般不会提前点"送达"）。被罚了，好几天白干。平台觉得（提前点"送达"）非常伤害顾客。其实也不是我们不想（快一点）送，你说三四公里怎么能送不到？很多时候是出不来餐，餐厅太慢了。最后超时了，都怪到我们头上。

　　由于明确知道"提前点送达"对自身不利，多数骑手都会通过努力提高自身送单速度来避免超时。关于骑手的加速问题，我想先回到一个根本性的问题：为什么外卖骑手越跑越快？平台的送单时间为什么被不断压缩？调查发现，骑手送餐时间的不断缩短与平台算法对骑手的"规训"密不可分。其中的"奥秘"在于算法的自我学习和自我进化。成长性是人工智能算法最重要的特点。[①] 平台算法是一项基于深度学习逻辑而形成的人工智能体系，它的一大特点是自我攫取数据、吸收数据并进行自我训练。在外卖订单的匹配与配送管理中，随着外卖员的订单数不断增加，平台的后台有关送餐信息的数据记录不断增多。相应地，投喂给算法的"数据养料"也变得越来越多。有了每日源源不断的"养料"作为学习基础，后台的算法可以不断地进行自我训练，从而实现更高效、准确的订单派送和时间管理。

我们可以假设一个这样的场景：如果一个派单系统一开始设定的送单时长为 50 分钟，超过 50 分钟，骑手将面临配送费的扣除或者其他惩罚。那么，正常的逻辑应该是骑手会提早一点到达，例如他们会花费 45 分钟或者更少的时间把餐品送到。在后台的数据统计中，我们会发现大部分骑手的配送时间都低于 50 分钟。当这些数据被"投喂"给算法后，它发现大多数骑手的配送耗时都低于 50 分钟。于是，它做了一个"明智"的决定——把配送时间由 50 分钟改为 45 分钟。当配送时间变为 45分钟后，骑手为了避免不必要的惩罚，仍旧会提早一点送达。于是，这里便出现了一个人机交互的"有趣"矛盾：算法不断缩减配送时间，骑手不得不越跑越快，于是就出现了"外卖骑手，困在系统里"的恶性循环。

算法思维的本质是一种数据思维而非共情思维。这种数据

---

① 彭兰：《智能生成内容如何影响人的认知与创造？》，《编辑之友》2023 年第 11 期。

思维所展现出来的是人力所不能及的计算、预测与匹配能力，而且随着数据资源的不断积累，人工智能算法依然在拓展它的应用边界。但是这样的算法思维终究只是一种"数据主义"思维，它将所有的人、物、事和关系化约为简单、平面、可计算的理性逻辑，[①] 排除了与人交互的共情感和伦理性。例如，在平台算法的计算逻辑中，并没有包含一种算法素养——这种算法素养能够告知算法系统，骑手的配送时间无法被无限制地压缩。也是因此，在实际送餐过程中，一些外卖骑手对后台算法的时间管理非常不满。

> 众包骑手一旦超时，配送费扣 50%；如果超过 10 分钟，配送费扣 70%。一趟下来，本来就没有几块钱，相当于白跑了！

> 我发现，平台上的秒快，秒针走得快。你知道不？一分钟比咱们平常快一些，一会儿就没了。这样更容易超时。

类似的关于时间的抱怨我经常能听到。我无从考证平台上的时间计算是否比日常生活中的时间更快，但是骑手对于时间体验的不满背后，是平台重建"消费者－骑手"权力关系的写照。毫无疑问，消费者的实时需求被放在了首要位置——一种

---

① 彭兰：《如何实现"与算法共存"——算法社会中的算法素养及其两大面向》，《探索与争鸣》2021 年第 3 期。

消费者需要被"即时满足"的逻辑得以建立。在时间的分配和协调中，外卖骑手的时间安排往往需要服从消费者的需求。尼克·库尔德利（Nick Couldry）和安德烈亚斯·赫普（Andreas Hepp）认为，现代信息传播技术的发展使高效、快速的传输成为可能，同时也将一种"立即执行"的意识观点带到人们的工作实践中。[①] 当信息传输的速度足够快，人们开始变得不耐烦，对"即刻享乐"和"实时裁决"的需求变得越来越高，而这种"对于高效的崇拜"很大程度上成了信息化社会发展的主流时间秩序。

对于送外卖这样的随选、按需劳动来说，时间已成为一种十分严苛的管理机制。这里的机制，指的是时间作为一种规训结构如何在与个人、机构、社会交互的过程中明确并强化规则和要求。按照马克思的观点，对于工人劳动时间的塑造成就了资本主义的发展模式。在具体的实践场景中，对于时间的掌控塑造了多种多样的互动场景和劳动形态。例如，加里·艾伦·法恩（Gary Alan Fine）在对餐厅厨房的研究中发现，厨房工作人员会根据餐厅制定的上菜流程和实际情况来对工作的节奏、周期、时长和时机进行管理。[②] 互联网信息技术的发展催生了监控时间的诸多手段和工具，如帮助工作人员提高产出效率的 App、上下班的打卡制度、实时追踪产

---

① Couldry, N., & Hepp, A., *The Mediated Construction of Reality*, Polity Press, 2016, pp.1–14.

② Fine, G.A., "Organizational Time: Temporal Demands and the Experience of Work in Restaurant Kitchens," *Social Forces*, vol. 69, no. 1, 1990, pp. 95–114.

品产出的工作软件等，在一定程度上形塑了人对于时间的具体感知。结构性机制使个人不得不认同并按照结构性时间设置开展社会实践，"同步性"[1]和"重新考量"[2]成了时间机制中不容忽视的存在。

　　对于骑手来说，一方面，他们需要等待消费者的订单，而订单到来的时间并不确定；另一方面，为了满足消费者在订单配送过程中对时间的掌握感，平台会向消费者展现订单派送的全流程。外卖员执行接单、到店、送单、送达这四个步骤，都需要通过手机的 App 确认，这种同步性操作确保顾客可以实时查询自己的订餐进度，从而根据订单来安排时间。"即时满足"是平台对时间使用进行层级划分的结果，利用一部分人的时间去服务另外一部分人而实现"时间套利"的盈利逻辑。正如杰森·法尔曼（Jason Farman）所言，关于"等待"的技术性更新中内隐着"谁该等待"以及"如何等待"的文化期许。[3] 外卖员是平台语境下"该等待"的人群，他们在时间的支配上看似具有自主权，实则被平台切分成了具有随机性和随时性的存在。这在无形之中建构了骑手与消费者的区隔感。

---

[1] Snyder B.H., *The Disrupted Workplace: Time and the Moral Order of Flexible Capitalism*, Oxford University Press, 2016, pp.1-25.

[2] Sharma S., *In the Meantime: Temporality and Cultural Politics*, Duke University Press, 2014, pp.1-26.

[3] Farman J., *Delayed Response: The Art of Waiting from the Ancient to the Instant World*, Yale University Press, 2018, pp.1-18.

阻碍

电动车

电动车在 20 世纪 80 年代出现，伴随着中国城镇化的不断推进，电动车以其便捷、灵巧的特性迅速成为人们的重要交通工具。随着外卖经济的迅速发展，人们逐渐发现，电动车成为人们餐饮路上"解决最后几公里"的得力助手。现如今，电动车已经成为外卖骑手鲜明的职业标志。街角巷头，骑手们的聚集处也迅速衍生出了"电动车社群"，一排排带着餐箱的电动车停靠在拥挤的路边，成为一道城市独特的传播景观。[①]

作为现代社会的物流媒介，电动车联结并参与形塑了复杂多元的空间、边界关系。其中既包括骑手本身，也包括一系列关注、强调边界的组织、机构和人员。我的调查发现，基于电动车的流动性是创造骑手与其他人群尤其是消费者空间区隔的重要来源。

骑手的送餐路径展示了从餐饮店到顾客位置的移动路径。从某种意义上讲，这是一种从公共空间到私人空间的地理转移。在此过程中，空间的准入权和使用权往往会成为问题，而门禁、楼梯或者电梯往往会阻碍电动车的流动。高档小区、写字楼等地理空间往往会限制外卖员和电动车的进入；商业大厦、购物中心、娱乐场所等虽然允许电动车进入并停放，但不允许其停靠在消费者、客户的停车区，而是要求骑手将电动车停放在后门、侧门等其他不显眼的区域。他们对此给出的解释是避免

---

① 孙萍：《媒介作为一种研究方法：传播、物质性与数字劳动》，《国际新闻界》2020 年第 11 期。

"阻碍交通"或"影响市容市貌"。如果遇到这种情况，骑手则不得不走路进入门禁，将餐品送至顾客手中。

在山东青岛的一些区域，外卖骑手的车上除了配备餐箱，还绑着一个双轮的平衡车。这是因为有些小区面积太大，步行送餐耗时耗力，为了节省时间和体力，骑手自掏腰包购置了平衡车。到了小区门口，当他们的电动车被拦下时，就骑上平衡车，可以快速找到顾客所在地址。但是平衡车价格不菲，并不是所有骑手都有钱购置。

大型商场不允许外卖员将电动车停在门口，而要求放在商场后门等区域。但这些区域无人看管，容易发生偷车问题，这令骑手在送单时提心吊胆。马兰是北京东四环大郊亭的外卖员。她头发乌黑，梳一个长马尾，戴上头盔依然能被轻易地认出来。2019年秋天，她在北京东四环附近送餐，三天之内被偷了两辆电动车。第二辆车被偷后，马兰无可奈何选择了报警。警察来了之后，她难以抑制自己的情绪而放声大哭。她的同事说，遭遇偷车、偷电池是常事，但在如此短的时间内接连两辆车被偷，马兰的确"有些倒霉"。

> 这是我好几个月的工钱。那天我在写字楼送餐，进去（写字楼）之前上锁了。坐电梯上去，送了餐。正在走廊上走，手机上我装的GPS警报响了[①]。当时我

---

① 为了防止丢车，很多外卖员会安装电瓶车GPS定位，然后将其与自己的手机绑定。一旦电动车出现位移，手机上的防盗App会发出警报。

在 20 层。跑下来，车没了。应该是把车头上的线剪
了，骑走了。

对电动车停放地域的规制使空间意义上的"不可见"成为
阶层和身份的重要体现。[1] 在前文中我们曾经讲过，外卖骑手在
城市空间的快速移动和电动车的"无声"都使这一群体面临频
发的交通事故，这也使骑手被定义为私人空间和封闭公共空间
内不受欢迎的"异类人群"。隐藏在这一背后的逻辑话语是：外
卖劳动和电动车是草根、底层劳动者的标识，由于会破坏交通
秩序、存在安全隐患，因此需要被加以空间上的管制和防范。

到了冬天，尤其是在北方城市，电动车的电池蓄电量因为
气温下降而降低，待机时长大大缩短。因此，骑手需要时时关
注电池电量并预估换电池的时间和地点。对于专送骑手而言，
由于流动范围有限，他们需要精确地计算好换电池的时间，以
保证自己高峰时段在线；对于兼职的众包骑手来说，"派到哪里
去哪里"是他们的流动特点，因此，在电动车电量不足的时候，
寻找充电柜变成了首要任务。多数骑手在遇到电量告急时，往
往会变得又担忧又着急，既害怕自己在路上"抛锚"，又害怕完
不成高峰送单任务。一些骑手也会遇上距离充电柜太远或者换
电排队人数过多的情况，无人帮助时，只能自己推着电动车走
上几公里，直到找到可以充电的地方。

---

[1] Star, S. L., "The ethnography of infrastructure," *American Behavioral Scientist,* vol.43, no.3, 1999, pp. 377-391.

关于电动车政策的变化也可能会限制骑手的流动。由于电动车肉眼可见地增多，交通、租房、电动车充电等相关政策不断地进行调整和变动，且这样的政策倾向于对外卖骑手的流动进行更加严格的监管。2018 年 1 月，工业和信息化部发布了《电动自行车安全技术规范》（又称"新国标"），将电动车最高时速从 1999 年老国标规定的 20km/h 提高至 25km/h，最大功率由 240w 提高至 400w，同时要求所有电动车上牌。尽管新国标提高了电动车的最高时速，但这样的时速远远无法满足骑手高峰时段的送餐需求。我的田野调查发现，高峰时段，外卖骑手的电动车时速可达 40—50km/h，甚至有些会达到 60—70km/h。为了最大限度适应北京城区的地面交通和平台的时间要求，大部分外卖员的电动车都进行了改装。其中最主要的变化包括两点：一是剪断电阻线，提高时速；二是加装电瓶数量，延长续航。新国标的出台正在从政策层面限制骑手的流动速度。至 2021 年 11 月 1 日，所有不符合标准的电动车将无法上牌。一些骑手为了不受时速的限制，购买了符合新国标的电动车或者改换了摩托车。

病毒 VS 流动

如果说电动车政策带来的流动限制是确定的、明了的，那么，因为新冠疫情的防控带来的流动限制则充满了不确定性。这场爆发于 2020 年初的疫情给全世界范围内的流动与互动带来了巨大挑战，带来了诸多国家和地区间的孤立与分隔。病毒的高传染性和危险程度加大了疫情防控的难度，也给外卖骑手这样需要流转于不同区域的工作人群带来了不少困难。

2020 年 4 月，经历了三个月左右的居家防控后，人们开始渐渐待不住了，骑手尤其如此。多数人在年底从大城市回到老家过年，因为疫情的突然到来而无法回到之前的城市继续工作。在家无所事事和没有收入的压力让很多骑手感到有些焦急。但与此同时，担心"被感染"也让他们对于"送外卖"这份工作变得十分纠结。2020 年 3 月到 5 月，我与调研小组的同学们一起在线上采访了二十余名骑手。他们普遍展现出了对送外卖这一工作的纠结。出于对新冠病毒的未知，一些骑手表示自己虽然十分害怕被传染，但相比较没有收入，后者的影响更大。

> 情愿出去工作。在家待着没意思，也没钱。家里人要吃要喝，孩子也要花钱。真赶上了，那也没办法。做好防护呗。……现在不是不想干，是根本回不去。村口封了，火车不通，高速也封了。回不去，根本。

董昊是北京回龙观一个"饿了么"站点的专职骑手。2019 年底，他跟站长请了两周的假，带着送外卖攒下的一万多块钱欢欢喜喜地回了山东老家。没想到，疫情的突然爆发让他在家一待就是四个月。虽然这段时间董昊能够和孩子多在一起，但是生活的压力也让他发愁。连续四个月家中没有收入，妻子带着两岁的小孩，买菜做饭，每日的花销让她变得焦躁。两人总是吵架。2020 年 5 月初，董昊坐不住了，他设法联系到了附近村里一辆去北京的面包车，并托了一点关系，搭乘面包车回到了北京，准备继续跑外卖。按照他说的，路上的查询点并不少，但是也没有极力阻拦，他们用了一整天的时间开回了北京。

回到北京的董昊迅速投入工作。彼时北京城中骑手不多，但是单子不少。马路上的骑手个个防护森严，十分忙碌。访谈中，董昊与其他骑手一样，用"像我这样的人""我们这些人""底下干外卖的"等话语来表达自己在疫情严重期间依然坚持出来跑外卖的无奈。这种无奈既带有生存的压力，也带有作为"底层人"的认同。疫情初期跑单的骑手，一方面认为参与跑单工作、获得收入是正常的，但是又觉得自己"冒着被感染的风险外出跑单"是一种无奈、被迫的选择。限制与流动在疫情的背景下变成了一种个人阶层化的展现和选择，在外流动还是居家隔离变成了一种彰显阶层等级化的体现。

2020 年，武汉疫情期间，外卖骑手被媒体列为"最受尊敬的职业"之一，甚至有些媒体将骑手称为"城市英雄"。这与董昊对自己的认知差异相当大。我想知道他的看法。他说："贡献肯定是有的！但也有很多无奈！"他没有完全按照媒体的逻辑来理解自己。从他个人的视角来说，虽然他们是"英雄"，但是疫情期间骑手的劳动体验也加深了他们对于自己是"底层人群"的认同感。其中的劳动实践不断验证着服务者和被服务者的阶层差异，[①] 这种"非常态化的流动"也衬托出了他们在城市生活中苦苦寻找自洽位置的努力挣扎。

---

① Hanser, A., "Is the Customer Always Right? Class, Service and the Production of Distinction in Chinese Department Stores," *Theory and Society*, vol. 36, no. 5, 2007, pp. 415-435.

躲避红码

一旦骑手选择在疫情期间流动起来，那么他们与疫情的较量便鲜明地凸显了出来。这里体现出后疫情时代劳动生产矛盾性的一体两面：一方面城市要运转，骑手要维持生计；另一方面，流动化的生产劳动可能带来病毒扩散的风险。为了更加有效地平衡此种冲突，防疫政策变得越来越细致、精确。健康码、行程码、中高风险区等流调大数据统统上马，开始强化新冠疫情的精准防控。

这些精准防控的措施深刻地影响着骑手的流动。例如在很多地区，个人如果驻足、停留于疫情中高风险地区超过 4 小时，或者大数据捕捉到其进入并经过疫情中高风险地区，则个人的健康码和行程码会变红。对于骑手来说，这是致命的。一旦健康码或行程码出现问题，他们会立刻被系统强制下线，甚至会被所在社区隔离。在很长一段时间，全国主要城市均存在中高风险地区，它可能是一座城，也可能是一个街道、一个小区或者一栋楼。虽然骑手们也会查看送单区域的疫情风险等级，但是数字化监控和大数据流调的范围往往趋向于扩大化，一不小心路过，骑手就会被列为"密接"或者"时空伴随者"①，于是被

---

① "时空伴随者"是疫情期间方便数据化管理而催生的概念，它以移动电话基站为测量工具，指本人的电话与确诊病例的电话在同一时空网格共同停留超过十分钟，且最近 14 天任一方的号码累计停留 30 小时以上的，被列为时空伴随号码。各地政府对于"时空伴随者"的定义并不相同，因此大家对于成为"时空伴随者"的地域、时间要求并不明确。网友曾调侃："我吹过你吹过的风，这算不算相拥；我走过你走过的路，这算不算相逢。疫情防控：算！都算！"

迫下线隔离。因此，避免红码成为骑手疫情流动下的首要任务。但很多时候，它就像开盲盒一样，存在太大的不确定性。

2020年5月，大强哥的同事老张在大兴区附近送单，因为不知道送餐所在地已成为中高风险地区，送了两单之后，他的健康码突然变红。老张不得不按要求停工，隔离两周，并定期做核酸。在家等待的14天对老张来说十分漫长。他每日无须像往常一样早起，一日三餐也要在家对付，这让他十分不适应。老张租的房子在房山周边的一个村庄，单人间，只有十平米。没有电视、电脑，除了刷"抖音"、与家人聊聊天，老张不知道干什么。老张说自己"像一个蘑菇，等得都快长毛了"。

当越来越多的骑手有过被疫情管控"牵连"的经历之后，大家开始变得有经验起来。对于来自中高风险地区的订单，骑手们十分警惕，哪怕价格再高，也少有人接单。因为大家都知道，一旦被牵连，就意味着自己要连续14天甚至更多天没有任何收入。"不但没收入，吃饭还要订外卖，贵。"老张说。

2022年4月，北京房山窦店镇发生疫情。此时，正值众包骑手最难熬的日子——因为疫情隔离与管控的影响，房山地区的总体单量大幅减少，与此同时，越来越多的人因为经济压力走上街头开始跑外卖。单量减少，骑手增多，僧多粥少，众包骑手的人均日收入从三四百元下降到了一二百。大强哥独自坐在楸树街旁的马路牙子上抽烟，边等单边叹气。我看了他的订单系统，却发现里面有很多订单没有人抢。我问他为什么。大强哥抱怨道：

> 这里的大部分单都是窦店的。平常从这里去窦店，一个单也就二十块，现在都涨到五十多了，也没人去。大家都不敢去！不是怕传染，是怕（健康）码变红，怕（行程）码带星。一变红，先把你隔离。谁愿意隔离？还要自己掏钱。

除了不接中高风险地区的订单，大强哥也不轻易去饭馆。他给出的解释是：餐馆一般邻近小区，一旦小区发现病例、被设为中高风险区，经过或在此吃饭的人健康码会翻红，随后会被要求隔离。大强哥的谨慎令我没有想到。为了减少去餐馆的频率，大强哥开始自己带饭。他的午餐盒用一个塑料袋装着、系紧，放在车后餐箱的一角。餐箱里面有时候也会有烤馍、面包之类的零食。对于大多数骑手来说，他们好不容易从老家回到北京，一路兜兜转转、走走停停，都不想失去挣钱的机会。因此，在送餐过程中，他们对扫码非常谨慎。说到这里，大强哥还嘲笑自己的同事老刘前些日子出去跑单，结果那片区域后来变成了中风险地区，"被搂进去了，在家隔离了七天。七天没挣钱，老刘都悔死了"。

勇闯 SKP

空间区隔是送餐劳动的重要表现形式。社会学家韩爱梅曾提出"区隔劳动"的概念，她认为，中国城镇化的服务业中存在着鲜明的阶层性，不同的社会阶层在服务业的交互中重新表演和认同自己的阶层位置，并呈现出区隔性劳动。[①] 对于外卖员来说，这样的区隔劳动在很多情况下表现为空间的区隔和阻滞，尤其是对于"进入权限"的剥夺。

例如，在高档写字楼、商场和住宅区等区域，外卖骑手的进入受到管制。这主要体现在两个方面：一方面，电动车作为劳动媒介被污名化地传播为农民工、打工者等草根阶层游走于社会底层的具身体现，[②] 因此，外卖骑手的电动车被许多私人空间排除在使用范围之外；另一方面，外卖骑手的服装和装备作为一种被标签化的、具有高识别度的服饰配置，也多被贴上了"底层""扰乱秩序"这样的标签，被尤其注重秩序、层级的场所禁足。SKP 便是其中一家。这是一家时尚百货商场，在北京、深圳、杭州、西安都有门店，主打高端、奢华路线。但是在众多骑手眼中，这家商场却并不友好，因为它有一个不成文的规定——禁止骑手进入。

吴之峰第一次去 SKP 时，是去商场里面的一家品牌鞋店取一个订单，订单显示是一双旅游鞋。走到商场门口，吴之峰被保安拦下了。看到他穿着"闪送"的衣服，保安不准他进。吴之峰给下单的商家打电话，商家让他换个门试试。他找了另一个入口，也被拦了下来。商家嫌路远，不愿意送货出来。没有

---

① Hanser, A., "Is the Customer Always Right? Class, Service and the Production of Distinction in Chinese Department Stores," *Theory and Society*, vol. 36, no. 5, 2007, pp. 415–435.

② Kurzban, R., & Leary, M. R. , "Evolutionary Origins of Stigmatization: The Functions of Social Exclusion," *Psychological Bulletin,* vol. 127, no. 2, 2001, p. 187.

办法，吴之峰只好找个地方把工作服脱了，裹进随身背的大挎包里，混进了 SKP。这一遭遇让吴之峰很不痛快。他问保安凭什么骑手和配送员穿着工作服不可以进，但是脱下工作服就可以。保安丢给他四个字："这是规定。"吴之峰想和保安理论，无奈配送时间紧，只好作罢。

慢慢地，吴之峰发现来此取单、送单的骑手都会采取换衣服的做法。过了一阵子，吴之峰穿着蓝色的"闪送"工作服，骑着摩托车又来到 SKP。这一次，他决定穿着工作服"闯一下"。与往常一样，他在门口遇到保安的阻拦。吴之峰说自己不取件，只是想"进去买东西"。保安不让进，依旧强调"这是规定"。吴之峰不打算让步，问保安这是商场的规定还是物业的规定，双方争执不下。吴之峰报了警。警察到了之后让双方叙述理由，开始调解。吴之峰回忆：

> 我说我想去买点东西，看看里面有没有我喜欢的，他们（指保安）不让我进。为什么不让我进？（因为）我穿的"闪送"的衣服，他们说穿这种衣服不能进，我认为这是在歧视我。对，我必须得要进去，我去购物。警察说你去买啥，我说这你管不着，我愿意买就买，不愿意买我就看看。

警察到了之后，SKP 的物业管理部门匆匆赶来。此时门口七七八八围了一圈人，加上进进出出的顾客，一下子变得十分热闹。吴之峰听到其中一个警察嘟囔了一句，"这都好几次了"，他知道这应该不是 SKP 第一次遇到这种情况。人越来越多，物业顶不住压力，其中一个看起来像负责人的走出来，答应让吴之峰进去，并解释说：

> 也不是不让（骑手）进。有些骑手进去了横冲直撞，影响到了商场秩序。有消费者投诉。到了中午，骑手到处乱跑，不像那么回事。没办法，我们就开始限制，这才说不让进。

人群散了，吴之峰终于可以穿着工作服光明正大地走进 SKP。进去之后，他到 SKP 的超市买了两盒草莓、一个木瓜，还有一些零食，竟然花了七百多元。我问他为什么还要花那么多钱买东西。他的回答是给孩子们买点喜欢的东西。我猜，吴之峰应该是不想落人口实。既然费了很大周折、以购物为由进来，他还是信守承诺买了些东西。他用挂在胸前的小摄像机拍下了整个事情的经过，放在了自己的"抖音"号上。视频的最后，他说："SKP 不让我进去，绕着弯子让我脱衣服。等到我以后有钱了，把这儿买下来，让他们也脱衣服进！"

亨利·列斐伏尔在其《空间的生产》一书中曾经探讨了权力和资本在空间向度上的展现。列斐伏尔敏锐地发现了空间的生产性，尤其是它对整个资本主义经济发展的重要作用。[1] 在生产体制中，空间是一种"工具性"的存在，"谁拥有对空间的

---

[1] Lefebvre, H., *The Production of Space*, Routledge, 2012, pp. 81-84.

表征权力，以及如何来表征空间，这无疑伴随着权力的生产过程"。[1] 如果说平台是一个无限延伸的资本主义链条，那么外卖骑手则是这个链条上重要的空间扩展者。外卖骑手的流动空间既囊括了公共性交通区域如马路、街道、胡同等，也包括了小区、办公楼、写字楼等相对私人的空间。他们想要穿越的种种阻隔，在某些程度上展现出了空间权力的竞争与斗争关系。精英的、知识的、政治的、上层的人群通过征用、宣布等方式实现对于社会公共、私域空间的再治理，违背其规则的人则被认为是秩序的妨碍者、破坏者。他们试图通过空间的阻碍来制造并彰显这一区隔。骑手有时候不得不为了工作而成为这些空间的争取者甚至破坏者，两者的矛盾冲突彰显着社会层面对于阶层划分的协商与张力。

何以为家

城中村

小武基村是北京东四环外的一个城中村。在土地规划、城市地理学的范畴内，"城中村"主要指在城市化扩张中转型不完善而兼具城乡二元结构的农村社区。之所以得名"城中村"，主要是因为其坐落于城市区域内，但其内部的社会关系、生活习

---

① 刘涛：《社会化媒体与空间的社会化生产——列斐伏尔和福柯"空间思想"的批判与对话机制研究》，《新闻与传播研究》2015 年第 5 期。

惯等依旧延续了乡村的生产生活传统。[①] 城中村伴随着中国加速的城镇化、农民工群体的大量流动而出现。20 世纪 90 年代，城镇化快速发展，城市边缘地区用地被大范围纳入城市规划之中，大量的村落因此被包围其中，但因为村民补偿和土地安置费用巨大，城市政府大多选择"获取农村耕地、绕开村落居民点及村民"[②] 的办法。于是，城中村成为中国大城市中一道独特的景观，大量外来人口寄居于此，原住村落逐步聚集起以农民工群体为主的流动社群。

大城市中现代都市风貌与星罗棋布的城中村的共生一直是中国城镇化的特色。据传，小武基村旧时有集市，每月初五赶集，"五集"的谐音是"武基"，又因为其东南处有一个叫作"大武基"的地方，因此得名"小武基"。小武基村在行政区划上属于北京朝阳区十八里店乡，位于东四环外。从地图上看，小武基村的背面是北京欢乐谷，一个主题公园，村中有一条名叫"萧太后"的小河，历史上说此河通航运，现如今几乎变成了一条小溪。河两岸稀稀疏疏地有一些饭馆、修车铺、水果摊。听住在村里的骑手说，村落很大，有数千人。

夏日的一个傍晚，我和学生第一次来到小武基村。相较于不远处林立的高楼，小武基村是一个迥然不同的世界。站在村口，除了听到萧太后河水流的哗哗声，还能够看见不远处烟雾

---

① 魏立华、阎小培：《中国经济发达地区城市非正式移民聚居区——"城中村"的形成与演进——以珠江三角洲诸城市为例》，《管理世界》2005 年第 8 期。

② 同上。

缭绕的烧烤摊，听到偶尔传来的水果叫卖声。与珠三角地区的
"握手楼"类似①，小武基村里的建筑密集，纵横交错。但历经多
轮城建改造，小武基村剩下的大多是两三层的建筑。这些建筑
多由当地村民建造，为了出租方便，一般是建成联排的出租屋。
走廊狭长，站在楼梯口能够一眼望到头。大部分出租屋共用厨
房和卫生间，稍微好一点的有单独的厨卫。走进村里，扑入眼
帘的是拥挤感和烟火气。楼梯附近的电线杆上缠绕着一圈圈杂
乱无章的电线，电线杆之间的细绳上晒满了各色衣物，窗户外
的护栏边堆放着装在编织袋里的、不知道是什么的杂物。街道
望过去一片漆黑，只有路灯下的一圈亮着，大人找了野餐垫铺
在地上，围在一起打牌，孩子在旁边打闹。走过一排排出租屋，
可以看见已经收工回家的人蹲在水龙头前洗脸或者在布满油污
的炉灶前炒菜。

听村里开电动车行的老板说，数千人的小武基村里，大约
住着三四百号外卖骑手。随着疫情的到来，做骑手的人数也在
不断增加，以前做小生意的、摆路边摊的，因为疫情生意惨淡，
都加入了跑外卖的行列。路过小武基村，我们会不时地看到配
备餐箱的电动车和摩托车停靠在路边。

北京城在过去二十年急速扩张，不得不在近些年采取人口
严控的政策。其中有两条"红线"不得突破：2300万的常住人
口总量不能突破、城区人口总量1080万不得突破。在过去的十
年间，北京的房价增长了5—10倍之多，高昂的房价与租房成

---

① 丁未：《黑白世界：一个城中村的互联网实践》，《开放时代》2009年第3期。

图 18 小武基村里的小道

本成为其限制外来人口的重要工具。为了养家糊口，外来流动
人口自动聚集在诸如小武基村这样的城中村中。这里有相对低
廉的房租和熟人关系。在小武基村住，一个单间一个月大约在
600—1000 元，根据面积、是否有独立厨卫而存在差异。也有
的骑手与自己的配偶、孩子住在一起，他们租的房屋面积相对
大一些，租金在 1000—2000 元左右。我们对历年北京骑手的
租金状况做了分析，发现在过去的四年间，月租金在 1000 元以
下的骑手占比在四五成左右，月租金在 1000—2000 元的骑手占

三四成。选择月租金在 1000—2000 元的骑手中，七成以上都是
与家人、老乡或者朋友共同租房。此外，在调研中，80% 以上
的骑手认为北京的租金正变得越来越贵。

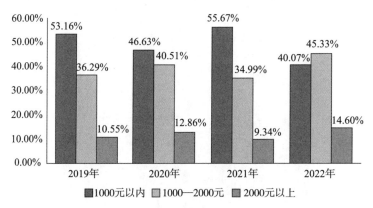

图 19　北京外卖骑手月租花费（2019—2022）

　　孟天河曾经是"饿了么"的一名骑手，一直住在小武基
村。不干骑手之后，他在小武基村村口开了一家电动车店，主
要给村里的骑手修理、出租电动车。因为一直没有拿到营业执
照，他的店面一直没挂招牌，头顶着一块破旧的美容美发招牌。
他之前干过骑手，认识不少人，生意渐渐地为人所知。周边的
骑手也都会找他租车、换电池。村里骑手的来来去去他最清楚，
但与此同时，他似乎也习惯了这样的来去与离别：

　　　　都是来打工的。想干了在这里干一阵子，不想干
　　了卷铺盖走人。谁也拦不住。这个村里还行，住得还
　　行，就是疫情之后很多人没回得来。估计也不会回来

了。有些去了南方，有些留在家里。……来修车的不
少，有的认识，有的不认识。

现如今的小武基村，外来流动人口已经远远超过原村居民，
它逐渐变成了一个底层劳动者的社群空间。来到这里，拥挤而
热闹的街头、哗哗流淌且略带杂物的小河，让人有一种自己还
生活在乡村的错觉。伴随着北京诸多城中村的拆除，像小武基
村这样能够为大量流动人口提供住宿的村落正在减少。疫情时
期的管理也使得流动性急剧减少，如今，留在小武基村的骑手
主要是长期在北京生存的打工者。

在既往的研究中，城中村一直被视为一个需要整治、规范
的杂乱空间。一方面，政府对违规建筑、电动车违规充电的间
歇式整治加剧了人员的不确定性流动；另一方面，城中村经常
出现的"蜗居"情况，也让大部分寄居于此的人成为被治理的
对象。2017 年 11 月 18 日，北京大兴一场因电气线路引起的火
灾致 19 人死亡，8 人受伤。这起严重的事故使政府开始大规模
整治违规经营和违规出租，其中，对于电池、电线、电动车的
违规操作成为重点调查对象。对于外卖骑手而言，他们不得不
时常面对突如其来的检查。

平日不敢把电瓶拿出来充电，一般就是放在床底
下或者柜子里。有人敲门就赶紧藏起来。被他们（城
管）看见就没收了。只要楼下有电动车，每天就都会
有人敲你们，不给开门就一直敲，你知道是他们（保

安、城管等）。后来就拍门。拍不开就找房东，房东拿钥匙直接把门打开。进来二话不说就翻你的床底、柜子，找电瓶。……每天活得心惊胆战，挣分钱就这么难。①

（地方）不好找，到处都在拆。主要还得能给电动车充电。楼里不行，村里行。（因为楼里）不让放家里。

2019 年以来，老赵已经换了五六个住处。最终，他在老乡的介绍下来到小武基村，结束了自己长达半年的"游击战"。老赵现在住在一栋联排的二层小楼的楼上，房间大约 15 平米，卫生间和厨房与其他十人共享。他觉得小武基村合适，这里户外有给电池充电的地方，也有换电箱，不用因为电动车的问题担惊受怕。

遥远的老家

尽管外卖骑手这样的过渡职业由五花八门的人群组成，但是他们中的大部分都是来自农村的跨省流动务工人员。②这样的人口来源决定了外卖骑手大多要奔走于老家与城市之间，成为"城乡两栖人"。大城市高昂的居住成本和教育成本往往使大部

---

① 本段访谈资料摘自作者在《国际新闻界》发表的《媒介作为一种方法：传播、物质性与数字劳动》一文。

② 我们调研小组 2022 年在北京地区的调查显示，78.02% 的骑手属于农村户籍。

分骑手对于留在城市不抱希望，"挣了钱回老家"是他们最本真而朴实的愿望。因此，他们在大城市并不讲究居住条件，更愿意省下租金来补贴远在家乡的老人、孩子、配偶等。老家对于骑手们来说，是一个拥有美好憧憬的空间。他们在地化的辛勤劳动往往寄托有朝一日自己能够攒出足够多的钱，回到老家，翻新老屋、购买县城的房子，或者让老人、子女享受更好的生活条件。老家这条线牵引着骑手对于美好生活的想象，也是骑手在重复而又忙碌的送单劳动之余为数不多的情感慰藉。

认识张文友是在 2022 年秋天的一个晚上。他是美团同城核心①的众包骑手，也在小武基村住。我通过电动车店的孟天河联系到了他。张文友四十岁，曾经在西藏昌都当过 16 年兵，退役后去山东潍坊找到了一份消防工作。在之后的几年里，他经历了一段并不顺利的婚姻。2020 年，他离了婚，带着九岁的大儿子回到了老家贵州，而小儿子被法院判给了前妻。在毕节，他与兄弟贩了一段时间的水果，生意并不如意。2021 年，张文友再婚了，找了一个附近寨子里从小一起长大的女子。他听说那女子也是离异，便主动找她搭伙过日子。两人很快结了婚，并有了一个儿子。2022 年春节后，生活压力越来越大，张文友想来想去，鼓起勇气只身来到北京，决定在这里闯一闯。

几经周折，张文友在孟天河的介绍下开始跑美团众包，并

---

① 同城核心是美团众包的一种组织形式，北京地区共有 2000 名骑手参与其中，主要是以签约的形式，保证每日的工作时长和送单量。同城核心的众包骑手可以提前一分钟看到平台发出来的订单并先行挑选。它的存在保证了平台众包运力的稳定性。

在小武基村河东侧租了一个小单间，月租 530 元。其中租金 500 元，网费 30 元。他对于自己的小单间十分满意，主要是因为便宜。的确，这应该算城中村里最便宜的房租了。"大概只有两三平米的样子。一张单人床，一个小衣柜，够了。"张文友笑着说。我几次提出想去看看他的房间，他显得十分不好意思，说"没啥可看的"。房间里外都没有厨卫。平日张文友使用村里的公共厕所；想要洗澡的话，就去桥对面的一家澡堂，洗一次 8 元。遇上夏天出汗多、洗得勤，张文友舍不得花钱，有时就会找个脸盆在屋子里擦擦身，隔几天再去澡堂。

> 省了钱，可以给儿子交学费。之前在县城买了房，还有房贷。今年 7 月份回家，我又贷了 10 万装修贷。一个月加起来要还 5000 多吧。压力不小的。但是我真的感谢这个众包。北京的单子真的多。别看骑手是最底层的服务业，挣得不少。现在还完了贷款，还能剩下一两千。

张文友挂念着老家的亲人。父母年纪大了，和两个儿子住在一座大山的半山腰。因为与当地政府谈不妥搬迁费用，他们没有搬下山，如今变成了村里唯一一户住在山里的人家。"下暴雨的时候，山体会动，安在我们家旁边的山体地动仪会响，房子已经裂开了一个大口子。真害怕哪一天，山体滑坡，连着我们的房子全部推下去，就完了。"聊天的时候，我和学生们给他出主意，让他拨打当地政府的市长热线，他摸摸后脑勺，为难地说"回头试试吧"。

张文友的大儿子上六年级，与后妈一起生活，难免叛逆。张文友在外务工，觉得愧对大儿子。为了减少母子间的摩擦，张文友在学校附近餐馆给儿子订了午饭，放学后他可以过去吃饭，不用回家。张文友还给儿子买了儿童手表，保证儿子可以随时给他打电话。大儿子隔三差五就跟张文友要零花钱买些瓜子糖果之类的，张文友也不过问，一般都会给钱。有一次，儿子打来电话，告诉张文友自己在米粉店吃了 11 块钱的粉，让他付钱。他加了米粉店老板的微信，转给老板 11 块钱。后来打电话过去，老板告诉张文友，他儿子只吃了 3 块钱的粉，把剩下的 8 块钱"套现"拿走买零食了。这让张文友十分生气。

> 我使劲儿说他。我说："爸爸给你钱，是为了让你好好吃饭。我还特地给粉店的老板交代，多给你加点肉。我怕你吃不饱。……爸爸在北京打工很辛苦，你也知道，你这样，我很生气。人要讲理，不能撒谎。你撒谎骗我，这样好吗？"他也不吭声，后来就说："好，我知道了，以后不了。"儿子还是有些怕我，他听进去了。

在来到北京半年多的时间里，张文友从分不清东南西北到对北京无比熟悉。"不夸张，整个北京城没有我找不到的地方"。他每天的工作就是替人跑腿，送餐、送文件、送鲜花、代办事……与其他我遇到的骑手不同，张文友喜欢全城跑，因为这样接到的单子路程远、金额大。他每天六点半出门,晚上十点回家。一日三餐在跑单路上解决。他给自己定的额度是每天跑200公里。这样可以保证每天有400—500元的收入。在跑长距离的订单时,张文友会走神,会想家。他会想他的孩子,他的婚姻,还有他在西藏当兵那些年吃过的苦。

> 也想过把老婆孩子接来。不是时候。爸妈年纪很大了,需要她照顾。她父母年纪也大了,小儿子也很小。不方便。租金也会很贵,还不如在老家。(但)这样就是两地分居,感情会变淡。不过我俩都是离异的,我跟她说我们不要吵架。我们基本不吵架,挺好的。

与其他骑手相比,张文友的婚姻家庭略显复杂。他经历了婚姻重组,这使他不得不更加用心地维护现有的家庭。对于很多已婚骑手来说,来大城市送外卖意味着长期的异地分居,这给婚姻和家庭带来了挑战。但即便如此,调解家庭矛盾、与妻子和儿子沟通依然是他在北京努力奋斗的动力。亲情的联结与对于家乡的空间想象让他觉得安心。等单的时候,张文友偶尔会与孩子视频。他对着屏幕笑,儿子喊他爸爸,有时候会眼泪汪汪,看得他难受。

从某种意义上讲,"有家不能回"本身也构成了区隔劳动的一部分。正如蓝佩嘉在描述东南亚女佣时所强调的,她们之所以不顾家人的反对而出国工作,是因为空间上的转移使她们从家庭领域的无酬劳动中解放出来,变成了国际空间里的有酬劳动力。① 对于骑手而言，空间上的跨越和分离是其获得高收入所付出的代价。为了自己和家人的生存，他们不得不选择流动。在此过程中，"老家"是承载其寄托和希望的港湾，对于老家未来的美好想象与建构支撑着外卖骑手在大城市的空间拓展。送单劳动是一种阶层化的空间转移劳动，它用农村过剩的劳动力供给填补了城市发展中对于便利的需求。大量的劳动人口因此不得不变成"城乡两栖人"，服务于空间上同时等候的两批人——客人与家人，并不得不更加偏向于前者。

帐篷下的家园

如果说前文我们探究的是结构性的、主流的空间如何被征用和彰显社会不同人群的权力关系，那么在这一章，我们更希望看到平台市场经济生产语境下的"空间盲点区域"。它们是一些被忽视的、不可见的"碎片空间"②，往往是模糊的、被认为是没有价值的甚至是极其混乱而不安全的，也是城市发展过程中极力想要避免与其产生交集的。它们是"城中村"，是遥远的农村，是帐篷下的栖身之地，是疫情期间"蜗居"的屋子。

新冠疫情下的流动劳动也时常因为疫情管理而变得更加琐碎、间歇。病毒传染的不确定性增加了骑手送餐的风险。疫情初期，这种风险来自个体对可能被传染的担忧，而到了疫情后

---

① 蓝佩嘉：《跨国灰姑娘：当东南亚帮佣遇上台湾新富家庭》，吉林出版集团有限责任公司，2011 年，第 172 页。

② 刘涛：《社会化媒体与空间的社会化生产——列斐伏尔和福柯"空间思想"的批判与对话机制研究》，《新闻与传播研究》2015 年第 5 期。

期，更多的担忧则来自因为疫情管理无法正常外出送单。没有收入来源变成了最需要担心的事情。为了防止疫情扩散，很多小区或城中村执行"只出不进"的政策。为了逃离封锁，许多骑手不得不选择"睡大街"或者"住帐篷"，送外卖的劳动者失去了歇息之地，变成了真正意义上居无定所的流动劳动。同时，这样的流动劳动，也让不少骑手有了难忘的经历。一些骑手以此作为谈资，与我分享。

2022年5月，因为疫情，吴之峰所在的周口村被封。他无法正常出来跑单。他去找村大队，要求做志愿者。在后面的二十多天里，他每天跑到村口，协助村委管理人员出入、登记车辆、检测体温核酸。5月底，北京城区解封，村委为了确保安全，要求"只出不进"。吴之峰与妻子、两个孩子、丈母娘住在一起。一家人等着吃饭。他十分想出去跑单。通过做志愿者的关系，村大队给吴之峰开了"出村不返回"证明。吴之峰带了一床毛毯和几件换洗的衣物，告别家人，从六环外的周口村赶进城区，开始跑单。吴之峰每天从早晨6点干到晚上10点。下线后，他就找个户外的地方睡下。

> 我是特别"扛造"的一个人。本来想着就不住帐篷了，因为带（到摩托车）上太麻烦。南四环边上有条小河，河边是个公园，那儿有个凉亭，我就在那儿睡。现在不冷，也没蚊子，睡在公园里很舒服的。好多人都知道说我是在外边住。

吴之峰的哥哥和妹妹都在北京城区，但是他不想给别人添麻烦。他的摩托车后座上一直都用蓝色的线绳捆着一个瑜伽垫。走到哪里，带到哪里。这个瑜伽垫就是他睡觉的行当。吴之峰在外借宿并不喜欢搭帐篷，他觉得五六月份的北京天气爽朗，让人睡得香甜。用他的话说，自己"是一个'大男人'，没什么好怕的"。可是偏偏有一件意外的事情发生了。这件事情给吴之峰不小的冲击，让他不得不在后续街头宿营的日子里加倍小心。下面是他的自述。

那天晚上，我已经进入深睡眠状态，说实在的，在家里都没有睡那么舒服。我发现有人拉我的裤子，特别夸张的那种。我当时想这是不是在做梦。对，然后我感觉眼前有一张脸，热乎乎的，谁的嘴在靠近我。我睁眼一看，直接跳起来了。我直接一个锁喉，立马伸手掐住那人脖子。他个子挺高的，比我都高。我估计最多也就一秒钟的时间，不到两秒钟，我心里的善念已经出来了。（毕竟）这个是公共场合，谁都可以来，我还不知道对方是恶意还是善意。所以我心里就想不能掐得太严重了。我要掐太重死了，到时候一报警，我就有麻烦，是吧？所以就掐得比较松。

那人回话也比较及时。他说我不是图你钱财的，就直接这么说。我当时手下去一摸，兜里的俩手机都在。一看手机没事，然后我说你要干什么。他给我来一句，我喜欢你。妈的太到位了，突然之间的表白。我跟你说我的头炸了，浑身嗖地一下，寒毛炸起来。

觉得这辈子就没有受过这样的屈辱。

我说你赶快走吧，赶快走。他不走，说，哥，我就喜欢你这款式的。我靠！你说怎么弄，我说你赶快走。我跟你说，我直接崩溃了，就那种刺激……后来他走了，离开 200 米左右的时候，我还给拍了个视频，就是背影离开的那种。我怕回头万一需要证据。后面的时候，我就没敢睡，不敢睡，听到有人走过去我噌地就坐起来。一直挨到凌晨四点多，实在扛不住了，睡了两个小时。六点卖菜的商贩经过，我就醒了。

第二天，吴之峰立马联系了妹妹，要了一个帐篷。之后的露营，他都睡在帐篷里。"拉上拉链，就没有人敢轻易动我了"。又过了几天，吴之峰的同事说另外一个闪送员的小区也封闭了，他没法回家。吴之峰听到了，觉得应该帮他。吴之峰与那个闪送员加了微信，两人一起搭伴过夜。这样吴之峰的心里也踏实一些。吴之峰从小在外打工，随遇而安是早已养成的本事。虽然经历了被骚扰的惊险，但是这仍旧没有打消他在外露营的想法。最长的一次，他有四个月在外露营过夜，用他的话说，就是"四个月没见过屋顶"。

我在 2022 年 5 月的时候找他吃饭，那段日子他正好"露宿街头"。我们聊天，他热情地向我传授野地住宿的注意事项和经验。他在五金店买了一个便携卡式炉和一口小锅，每天给自己做两顿饭。他计算好了每顿饭需要的火候，两顿饭一小罐燃气正好够。大部分时候，吴之峰给自己煮面、煮粉，有时候，他会做一些拌面就着辣椒酱吃。他笑着说，只要思想不滑坡，办法总比困难多。一天傍晚，他给我发来一段微信视频，视频中他把车停在一片建筑工地的外围，周边七七八八长着野草，他在露出的黄土地上铺开瑜伽垫，用卡式炉烧水，煮了一些燕麦和螺蛳粉，并配音说"这个搭配味道好极了"。

除了吴之峰，我也听说过其他骑手"露宿街头"的精彩故事。他们普遍对"睡大街"保持着一如既往的好感甚至赞许。他们不认为这是一种苦难，恰恰相反，他们会怀念一起在公园的长凳上躺着聊天的时刻，会时常想起黑夜里的寂静和天上闪亮的星星。还有的骑手会在深夜等单无聊的时候，跑去旁边郊外的河边钓鱼。他说，一天的吵闹可以通过钓鱼时的安静被消化，自己也可以有个喘气的机会。

吴之峰和其他骑手"露宿街头"或者寻找安静时刻的故事道出了许多外卖骑手在疫情期间的共同经历，他们一方面受到空间上的管束，另一方面又在努力地创造属于自己的、不被管控的空间，尽管这样的空间有时会充满危险和不确定。我时常在晚间写作的时候禁不住想，此时吴之峰和他的骑手朋友，不知道又睡在什么地方。他们在聊什么，又在担忧什么。很明显，骑手诸如此类的空间流动并不符合主流意义上城镇化的要求，它也很少与城市中的居民发生交互。骑手的露营之地多是地下通道、天桥走廊、工地或者市郊荒地等少有人驻足的地方，他们不希望被打扰，也不希望被管理。这样的区隔，与其说是被动形塑的结果，倒不如说是骑手主动创造空间的过程。这既是一种谋求生计的探险，也是生命历程中丰富自我的体验。

上海疫情

上海爆发疫情后，日感染人数破万，很快进入了封闭管理。虹口区被列为重点封控区，所有居民居家隔离，不得外出。这可急坏了赫小川。他是虹口区一个外卖站点的站长。区域封闭执行得十分迅速，当时他正好人在站点，当即就被要求就地隔离。赫小川就这样被封在站点里面。周边有疫情的小区逐渐多起来，封控管理使越来越多的骑手无法送餐。到了3月底，整个站点彻底停滞，没有骑手可以上线跑单。中间有七八个骑手尝试申请通行证出去跑单，都因为小区先后出现病例而被召回。

赫小川独自一人守着昔日人来人往、十分热闹的外卖站，有些发懵。忽然被封控在了站点，况且并不知道什么时候能出去，他不得不开始认真考虑自己的生计问题。第一步是解决吃的。他在杂物间找到一口小锅，想办法修好了许久不开火的炉灶，开始筹划一日三餐。周边社区陆续被封，商店关门，食物不好买，赫小川把一日三餐缩减成两餐，到后来变成一餐。由于没有太多厨具，面条和方便面成为赫小川的主食。过了一段时间，居委会开始每隔三四天给赫小川送一次补给物料，包括蔬菜、面条、口罩。赫小川逐渐放下心来，不再为吃食担心。

但是另一头，一个巨大的问题正在显现。作为站长，赫小川站点里的六十多号骑手陆续被封控，没法跑单。没有单就没有收入，骑手的吃住和生活维持成了大问题。尤其是对于站里刚开始干外卖的骑手，还没工作多少日子就赶上封控，没有收入，囊中羞涩，生计受到威胁，他们变得十分焦躁，闷在小屋里除了刷手机，不知道干什么。果然，封控不到两周，赫小川就收到了站里骑手的求助信息。有的给他打电话，有的给他发微信，还有的直接在微信的工作群里求他帮忙解决租金问题。赫小川知道站里兄弟们很难，只要骑手开口，他都会借钱，少则两三百，多则上千。不到两周，赫小川已经借出去了五千多。"没办法，非常时期，能帮一点算一点"。

到了4月中旬，赫小川站里的骑手已经待在家里近一个月。随着收入断流的压力增加，骑手的负面情绪越来越重。站里的一名骑手小宋，刚入职两天便碰上了疫情。这一个月对他来讲充满煎熬。他从赫小川那里得知有一个来自北京的调研小组要采访骑手，只要聊天就可以有误工费，小宋很积极地报名。

3月中旬来的上海。刚入职，干了两天，就疫情了。买了电动车、餐箱和工服，交了房租，身上剩了不到五百块钱。想着做外卖反正来钱快，先干着应该没事。谁能想到封城了。刚租的房子，家里没有东西。幸亏（4月）5号的时候，一个骑手给我带了两盒自加热的米饭，还有几袋方便面。够吃几天。站长说这栋楼四楼也住着一个骑手。（他）有时候给我送些炒米饭、菜。一天一顿，好的时候两顿。……就是没钱，不踏实，心里着急。

赫小川能够体会小宋独自一人来到上海却被封锁的苦楚。他主动借给小宋 500 块钱，小宋十分感激。拿到这个钱，他急忙去网上订购食品，却发现许多线上 App 的食物早已被抢购一空。他说，自己第一次体会到有钱花不出去的感觉是什么样。

在很多大城市，骑手的居住地与其说是一个稳定住所，不如说是一个临时寄居地。多数骑手的住处面积小、卫生差、缺少厨具，很难有什么空间来储备食物。他们把白天和晚上的大部分时间用来跑单，吃饭也主要在外解决。住所变成了一个睡觉的地方，别无他用。也是因此，疫情居家隔离对他们来讲无聊却也充满了挑战，一方面他们不得不在狭小的空间中排挤无聊和寂寞，另一方面也不得不整日面对缺少餐食的内心恐惧。站点的另外一个骑手小胡，也遇到了食物短缺危机。

> 原先通知 4 月 1 号到 3 号是临时封控，我准备的食物只到 5 号。结果 5 号才通知要继续封控，到 6 号早上。我没吃的，很饿，就一直找人帮忙。我的同事跑遍三个区，找到一个小超市开门，那天找了水果和食品，给我了一部分，这才有口吃的。那天他也没跑单，就是给我买这些东西。

对于按单计价的外卖劳动来说，疫情的阻滞极大地影响了他们的生活。居家隔离使他们无法正常劳作，而这意味着劳动收入的彻底断绝。那些隔离在家的骑手十分羡慕能够在外跑单的骑手。甚至在访谈的过程中屡次问及调研小组得以上街跑单的骑手的外出策略。

通过私人关系，我和调研小组的同学有幸采访到了一些外出跑单的骑手。他们愿意在每日高强度的工作之余，与我和小组同学们聊天交流，这使我们非常感动。在外出跑单的骑手中，吴晓苓给我们留下了很深的印象。她 32 岁，四川人，是上海宝山区的一名骑手。从微信头像的自拍照看，她长得白净，笑起来两只眼睛弯弯的像月牙。这个来自西南地区的妹子不但能吃苦，也很有闯劲。

隔离期间，她接到公司通知，说有两家超市和一家药店亟需骑手。由于她所在的小区疫情并不严重，符合外出跑单要求，吴晓苓果断报了名。小区仍旧实行封闭管理，只进不出。所以，公司安排她与另外报名的骑手住在临时租用的一个培训学校里。培训学校上家公司的租赁期已到，当时空置。外卖公司与地方政府商量了一下，将其改为骑手临时借宿点。这个建筑物共有三层，二层住女生，三层住男生，一层空着。一栋不太大的楼里上上下下塞了五十多人。根据情况，每个屋子住 2—4 人，符合外出跑单要求的骑手自带被褥、自负餐食。离开家的时候，吴晓苓带了一套被褥、一点洗护用品和一口煮面的小锅。住进临时宿舍，吴晓苓发现屋子很小且闷热，住在里面让她觉得头疼，所以她不愿意待在那里，一有机会就出去跑单。"现在整个宝山区，就靠我们这五十多个骑手。"吴晓苓心情复杂地说。

封控期间，符合条件上岗的骑手十分有限，这使订单价格一度飙升，骑手订单数量也大幅增加。看到单量比平时多，单价也每单提升了一元，吴晓苓既高兴又有干劲。她平均一天跑六十多单，收入在五六百元。晓苓心直口快，说话不隐藏。"超市那些人看着我拎那么多东西，说我真厉害。我说我就是个女汉子，不怕累，就怕没钱。（笑）……平常我也没什么烦心事，就怕没单，没单我就烦得很。"我问她吃饭如何解决，她说：

> 老公做给我，他做好了就给我打电话。我去小区门口。他隔着栅栏把饭递给我，我吃完再把碗筷递回去。我蹲在小区门口，他等我吃完，收走碗筷。……大家说我像个要饭的。

说到这里，她哈哈大笑起来。说有一次，她的一个朋友从小区楼上拍到她蹲在门口吃饭的情景，并转给周边的骑手看。大家在微信群里纷纷评论，觉得既好笑又心酸。吴晓苓对此并不在意，她觉得自己能在疫情如此严重的时候出来跑单很幸运。同时，她觉得自己能够在大家都需要骑手的时候为大家服务，也很开心。她分享了自己如何跑了很多地方，给住院的老人买到药品并免费送过去的事情。"做点好事，心里舒服"。

如果既往的论述是在强调骑手的流动劳动如何制造了他们不同于城市居民的时间、空间和风险并最终使他们进一步对城市产生一种疏离感，那么这场疫情在很大程度上使一些骑手开始尝试感受并认识自己与城市的联结感。在大难面前，情感的联结再一次涌现出来。

一个刚从成都跑来上海打工的 19 岁骑手，在疫情期间，除了外出跑单，每天下午都会坚持在小区做义工，他说，"挣钱只是一部分，更重要的是互相帮助"。毫无疑问，即便所来之处是临时的生存空间，做义工的这位外卖骑手仍旧带着自己的责任感和行动力。疫情防控的共同困难让一些骑手更加积极而努力地融入到城市服务中。送单服务和城市生活从未有过如此强烈的联结，这种联结感随即转化成了他们的自豪感，即当大多数人无法走上街头之际，骑手的流动劳动能够帮到很多人，缓解他们的燃眉之急。上海疫情给很多人留下了深刻印象，我与调研小组希望一起记录下这一特殊时期的骑手劳动。希望有一天，当我们再次回头观望骑手的区隔劳动时，仍旧能够记得，疫情如何短暂地成为外卖骑手融入城市和社区的催化剂，让他们感受到自我的存在价值。

第五章

女骑手

这一章主要讨论女骑手的劳动与身份。从数据来看，女骑手在整个外卖行业中所占比例并不高。根据美团研究院的调查报告，2020 年平台内女骑手占总人数比重为 7.4%。[①] 我们调研小组的问卷调查数据虽不是随机抽样，但在之后几年得到的数据与此相似。疫情后，就业压力增大，女骑手的比例有所增加。如果说外卖骑手是我们身边"最熟悉的陌生人"，那么女骑手就是配送行业中"显而易见的不可见"人群。正如前文所言，"送外卖"是一项具有强烈男性气质的工作，它工作强度大、风险高、对体力要求高，因此常常被认为是"男人的活"。女骑手由此变成了配送行业里的"性别少数"人群。她们穿着略肥大的工作服穿梭在马路上，只有走近才能从她们的长发和头盔下的轮廓中发现是女性。本章希望聚焦这样一群"不可见人群"，她们或来自城市，或来自乡村，却都是过渡劳动的重要展现者。比起男性，女骑手似乎更加知晓并了解外卖作为一种"生活缓冲"的重要作用，她们在生活、家庭遇到困难之时投身外卖，

---

① 美团研究院:《骑手职业特征与工作满意度影响因素分析》，2021 年 7 月，https://new.qq.com/rain/a/20210708A00KIO00.html。

并力图借助外卖劳动来度过困境。同时，由于女性在传统家庭分工中的辅助地位，过渡性也体现在她们需要兼顾母职和工作的选择上。

这一章的撰写也出于本人以及调研小组对于性别研究的共同的好奇与热爱。正所谓，"在任何一个领域，当我们观察到女性被排除在外的时候，都无疑是问题"，[①] 对于外卖行业也是如此。我们不希望因为女骑手的数量相对较少就对其采取忽略和不管不问的态度。相反，无论是对 LGBTQ 等"性少数"人群，还是对像女骑手这样的"性别少数"人群，细致而深入的讨论和探究都十分有必要，它使我们尽量避免生理性别本质主义的倾向，从而看到更细致入微的性别劳动肌理。

在十分强调男性气质和男子气概的外卖场域中，女骑手的工作、生活、交流及其所遭遇的身份挣扎给我们带来了全然不同的性别感知与冲击。在对女骑手的研究过程中，我们希望打破固有的思维习惯，经由女骑手的经历牵引而看到更立体的劳动与社会、技术、家庭、城乡之间的多元交叉，并以此看到围绕性别所展开的更广阔的理论脉络和对话视角。对于像我这样的年轻学者来说，我不但是记录者，也是一位女性记录者，这是十分宝贵的学习和反思机会。

女性选择跑外卖的原因各异，无法用统一的脉络图谱加以概括。她们既有与男性骑手十分相近的需求，如还债、生计的压力等，同时也有作为母亲、妻子等跟母职与情感照料相关的

---

① 新京报书评周刊：《开场：女性学者访谈》，新星出版社，2022 年，第 107 页。

原因。例如，众包骑手的灵活性会吸引不少"宝妈"前来，她们在照顾老人、孩子之余，利用空闲的时间赚取外快补贴家用；有些年纪稍微大一些的女性，会因为离异、家庭变故而选择送外卖，并使其逐渐成为自己经济独立的重要支撑；还有些年轻的、刚踏入社会的女孩子带着好奇心和探索心进入外卖行业，当然她们的人数并不多。在过去的几年间，平台经济的扩张和女性劳动者之间既彼此吸引，又充满矛盾。概括来说，本章对于女骑手的研究与分析主要源于以下两点思考：

首先是生产与再生产的关系问题。全球化与市场化程度不断加深，女性的生产与再生产问题成为女性主义研究者讨论的核心议题。上野千鹤子在《父权制与资本主义》一书中阐明了一种现状，即在二战以后，女性不断地走上工作岗位，但既有的结构性不平等不但没有减弱，反而使她们同时受到父权制和资本主义的双重压迫。[①] 简单来说，父权制的压迫主要来自家庭领域，而资本主义的压迫则更多地表现在市场领域。这样的分析极具洞见，从宏观的性别与社会层面的交织来看，近代以来，家庭和市场两个场域中的性别关系的确通过父权主义和资本主义两种意识形态得以展开。

说回到送外卖的女性，她们不是媒体经常讨论的受过高等教育并具有丰富工作经验的精英中产女性。相反，她们中的大多数来自农村、乡镇，日常生活以家务劳动、照料丈夫和孩子、

---

① ［日］上野千鹤子:《父权制与资本主义》，邹韵、薛梅译，浙江大学出版社，2020 年，第 13—21 页。

干农活为主。从性别内部的差序格局来看，她们属于弱势、底层和边缘人群。[①]作为从农村传统家庭成长和走出来的女性，她们继承了传统的性别分工认知，默认自己应该承担更多的照料和家务劳动；在平台劳动中，她们是规则遵循者的典范，兢兢业业，愿意配合。对于这样一群女性来说，家庭的责任与重担并没有因为她们加入骑手行列而消失，这意味着她们不得不面临生产和再生产之间的拉扯，并在这种拉扯之中寻找解决之策。

其次是性别规范的规训和询唤。朱迪斯·巴特勒（Judith Butler）在《消解性别》一书中讲到了性别规范（gender norm），并向传统利用男女生理差异来界定性别差异的分析框架提出挑战。她认为，性别规范是社会运行过程中关于性别设定的常态机制。[②]性别规范本身带有强烈的边界性和规范性，它通过形成一种真理体制（regimes of truth）来规范个体的性别行为。当人被划分为男性和女性后，社会上便形成了基于男性和女性差异化的性别规矩，任何逾越此种性别规范的行为都会被视为异端，许多性少数人群因此受到歧视甚至敌视。为了成为"正常的人"，每个人都戴着一个性别的"箍"，通过不断引证、确认自己的行为符合既有性别标准来强化此种规训。

外卖场域同样存在性别规范。它通常是以男性气质为主导的，排斥女性气质，也排斥女性的加入。一旦有女性想要从事这份工作，她们便会遭遇矛盾的、多层次的性别规范选择问题。

---

① Connell, R. W., *Masculinities*, Routledge, 2020, pp.1–42.

② Butler, J., *Undoing Gender*, Psychology Press, 2004, pp.40–57.

对于女骑手来说，女性的性别规范和男性气质的劳动规范同时约束着她们。这些规范有的明确，有的模糊，却决定着女骑手能否在外卖劳动中博得一席之地。

作为奔走于家庭生活和市场生产两个场域之间的劳动者，女骑手如何认知、建立和平衡生产与再生产的关系？当两个场域中的性别规范同时约束着她们时，她们如何处理其中的冲突和矛盾，又如何展现自我的性别话语？外卖的平台就业丰富了性别劳动议题的研究场景，也使性别劳动议题的相关阐释变得更加复杂和多元。

平台经济所带动的不仅仅是经济发展结构的转型，也是对社会关系、性别关系的重塑与重构。女骑手在送单劳动中的性别化实践，是贯穿其生命历程和性别化生存的动态过程，体现了中国广大的底层女性劳动者对于日益崛起的零工经济的青睐。平台化的零工经济在一定程度上赋权了底层女性劳动者，使她们可以有一份不甚稳定但能够维持生计的工作。但女骑手的送单劳动过程也充满了身份与自我认知的焦虑，她们在"传统女性"和作为"勇敢骑手"之间徘徊，很多时候不得不呈现出跳跃、挣扎、多变的身份展演。我把这样的性别身份建构看作一种生存策略，它充满不确定性，甚至在我看来有些苛刻，但是这样的策略对于女骑手而言又十分有效，它能够使进入外卖行业的女性有效地适应家庭与市场的双重需求，也能够使其在对女性不那么友好的外卖劳动中努力站稳脚跟。

家的藩篱

外卖夫妻档

进行这一章的写作时，我正好在与不少媒体接触，他们对女骑手十分感兴趣。大部分媒体朋友开场的第一句话都会问她们为什么跑外卖。这是一个比较难回答的问题。根据调查问卷的分析来看，八成以上的人选择跑外卖都有经济收入方面的考量，这也可以说是他们加入外卖最根本的动因。很多在工地干过的骑手尤其表示，跑外卖从不会被拖欠工资，没有讨债的压力，这让他们很放心。如果具体到女性，她们跑外卖的基本动因也来自经济层面，但具体到个人，尤其是作为女性的"生活世界"，情况则更为复杂一些。

我将目前采访到的其中 30 位女骑手的资料进行了初步整理，大致归纳出她们进入外卖行业的五个动因（参见表 7）。这 30 位受访女骑手年龄在 20—47 岁，平均年龄为 37 岁；27 位来自农村地区，3 位来自城市；主要在"美团""饿了么""闪送"等平台工作，加入外卖的时长从 6 个月到 6 年不等；大部分人已婚，并育有 1—2 个小孩。另外有 4 人离异，4 人未婚。

表 7　女骑手进入外卖行业的原因

进入外卖行业的原因	人数	占比
离异、婚姻变故	4	13.3%
家庭破产、生意亏损、亲人生病	5	16.7%

续表

进入外卖行业的原因	人数	占比
挣零花钱，方便照顾家庭和孩子	6	20.0%
夫妻双方一起来大城市打工	11	36.7%
未婚、闯荡世界、来大城市看看	4	13.3%

超过 1/3 的女骑手表示，自己来到大城市是因为丈夫也在同一城市打工，他们需要一起攒钱，寄回家里，养老人和孩子。之所以选择跑外卖，有的表示是因为"找工作困难"，有的是觉得"跑外卖赚钱"。有趣的是，11 位女性当中有 6 人表示自己的丈夫也在跑外卖。她们找工作的"一般模式"是，自己的丈夫先去大城市跑外卖，接触一段时间后，感觉还可以，就介绍给自己妻子，妻子再加入。外卖"夫妻档"是我们在访谈中发现的很有趣的现象。这样的夫妻档的生活背景也大致相似。他们往往来自农村，育有两个娃娃，且多是男孩。来到大城市，他们的目标是"快速攒钱"，用来赡养老人、给娃娃交学费、盖房子、还债等，经济条件稍微好一点的还会提到买车、在县城买房等。由于孩子多留给祖辈照看，他们会比别的打工者更加频繁地往返老家。上有老、下有小的生计现实让夫妻两人在大城市租房、吃饭时十分节省。

来自河北的陈美，2020 年 5 月开始在北京跑外卖。2019 年她丈夫在朋友的介绍下到北京跑外卖，觉得活儿不累，就介绍给她。陈美初中没毕业，17 岁和丈夫结了婚，生了两个娃。有了第一个娃之后，陈美来北京跟丈夫住在一起，丈夫在外打工，她在家里带娃。第一个娃三岁的时候，他们把孩子带回老家，由婆婆帮忙带着，两口子开始一起在北京打工。跑外卖之前，陈美在小吃店烙过饼，在餐厅当过服务员。两人在北京郊区昌平租了一间公寓，是三十多平米的一个大房间。他们用隔板把房间重新做了分隔，有了一个浴室、一个厨房。房租一个月七百，加上水电，共八百左右。陈美对租金价格很满意。相比于住在城区附近的外卖员，他们的租金更便宜，房子空间也更大一点。陈美皮肤白皙，脸上有跑外卖晒出的斑点。她说话慢声细语，有着年轻母亲特有的温和。问及两人的收入，她低下头，仔细地想了想，轻叹了一口气，开始盘算：

> 我们那边是盖房子，但是盖房子也（需要）不少钱。孩子还要上学、娶媳妇……想想就头疼。老大上小学，寄宿学校，一年大概一万左右；老二跟着我父母，花不了啥钱。我想起来就给父母点钱，让他们看孩子。两个孩子自己玩，属于散养，没上兴趣班。
>
> 他（丈夫）差不多一个月一万，他挣得多点。我一个月七八千。租房子一个月八百，两个摩托车油钱六百多，电话费两百。忙的时候在外面吃，回家做饭很少，都是买着吃。不是点外卖，就是买点熟食、馒头。两个人（一个月）两千五百多。其他的有个一两千开销。两个人家务没啥了，有洗衣机洗衣服。省下的钱攒着或者寄回家。

陈美一开始干的是美团众包，后来发现自己抢单不占优势，就开始干专送。专送以派单为主，有专门的站点管理，有固定工作时长。但是她并不为难，因为两人不在家吃饭，租住的房子家务活很少，几乎可以忽略不计，所以她可以干全职专送。

另外一对夫妇，梁子和她的丈夫老高是地道北京人。疫情冲垮了老高所从事的境外游行业，梁子所在的华尔街英语也走向衰退，线下课开不起来，严重依靠提成的业务收入几乎为零。两人防控期间在家里待了三个月，没有任何收入，眼看孩子要上小学，两人心急如焚。老高最终做了一个艰难的决定：跑外卖。"因为外卖来钱快、进退无压力。"两人之前是摩托车爱好者，便开始骑车送外卖。与陈美两口子不同的是，梁子与老高骑一个摩托车，梁子负责拿餐、给老高看地图指路、联系顾客、送餐，老高负责专心骑车。"这样他不至于分心，出事故的可能性就小。一个人上路太危险。"刚开始的几天，梁子并没有参与，负责在家带孩子，老高一个人跑单。但是干了几天，老高发现骑车时分神的事情太多。梁子怕老高出事，就要求跟他一起跑。

由于梁子要照顾六岁的儿子，两人不能出门太早。早上九点钟，吃完早餐，两口子把孩子交给父母，开始出门送餐。梁子坐在后座上，把手机固定在手上，时时盯着地图，眯着眼睛给老高指路。老高免去了边骑车边打电话、看地图的烦恼，送餐效率高了不少。我问老高为什么不两个人分开跑，多挣点钱，他说，"一个人等单无聊得很，两个人可以说话。而且，她（指梁子）是个路痴，不敢让她自己上路"。在大街上，两口子骑着一个体型巨大且华丽霸气的摩托车，看上去不像跑外卖的，更像旅游观光者。

无论是陈美夫妇还是梁子夫妇，他们的生活都紧紧围绕孩子和家庭展开。对于每一个女骑手来讲，兼顾孩子和跑单不是一件容易的事情。性别研究学者卡伦·克里斯托弗（Karen Christopher）曾提出过"延展母职"（extensive mothering）的概念。在与四十位有工作的母亲进行访谈后，她发现已婚母亲会将大量照料劳动转给他人"代理"，以此来保证自己的工作不受打扰，同时又兼顾了母职的需求。[①] 这样的案例也曾经出现在学者对于台湾地区新富家庭母职的研究中，对于台湾年轻一代的母亲来说，良好的家境使其可以凭借经济上的优势免于琐碎的照料劳动，同时又能保证自己对家庭内部的掌控权。[②] 而在大陆地区城镇化的语境中，流动人口或城市弱势打工人口所展现出来的孩子教养方式与此并不相同。

外卖夫妻档多采用"亚洲型解决方式"来处理家务劳动的问题，即将自己的孩子交给祖辈照看，让上一代人成为孩子的"全职保姆"，自己则全职跑外卖，拼命干活，一天的工作时间甚至超过 10 小时。[③] 代际的母职外包是女骑手经常采用的方

---

① Christopher, K., "Extensive Mothering: Employed Mothers' Constructions of the Good Mother," *Gender & Society*, vol. 26, no. 1, 2012, pp. 73-96.

② Lan, P. C., *Global Cinderellas: Migrant Domestics and Newly Rich Employers in Taiwan*, Duke University Press, 2006, pp.94-124.

③ ［日］上野千鹤子：《父权制与资本主义》，邹韵、薛梅译，浙江大学出版社，2020 年，第 2 页。

法。来大城市跑外卖一定程度上帮助女性实现了再生产劳动的重新分配。由于租住空间狭小，夫妻二人从事社会生产的时间严重挤压了社会再生产的时间，女骑手得以从"家务劳动主要承担者"的角色中脱离出来，与自己的丈夫一样忙于工作。但是这样的脱离并不意味着完全的解脱，因为它是在家务的二次外包的基础上实现的。家务劳动、照料劳动并没有因为她们外出工作消失，而是被转嫁给了远在家乡的上一辈女性，如孩子的奶奶或姥姥，由两代人共同分担母职。

破碎的家庭与离异的阵痛

女性受访者中还有因为离异、家庭变故、破产等原因不得已外出跑外卖的，占到近三成（表7中的前两项）。因为离异而跑外卖的女性在之前多是家庭主妇，与丈夫离婚后发现自己没有工作经验，无路可走，只好先跑外卖过渡。

36岁的雪花就是一个例子。年近三十时她在东北老家认识了现任丈夫，家人觉得她年纪大，催她结婚。她受不了催促，与对象认识不到三个月就匆匆领了证。婚后，雪花发现丈夫有家暴倾向。"早就想离婚了，从生完孩子后就一直忍着，他打过我几次，我们就这么一直僵着，好多年了。"儿子两三岁时，她发现丈夫在外面有了人，两人关系更加冷淡，因为儿子才没有离婚。在过去的几年间，"凑合过"一直是她家庭生活的常态。2020年，儿子上小学六年级。雪花所在的公司倒闭了，待在家里，与丈夫三天两头吵架。没有收入让她变得忧心忡忡。

我得挣钱养孩子，孩子爸爸不太管，不给我俩生活费。……家里水电费、燃气费、房租他都不交，有一次我也交不上了，物业把我们水停了，（但）出于人道主义没停电，我特上火。儿子也哭了。最后我弟跟他（指丈夫）谈了一下，从那以后他把房租交了，但买菜、水电、养儿子还是一分都不给。

2020年秋天，犹豫再三，雪花决定跑外卖。她之前上下班就骑电动车，所以感觉送餐并不太难。周末的时候，雪花把儿子一个人放在家里不放心，既怕他无聊，也怕他管不住自己一直打游戏。所以她带着儿子一起出来跑"闪送"，两人戏称自己是"上阵母子兵"。

有一次，北京天气突变，路上开始噼里啪啦下冰雹。小石子一般大的冰碴子打在雪花的餐箱上砰砰作响。雪花急忙骑着电动车带着孩子跑到一个桥下，挤在一起躲避冰雹。雪花只带了一件雨衣，两人钻进去取暖。儿子跟雪花说："妈妈我太冷了。"雪花低头看见儿子小腿和鞋子全湿了。冰雹下了一阵子变成雨，慢慢停了下来。雪花带儿子去公共卫生间，用干手器把他的衣服吹干，又发现两人的鞋子还是湿的。天气不算冷，雪花索性就光着脚丫骑了半天车。

2021年，儿子上初中了，能管得住自己了。因为作业多，雪花让他独自在家，不再带着他跑单。每逢下雨天，儿子都会叮嘱："妈妈小心点，注意安全。"没有找到合适工作的雪花就这样一直跑外卖。把孩子安顿好之后，她放下心来，更愿意走出家门。单子多的时候，会干到半夜甚至凌晨。尽管生活艰难，雪花对于自己无法兼顾孩子和工作还是耿耿于怀。这种不满既来自自己，也来自雪花所想象的自己的父母。

> 儿子对我干"闪送"是有概念的。我现在都不带他干了，带他干的时候他还小，假期没事干，就带他一起了。现在放假他就自己在家，他怕火也不会做（饭），就吃点小零食。
>
> ......
>
> 我爸妈没看过我家孩子，我说其实我在这个家里不是孤儿，胜似孤儿，没有人真正地关心过我。没离婚，但孩子什么的都是我一个人管，我比谁都累。我也没跟人要过钱，这不要强呢嘛，要帮忙还帮不上。去年夏天我妈因为我说这句话就来帮我看孩子了。来了一段时间，我弟妹（就）把我妈叫过去给她做饭洗碗去了。

对于家庭主妇来说，家庭的破碎是可怕的。失去了经济来源，她们需要面对经济独立的阵痛，想办法养活自己，而且在很多情况下，这种阵痛不会轻易消失。

晓敏离婚之前也是一个全职妈妈，与前夫育有一个儿子。当时她丈夫在甘肃做一些摆摊的小生意，晓敏负责打下手，但是他不许晓敏管钱。晓敏大大咧咧，并不计较。后来，两人因为一些琐事发生争执，晓敏伤了心，想要离婚。但是丈夫不愿意，并威胁她。为了让他在离婚协议书上签字，她许诺丈夫自己可以净身出户。这起了作用，前夫拿走了房子和商摊，并带走了儿子。"我什么都没有，就是净身出户。"

离婚之后，晓敏回到老家，父母面露难色。因为自己离婚，父母觉得在村里抬不起头来。晓敏只好赶紧找工作，她在附近的工厂找了份服装加工的活，迅速离开父母家，搬进了工厂宿舍，正式开始了一个人的生活。半年后，工厂倒闭，晓敏在朋友的接应下，只身来到北京，被朋友介绍跑外卖。她住在南六环一间没有卫生间的小平房里，只有十平米左右，每月房租四百块。晓敏每天工作十个小时，为了多送单，她很少吃午饭，会带上在拼多多上买的饼干、馍片。

晓敏有攒钱的习惯。一个月七八千的收入，一大半都留给儿子。前夫与她离婚之后又成了家，把儿子带去新的家庭，不允许她经常见儿子。晓敏与儿子是微信好友，社交媒体成为母子二人维系关系的重要桥梁。儿子正上初中，既喜欢打电子游戏，也喜欢买零食。晓敏怕儿子与自己疏远，只能用钱维护两人的关系。

> 儿子嘛，我要是跟别人结婚就等于把我儿子放弃了，舍不得。……他也在手机上买东西、打游戏，都需要钱。他从来不跟后妈要钱，跟他爸要不出来，就找我要。十块，二十，有时候五十，我都给他。

晓敏最大的心愿也紧紧地与儿子绑在一起。她想挣钱买一辆货车，把厨房和淋浴室装在车里，改造成房车。这样，她既可以开着车"去送单，也可以去看儿子"。晓敏说，每次去前夫那里看儿子都要住旅馆，贵。有了房车，娘俩就可以住在车上，省下住宿费。谈到儿子考第一名的时候，晓敏掩饰不住自豪之情。她每周都给儿子打视频电话，"淡季的话就多打两次"。

"已经四十大几了，也跑不了多久了。等买了房子，我就回老家干个安稳的活。"一个人在北京生活不易。打工的这几年，晓敏说自己也遇到过中意之人，但每次想到自己的儿子，就觉得不能这么早结婚。在她的想法中，自己再婚就意味着"与儿子断亲"。晓敏也没有放弃要在老家买房的想法。她以前在服装厂做过裁缝，所以想攒些钱回老家做一个服装品牌，开个网店。"董明珠能做到世界五百强，我们为啥不能努把力呢！"我问她为什么如此有想法时，晓敏笑着说。

小城母职

在女性选择跑外卖的诸多原因中，有一类最为大家所熟知，那就是为了照顾孩子和家庭选择做兼职骑手。在我的调查中，这类女骑手占到两成左右。她们不像前文提到的夫妻档或者离异妈妈那样干全职，而是奔走于家庭和工作之间，希望能够靠"打零工"赚取一些零花钱。她们一般选择跑众包，因为需要接孩子上下学、准备晚饭、辅导孩子作业等。这样的女骑手年龄多在三十上下，处于育儿任务繁重的阶段。她们的身影一般出现在小城市或者乡镇上，大城市鲜有。

根据观察，这类女性属于典型的"城乡两栖人"。一方面，她们有一定的教育背景，其中大部分有中专、大专学历，作为年轻一代，她们对于现代化的育儿知识、家庭认知并不排斥，甚至有些喜欢追随；另一方面，她们又因为在地化就业、身处小城或乡镇之中，被沿袭传统女性角色的诸多期待所包围。在这样杂糅的情况下，这群女性受到城乡文化的双重影响，其认知出现了有趣的"文化调试"：一方面，她们变得更加在意自身的母职实践，强调对于孩子的陪伴、辅导等精细化管理；另一方面，她们也十分在意自己作为传统家庭中"母亲"和"妻子"的自我定位和预期，例如要按时做饭、照顾好家庭，尽到自己的责任。[①] 她们的母职实践虽然不属于大城市中精英妈妈们所展现出来的"密集母职"（intensive mothering），[②] 但也确实受到了这类主流话语的影响和冲击。

　　苏秀琴来自陕西渭南，是"饿了么"的一名老员工。2023年春节刚过，我在渭南最大的超市华润万家的后门见到了她。虽然已是春天，但是气温并不高，她穿着厚厚的衣服，戴着头盔、口罩和围脖，只露出两只眼睛，坐在电动车上刷手机。我走近才发现这是一名女性。我们闲聊起来，旁边的一个男骑手，也好奇地加入聊天。听到秀琴正在给我介绍外卖，他忍不住说："你问她就对了。这是我们这里的'女单王'！"秀琴有两个孩子，一个在渭南师范学院读大二，汉语言文学专业；另外一个

---

① 肖索未、蔡永芳：《儿童抚养与进城务工农民的城市社会文化调试》，《开放时代》2014年第4期。

② Hays, S., *The Cultural Contradictions of Motherhood*, Yale University Press, 1998, pp.1-26.

才七岁，刚上二年级。三十多岁的她，皮肤白嫩，略略发黄，很难看出来已经有一个上大学的孩子。而且她性格外向，言语利索，显然与周边的骑手已经熟络。

> 之前我在杭州打工，一个电子厂，那一天干十四五个小时呢。有人看着你，中午的时候只有半小时的吃饭时间。外卖自由多了，干这个就是灵活嘛，早上一起（床），做上饭，就出来（跑单），早班。没单的时候来这儿等。大家聊天。这里要求干够九个半小时。我就六点出门，中间的时候，没有单，把娃一送（去幼儿园）。到下午四点半，我把娃一接，回家了，不出来了。（站长）不会为难，入职的时候跟他说好。有娃娃，不会为难你。

秀琴的特别之处在于，她在只有全职外卖的站点找到了一份兼职工作。根据她的说法，站长是当地人，知道宝妈带孩子不容易，所以也会"混杂经营"，找一些做兼职的宝妈来跑单，缓解一下人效压力，并不会在工作时长上为难她们。虽然秀琴的工作时间相对灵活，但是也非常自律。她算过，早上六点到下午四点半正好是九个半小时，这样的工作时间既不耽误送娃，也保证了她能够与其他全职骑手一样干足工作量。我问秀琴一个月能挣多少钱。她开心地打开支付宝账单，用手不停地滑动着手机屏幕上的收入流水，仔细地算。

11月份五千多，12月份四千多，中间疫情，大家都阳了，在家休息了一个多周。春节时候跑得多，单子多还有奖励，我春节挣了六千九百多，还有个全勤奖两百，没发，发了就七千多了！……这钱还是不少，是吧？

在被问及这个工作苦不苦时，秀琴想了想，笑着说："苦，也不苦，只要你肯吃苦。"在渭南这个小城里，与秀琴一起跑单的女骑手并不罕见。通过询问和观察，我发现这里的"宝妈"群体能够占到两三成，远远高于在大城市中的比例。零工经济在这些年有一个显著的市场"下沉"，确实促进了女性的在地化就业。原本被困家中的妈妈群体，在这些年开始频繁进出于电商、直播、快递、外卖等行业。一位与秀琴一起等单的男骑手这样说：

说句实在话，女的，能出来跑单的，都是娃儿他妈！懂吗，都是有孩子的，闲着没事，出来挣点零花钱。姑娘家，没人干。你去问问，（她们）都是当地人，熟悉交通，也认识人。到点下班，晚上回去带娃。

与外卖夫妻档、离异女骑手不同的是，小城女骑手更多地是出于"打零工挣点零花钱、补贴家用"的目的加入外卖。秀琴的丈夫在一家外贸公司上班，工作相对稳定，额外的收入让她感觉手头宽裕很多。当然，不同的家庭状况对于小城妈妈们的影响是非常不同的。有些女性觉得自己是在"打下手"、"挣点小钱",这份工作并非长久之计;也有一些女性面对家庭的经济危机十分困扰,在家庭与工作之间奔波,疲惫不堪。

芳利是湖南湘阴的一名兼职骑手。她的丈夫在老家开彩票站,不怎么赚钱。两人有一个上初中的儿子。为了攒够给孩子的学费,芳利 2021 年开始跑外卖。为了多挣点钱,芳利的工作时间与全职骑手并无两样,每天都在十小时以上。我与调研小组的同学对她进行了远程访谈。由于疫情的冲击,芳利不得不奔波于家庭和工作之间:

> 他干彩票站,没事在那玩牌赌钱,赔得不行,输了很多钱。他让我接着干,他做别的生意去。我说你都把钱赔没了才说,早怎么没有说让我干。之前他看店,我天天送孩子,回家(还)给他做饭,特别累。到下午,赶上卖彩票,四五点钟我还得回来接孩子、做饭,可累得不行。

芳利读过大专,毕业后结了婚,很快有了孩子。生活似乎并没有朝着她期望的方向在走,相反,养育任务和家务劳动繁重,丈夫赌博、开店赔钱让她无可奈何。芳利同时面临"丧偶式育儿"[①]和工作糊口的双重压力。孩子与工作成了她心头的两

---

① 郭戈:《"丧偶式育儿"话语中的母职困境与性别焦虑》,《北京社会科学》2019年第 10 期。

座大山，两者都难以割舍，却又找不到解决办法。这样的生活一直持续到 2022 年我们线下采访她的时候。芳利到了晚上经常难以入睡：

> 就是忧虑。你看快四十岁的人，干这行并没有给自己带来特别特别多的收入，其实它就是（保障）一个基本生活。然后工作经验没有增加，也没有时间陪自己的孩子。干这一行就觉得，影响最大的就是对自己的小孩。想多挣点，（就）不能过星期天，每天必须都得跑，没有休息。你一跑可能半天过去了。没有一个周六日。有的时候（比如）孩子吃饭的时候、放学的时候，刚好是送外卖最高峰的时候，你就没空管他，最多也就是给他点外卖。作业的话，你不会很耐心地去管，就很潦草地看一眼就得了。……我感觉就是这样，有的时候外卖有的人跑得好，可能经济上稍微好一点。说实话，外卖行业虽然不分高低贵贱，但是它并没有高贵到什么程度，我们在外面受人欺负的时候，会带到家里边发泄，对孩子就不好。

如果说秀琴是小城女性灵活就业的成功案例，那么芳利就是小城母职语境下在生活和工作间疲于奔命的例证。在城镇化不断加速的今天，现代与传统同时影响着县城、乡镇里诸多妈妈群体，履行母职责任的认知一方面变得更加牢不可破，另一方面又因为其不断加剧的精细化程度而让诸多女性感到疲惫。^①其中一个核心原因依旧在于家务劳动的不可见性。女性在母职、养育、家务劳动层面的付出无法得到认可，便会出现奔波于工作和家庭之间的"第二轮班"母亲。对于小城的女骑手而言，家庭的藩篱很大程度上来自对家务劳动的无视与忽视。^②正如上野千鹤子所言："在'家务劳动是劳动'的认识之下，家庭这一神圣不可侵犯的'黑匣子'被强行公之于众，'爱的共同体'神话被打破，而其中的不平等也昭然若揭。"^③

拥抱未知

走上街头

对于许多女骑手来说，走上街头本身就需要巨大的勇气。送外卖是一项流动性工作，外卖骑手穿梭于大街小巷，在诸多目的地之间游走。当外卖骑手穿上工作服，带上餐箱，跑在大街上，就像一个个流动广告牌，不断地向路人宣示和展现自己的劳动。外卖劳动既是流动性的，也是展演性的。由于大部分女骑手来自农村地区，受到"男主外女主内"这种传统家庭分工的影响，习惯了从事诸多"不可见"的家务劳动与照料工作，

① 郭戈：《"丧偶式育儿"话语中的母职困境与性别焦虑》，《北京社会科学》2019年第 10 期。

② Hochschild, A. R., & Machung, A., *The Second Shift: Working Families and the Revolution at Home*, Penguin Books, 2012, pp.1-16.

③ ［日］上野千鹤子：《父权制与资本主义》，邹韵、薛梅译，浙江大学出版社，2020 年，第 42 页。

不太"抛头露面"。当不得已暴露于大庭广众之下时，她们表现出了极大的不适。对于这些女性而言，跑外卖的过程带有鲜明的羞耻感。这种羞耻感更多的是一种心理状态和社会情绪，即认为自己所从事的实践活动带有自我蔑视的体验感。[①]这样的羞耻感与我们在第三章所阐释的农民工污名化、标签化联系紧密。当然，对于女性而言，还多了一层应对乡土社会公序良俗的压力。

孙丽丽42岁，河北承德人。认识孙丽丽是在2021年疫情期间的一次采访中。因为疫情，我们未曾谋面，一直用微信语音沟通。她说话直率，并不避讳。每次讲起自己加入外卖的经历，她都觉得"很丢人"：

> 看见路边有跑单的外卖员，就问人家。下载了一个软件，摸着石头过河。一个人在街上，找不到地方，一直低头看手机，搞不明白，挺丢人的。（别人看见）一个女的来回在大街上晃悠，不像那么回事。不知道等单去哪儿。导航也不会变通，面对的是一堵墙，封起来了。傍晚的时候，在那儿绕，怎么也出不来。超时很急，感觉又害臊又难。

孙丽丽以前在河北老家种过香菇、做过餐厅服务员，但

---

① Lutwak, N., Panish, J. B., Ferrari, J. R., & Razzino, B. E., "Shame and Guilt and Their Relationship to Positive Expectations and Anger Expressiveness," *Adolescence*, vol. 36, no. 144, 2001, pp. 641–653.

从没想过自己有朝一日会跑外卖。2019 年冬天，丈夫因为脑血栓住进了医院，家里还有一个六岁的女儿。一下子没有了经济来源让她很慌张。孙丽丽从朋友的丈夫那里得知，在北京跑外卖能挣钱。"说第一个月挣了六千，第二个月七千，到后面能挣到一万多。"孙丽丽觉得这是一个好机会。可是家里人并不同意，觉得太危险，让她继续留在县城工作。她兜着县城找了一大圈，没有地方收留她。家人无奈松了口。2020 年春天，孙丽丽来到北京，在朋友丈夫的帮助下，进了北京西城的一个站点。

自认为丢人或者羞耻这种情绪在女性刚进入外卖行业时尤为突出。作为初来乍到的"少数人群"，不熟悉路况、对外卖一知半解，难免会担忧和害怕。"有点担心""不知道自己行不行"等话语常被她们挂在嘴边。刚开始跑单时，孙丽丽不好意思与男骑手走得太近。临近午休，当骑手们三五成群坐在路边或躺在电动车上聊天时，孙丽丽很羡慕，但她并不靠近。她说自己"不好意思过去"。

> 那时候我不认识他们（男骑手）。他们在广场边上，一排排在那儿等单子。我不好意思跟他们说话，又不知道他们会对我是什么态度，就一直没理过他们。如果在那边，我就会一个人躲在后面。

我在调研时经常看见诸如此类的场景，一边是男骑手三五成群地抽烟聊天打游戏，一边是一个或稀疏的几个女骑手坐在那里静静地等单，并不怎么说话。女性的难以融入尤为明显。不少学者曾论述过职业或行业劳动实践中的性别藩篱，朱迪斯·M. 杰森（Judith M. Gerson）和凯西·佩斯（Kathy Peiss）使用了"边界"（boundary）这一概念。她们认为，性别的边界一方面有划分类别的功能，另一方面展示了社会空间分配上的性别关系，它彰显着一种微妙的彼此隔绝的关系，即"谁应该被接纳，谁应该被排除"。[1] 企业文化、夜间生活、酒吧文化等都带有显著的性别边界感，对男性气质的召唤往往使女性难以融入。多数女性在访谈时都会提到家人劝阻自己跑外卖，认为这份工作"不好""不体面"。这种不好并不是说收入不高。相较于工厂，跑外卖的收入其实更加可观。"交通事故""抛头露面""风吹日晒"成为主要的刻板印象。在实际的劳动实践中，女性走上街头也的确会遇到性别审视的问题。

拉珍是一个藏族姑娘，来自四川康定。2021 年采访她的时候，她二十岁整，已在北京跑了一年外卖。在此之前，她一直在成都和老家之间往返工作，并在成都跑过半年外卖。

> 在成都的时候，有些老保安居然调戏我，客户（都）从来没有调戏过我。我就想，都这么大的人了，调戏我干嘛。但是你不能表现得特别脆弱，就是软弱的那种，你越软弱他越会调戏你。要表现得强硬一点，他看都不敢看你。……我也不敢骂他，我害怕被打，

---

[1] Gerson, J. M., & Peiss, K., "Boundaries, Negotiation, Consciousness: Reconceptualizing Gender Relations," *Social Problems*, vol. 32, no. 4, 1985, pp. 317–331.

但是我态度就是那种很强硬的，给他一个眼神，让他
自己体会。

拉珍讲自己和成都"老保安"斗智斗勇的故事，言语幽默，
逗得调研小组的同学哈哈大笑。但是这背后她为此吃的苦头以
及产生的内心波澜，可能只有她自己能够深切体会。在外卖领
域，"男性审视"依旧非常明显地存在着。这给初期加入外卖行
列的女骑手带来了严重的身体羞耻和情绪焦虑。对这些女性而
言，克服性别藩篱和基于此而形成的羞耻感十分有挑战性。在
劳动的过程中，女骑手一方面要规划自己并不熟悉的接送单路
线，另一方面因无人指导而焦虑难耐，经常会觉得自己孤立无
援。柳方是北京房山城关站点的一位女骑手，加入众包骑手时的
新手经历让她难以忘怀：

> 众包需要抢单，不停地刷手机，老抢不到。一开
> 始有新人奖励。每天给 10 单，一单 5.2 元，每天 52
> 元。房租每天 50，吃饭好几十。拿到手里 50 多，想
> 哭。孩子不去学校，也还有消费。其他外卖员介绍我外
> 挂神器，没什么用。你会抢单心切，抢一个距离有五六
> 公里的单，到了结果电瓶车没电了，只能推着回来。

孙丽丽和柳方的入职经历十分相似。作为女骑手，她们一
开始很少参与街边对话，也难以融入男性骑手社群，因此她们
也无法参与男骑手们临时发起的转单、抢单活动。这对她们一

开始的骑手成长之路产生了影响。街头的男性骑手三五成群，时而开口说黄腔，柳方表示自己不知道怎么参与。由于脱离街头社群，她们无法知道抢单的技巧，也无法得到骑手间转单的庇护和照应。这在客观上增加了她们跑外卖的难度。柳方跟我讲述自己熟悉环境过程中的一些故事，十分有趣。下面是其中一例：

> 刚开始那闹的笑话可多了。有一次我去永辉超市拿货。不知道配送点在哪里。我从正门进去，没找到，收银员跟我说在另一边。我走过去，还是没找到。我又从正门进去，碰见保安，保安见我不知道，带着我去了楼下仓库，才知道取货点在那里。从仓库拿了东西出来，发现是从后门出来的。电动车还在正门。离着有两公里，可远了。不知道怎么办。（笑）碰见一个同事，骑电动车把我给带到正门。

也许是意识到了这一点，也许是慢慢习惯了街头人们并不怎么关注的眼光，孙丽丽和柳方在后面几个月的跑单过程中变得大胆了起来。柳方开始尝试在等单的时候跟男骑手主动搭话，问他们一些问题。一旦迈出第一步，打破尴尬，她开始发现身边的男骑手其实"比较好相处"。有的人听说她是新手，会热情地给她讲一些抢单的技巧，告诉她如何根据远近、楼层、餐品来挑选"好单子"。柳方逐渐开始知道其中的窍门。有的骑手在她送餐着急的时候，还会主动帮她在送餐柜上找餐。几个月后，柳方慢慢地和附近的众包外卖员混熟了，知道了骑手们相对固定的聚集地。在没有单子的时候，她会主动跑去聚集点找人聊天。有一次晚上我们找她做采访时，她甚至跑去了男骑手的宿舍，跟他们一起聊天、玩游戏。

与男性打成一片成功地帮助柳方克服了心理上的羞耻感和孤立感，她不再像刚开始跑外卖时那么唯唯诺诺，有时候甚至可以在街头很大声地与男骑手逗乐、开玩笑。当然，这样有效的融入并不多，众包的女性多被困于母职需求中，劳动时间相对灵活，难以像男性骑手那样形成持久的街头社群关系。

性别身份与骑手身份

具体到实际工作中，身兼家务劳动或者母职劳动的女性往往会面临身份的冲突。平台化的数字劳动规则如高效、快速、及时等不断规训着女性，鼓励她们建立一种职业化的身份。这种规训将女性以家庭为核心的性别身份转变为以顾客需求为核心的服务者身份。在这个过程中，女性需要隐藏既有的来自家庭领域的性别化身份，转而变成一个追求效率、善于把控时间的骑手。其中一个很重要的变化是：女性不得不由在家务劳动中"主动安排事务"的角色变为听从平台、站点、顾客的"被安排"角色。在诸多劳动实践中，她们对这一转变十分不适：

> 之前不会看导航。站长教了我好几天，我还是不会，太难了。以前在家里也没什么需要（看导航）。有一次找顾客的位置，不明白导航的意思，就在原地打转，二十多分钟才找到。这个事（跑外卖）不能慢慢

干，要跑，使劲跑……一个高峰期下来，心脏怦怦跳，半条命快没了。

在以往的性别规范，尤其是家务劳动和母职的情感劳动中，都需要女性作为一个"稳定主体"存在。妻子或者母亲的角色被定义为"勤劳""温柔""兼顾""善解人意"等，这些"品性"围绕着家庭生活展开，以长期性的陪伴为特点。但是在平台劳动的环境中，女性"稳定主体"的性别身份被打破，取而代之的是一种流动性、即刻出发与使命必达的身份建构。换句话说，女性气质在很大程度上不被需要，女性反而需要用男性气质来武装自己，以此保证自己在外卖劳动中能够存活。

最显著的例子来自送单高峰期，即每日的午晚餐时段。在此期间，高强度的劳动需求使女骑手必须按照平台统一化的、强势的劳动标准来要求自己。在单量陡增时，骑手要承担比平常时段多3—5倍的工作量；遇到极端天气时，骑手需要超时待机来保证平台运力在线，并不断化解订单积压。对于女性骑手而言，体力和耐力都是巨大的挑战。

有时女骑手会在深夜送餐，遇到荒凉偏僻的地方，很多女骑手回想起来会担心当时自己的人身安全。晓萌是北京门头沟一个专送骑手，每天在岗的时间是从早上8点到晚上9点。有一次临近晚上9点，她刚要下线，来了一个单子，她只好去送。没想到沿途需要穿过一片湖，道路两旁有一排排的柳树，却不见一个人：

心里害怕，但也只能硬着头皮走。谁让我接了单。到了发现是一个前不着村后不着店的地方，绕进一个大院子，往里又骑了两分钟，才发现有一处亮灯的。出来的时候才发现是一处墓地，吓得我浑身冒冷汗。好容易走出来，看见前面有一个"美团"骑手，顾不了那么多，跟他打招呼。大哥挺好，带着我一路走出去。现在想想还是害怕。

面对这些，女骑手展现出的是鲜明的劳动者身份，她们会强调"别人能干自己也能干""没有什么办法，派给你了就得干"这样的职业身份意识，而不会去刻意强调自己的性别。有时高强度的平台工作使女骑手不得不打破传统的性别规则，援引与男性气质相符合的骑手身份来随时准备应对挑战，包括临时的加派单、转单、路线改变等。在送单的劳动过程中，大部分女骑手一头扎进订单中，在慌乱中努力求生。"骑手"的劳动身份显而易见地战胜了"女性"的性别身份，流动的、去稳定性的、随时准备战斗的骑手身份取代了女性稳定的、陪伴的认知，这也成为女骑手身份转换的矛盾点所在。

之所以说这是身份转换的矛盾点，是因为这样的性别展演一方面说明了女骑手在努力地为自身的平台劳动争取合法化身份；另一方面，在实际的劳动过程中，她们不得不应对不断涌现的性别身份差异，不得不与自己的女性身份进行协商。[1]

---

[1] 苏熠慧、倪安妮：《育婴家政工情感劳动的性别化机制分析——以上海 CX 家政公司为例》，《妇女研究论丛》2016 年第 5 期。

吴超艺是一名"饿了么"的骑手，有一次，她去送一个生日蛋糕给顾客。当时天正下雨，除蛋糕外，她还有另外一个单子眼看就要超时。为了赶时间，她选择了抄近道走小路，结果路面泥泞，她骑着电动车摔倒了，车轮陷在泥里，任凭她怎么使劲都推不出来。她满身泥巴，手也摔破了，悲伤的情绪涌上来。

> 当时我就哭了，蛋糕摔在泥巴里。想着自己为什么要来干这个。从小我也没吃过这个苦。一个女生，被路人看笑话，还要被顾客说。

身份的调试对女骑手来讲是一个动态尝试的过程，性别身份带来的认知差异会在劳动过程中的关键节点，如着急、无助、不被理解时涌现。对此，她们应对的办法是相互吐槽平台的规则设定，或者回到家庭领域、争取家人的支持。吴超艺后来与顾客达成和解，赔付了蛋糕钱，自己把带泥的蛋糕带回家，并早早结束了当日工作。因为丈夫也跑外卖，她打电话给丈夫抱怨糟糕的经历，同时提前回到家准备晚饭。她认为，自己做骑手是为了补贴家用，但是如果做得不开心，就不如回家换换心情。在女骑手的外卖劳动中，劳动身份和性别身份并不是完全割裂的。面对劳动身份的挑战，女骑手通常会利用家庭领域的性别身份来寻找慰藉和支撑。这一点在已婚女骑手身上的表现尤为明显。

示弱劳动

在送单的过程中，女骑手慢慢习惯了在骑手身份和性别身份之间快速切换，以确保自我劳动利益的最大化。但是作为高强度、重体力的职业，外卖配送一直被认为是高度男性化的。虽然进入门槛低，但是它的职业特征决定了女性在该领域的留存十分困难。纵观女骑手的劳动实践，在逐步适应外卖劳动后，她们会有效地利用和"盘活"自己的既有资源，其中既包括传统的女性性别气质，如仔细、谨慎、耐心，同时也包括她们从家庭场域"移植"而来的交流技巧、社交技巧和亲情支持。这些优势有效地帮助女骑手在劳动条件艰苦的外卖行业留存下来，甚至有的还会因此"翻盘"，将性别优势转换为劳动优势，成为所在站点或者片区令人羡慕的送单能手。

女骑手跑外卖首先碰到的一个问题是体力。"干外卖是体力活，赚的是辛苦钱"，这是她们经常说的一句话。对于女骑手来讲，这里的"体力"包含两个层面，一是单量大的时段需要持续高强度的体力支撑，二是在她们生理期出现不适的情况下请假困难。尤其是做专送，为了保证团队绩效，骑手通常很难请假。卫玮是一名专送骑手，四十岁上下的她在 2019 年与丈夫离婚，从湖北只身一人来到北京打工。她长得略胖、白净，笑起来有两个酒窝。遇到生理期，卫玮浑身难受，肚子也不舒服。她鼓起勇气跟站长请假。站长虽然表示理解，但迫于团队"人效"压力，仍然没有答应她，而是让她跑完一天的最低绩效——十单之后再休息。"那能怎么办，挨着跑呗，十单一上午能跑完。跑完了回家躺着。"很多时候，一些女骑手难以承受这样高强度的体力和长时间的劳作需求，不得不从专送转为时间更加灵活的众包。

另外一个问题是驾驶。驾驶领域的性别刻板印象广泛存在于社会建构的方方面面，外卖领域也不例外。同女司机的性别污名化一样，女骑手经常会被贴上"不擅骑车""方向感差""路痴"这样的标签。这样的刻板印象通常由女骑手和周边男性共同建构。前面提到的老高和梁子是夫妻档跑单，老高负责骑摩托车，梁子负责看导航。访谈时，两口子对于女性"没有方向感"的说法都表示认同。老高直言不讳地说，女骑手方向感不好；梁子也主动承认，自己在给老高指路时会出现方向错误。

> **梁子**：女的么，都有一点路痴。他（指老高）是活地图，我说一个大致位置，他就能找到。我呢，完全找不到。
>
> **老高**：女同志没有方向感，在自家周边还丢呢，方向感很差。她（指梁子）的外卖群，经常有女同志丢餐了、找不到路。逗死了。

可以看到，女骑手对于自身"强"与"弱"、"做女人"与"做骑手"的矛盾性不仅仅来自劳动实践，同时也来自周边男性的言语和反馈。他们可能是自己的另一半、同事或者路人。走上街头也就意味着女性身体和劳动的可见性不断增加，在这个过程中产生了诸多意见、判断、感知，这些难免会反过来加重女骑手跑外卖的矛盾心理。

洪大哥就是典型的一例。我对他印象最深的一句话便是："这工作不适合女娃。"2023 年 2 月的一个早晨，我在渭南街头第一次碰到洪大哥。他皮肤黝黑，肿眼皮，笑嘻嘻。大约上午十点，他一手骑着电动车，一手提着一个早餐袋，慢悠悠地来到华润万家的楼下。他打开早餐袋，里面装了两个肉夹馍，表皮酥黄，热气腾腾，他边啃肉夹馍边喝百事可乐，跟我们聊天。发现我不停地向他提问，他就起了疑惑，问我是干嘛的。我表达了自己想跑外卖的想法，他一听，连忙摇头，表示不赞成。

> 女娃天生驾驶技术不行，马路杀手嘛，都是专有称号。而且也不安全。

他说，前几天下雨，光他看见出车祸的女骑手就有两个。他打量了我一下，继续摇头，连连说"不行不行"，然后指着跟我一起做田野的男同学说："你可以跑。你没有问题。你是男娃，行。"他咬了一口肉夹馍，继续转过脸来，对我说：

> 女娃，我给你指条路，去肯德基做前台。跟顾客打交道，雨淋不着日头晒不着，挺好的。我之前就在肯德基后厨，炸鸡肉。那女娃虽说忙，但是不危险。……出去送餐，你就是自己一个人。什么都要（靠）自己。给客人送餐晚了，是你负责；出了事故，站长、组长不能第一时间赶到。但是在肯德基，值班经理、负责人都照（看）着你，不害怕的。女娃的话，最好不要干这个。

受到体力和驾驶的双重"标签化"，很多女骑手在送单过程中会选择遵从、援引传统的性别规范来策略性地化解自身遇到的困难。例如，一些女骑手会在劳动过程中主动承认自己是一名体力弱、方向感差的女骑手，并乐意寻求男性骑手的帮助。这与马丹所研究的女性卡车司机的策略不谋而合，即女性会灵活使用自身的"性别工具箱"，"在不同的劳动情境下辨认出性别突出性之不同的程度与方向，以采取与该情境相对应的性别策略"。[①] 这样的传统性别规范往往是女骑手"翻盘"的开始。

利用"弱女子"的身份，女骑手会积极调度自身主动性来寻求帮助。例如，有的餐品含有矿泉水、西瓜时，女骑手难以承担其重量，会主动与顾客或者周边热心人士沟通，请求帮助；遇到路途较远或者难以定位的情况，女骑手会求助身边的其他骑手；甚至在送单超时引发顾客不满时，女骑手也会更加耐心地与顾客交流。部分顾客在看到来者是一名女骑手时，也会"心生怜悯"而化解不满情绪。莱奥波尔迪娜·福图纳蒂（Leopoldina Fortunati）在谈及女性的社会再生产劳动时也表示，沟通和交流虽然是家庭场域重要的"非物质劳动"，但为社会生产提供了有力保障。[②] 平台资本的兴起打破了传统的依靠社会关系和熟人网络所形成的供需关系链条，转而关注服务的正规化和标准化差异，要求外卖骑手呈现情感劳动"表演"以建立与

---

① 马丹：《"去标签化"与"性别工具箱"：女性卡车司机的微观劳动实践》，《社会学评论》2020 年第 5 期。

② Fortunati, L., "ICTs and Immaterial Labor From a Feminist Perspective," *Journal of Communication Inquiry*, vol. 35, no. 4, 2011, pp. 426–432.

顾客的良好关系、突出消费者的"至高无上"。[①] 对此，相较于男骑手在情感劳动方面的无所适从，女骑手对于情感劳动的表现则更加得心应手、细致入微。

我在调研中发现，女骑手在"示弱劳动"中并没有极力压制自己的性别身份，而是有效地将性别身份与骑手身份进行对接和融合。通过继承传统父权制下的性别标签，女骑手在平台劳动中努力寻求自己的优势。她们在这一过程中卷入了情绪、情感、身体表征等帮助与人进行交流、联结的各种"软技能"。[②] 下面是一些女骑手在访谈时给我传授的跑单经验：

> 和保安打交道，要嘴甜一些。不礼貌的话，保安有时候就不会给你指路，不告诉你这个小区有多大。

> 有些男的等餐着急了，跟餐厅干架。还是慢慢说比较好，人家也能理解你。

在平台劳动情境下，精细化的数字管理落实到具体场景中时，具有很强的指令性和归责性，留给外卖员"自我发挥"的空间较小。虽然女骑手的身体示弱、沟通、交流、耐心等是传统性别分工下的刻板标签，但是在平台劳动中，这些标签也可以成为"弱者的武器"，即女性通过发挥自我主体认知和交流的

① 孙萍：《"算法逻辑"下的数字劳动：一项对平台经济下外卖送餐员的研究》，《思想战线》2019 年第 6 期。

② 苏熠慧：《性别与劳动研究：理论、概念与启发》，《妇女研究论丛》2021 年第 1 期。

能动性，有效利用这些性别化标签来服务自己的劳动实践，从而将自己的平台劳动转变为一种"优势劳动"。

下面是两位女骑手讲述自己在遭遇交通事故时，如何受到交警同志的"特别照顾"从而化险为夷：

> 出过小事。逆行取餐，餐厅在对面，必须逆行过去天桥。下雨天，我淋透了。我把他车刮了。我逆行。他让我赔他一千块。我说我没钱。他说不行，不给就报警。交警来了。交警看我一个女的，浑身湿透了，头发也湿了，就问他（小轿车司机）怎么回事。那人（小轿车司机）一直想跟我要钱，说是我的责任。交警背对着我，跟司机聊。然后背后给我打了个 OK 的手势，暗示我没事。他一个车，也不是什么好车，几万吧，跑"滴滴"的。

> 拐弯让直行。我是直行，但我逆行，和一个"滴滴"网约车师傅撞一块了。速度慢，没事。我俩平责。交警可怜我，威胁"滴滴"师傅，让他把驾驶证拿来，要不先给他扣六分，要不让我们自己解决。后来网约车（司机）同意协商。交警走了。网约车（司机）先降到五百，再降到两百，后来我一分钱没给他。我说自己没钱。他不信，打开我手机，看我入职才没多少天，账号才几十块钱。他也泄气了。我说我也是从农村来的。装可怜。后来就这么过去了。

可以看到，女骑手的"示弱劳动"在一定程度上延续了对传统的父权制性别分工的顺从与忍耐。在外卖产业里，"女性身份"本身已经被概括为一个"弱者的形象"，这使女性有意无意地受到了来自他者的苛责为难或者有意保护。这在一定程度上丰富了女性"示弱劳动"的图谱复杂性，它并不是单一的强弱对抗，而是糅杂了弱者同情、男权主导等诸多因素，这样的复杂性为女性创造了一定的优势，使她们的"翻盘"成为可能。

媒介化的姐妹情谊

女骑手群

平台化的外卖劳动是原子化和过渡性的，大家相逢在街头，偶有交集，说笑一阵，单子来了，又很快散开。这样的流动性交往使外卖工作丧失了工业化大生产时期的集体认同和集体归属，骑手们没有流水线、宿舍等集体生活的经验，[①]工作的节奏和时长全凭个人把握，转而变成了非常个人主义的行为。[②]为了抵抗这种边缘性和个体性，女性骑手会积极寻求社群的组建和联结。用其中一位访谈者的话来说，就是"能有一个说话的地儿"。

---

① 汪建华：《互联网动员与代工厂工人集体抗争》，《开放时代》2011 年第 11 期。

② Sun, P., & Magasic, M., "Knowledge Workers, Identities, and Communication Practices: Understanding Code Farmers in China," *tripleC: Communication, Capitalism & Critique*, vol. 14, no. 1, 2016, pp. 312–332.

社交媒体为女骑手的联结提供了可能。在前文中我已经提及，外卖骑手是强烈依赖社交媒体的一群人。一方面，他们的排班、工作安排等信息会通过组建的骑手群进行散播；另一方面，社交媒体也成为他们丰富娱乐生活、延展社会关系、积累社会资本的重要渠道。田野中的大部分女骑手会在劳动实践中积极参与社群组建，充分利用线上线下相结合的方式聚集在一起，从而结成自称"姐妹""大家庭""一家人"的亲密社群关系。这一部分想要展现的就是基于社交媒体所呈现出来的女骑手关系网络的建立。这样的网络往往呈现出基于"女性"和"骑手"相结合的社群文化特点。群里丰富的内容时常让我目不暇接，并惊讶于女骑手如此强烈的表达欲。

我加入的其中一个女骑手微信群大约有五十人，这个群的特别之处，除了全部是女性骑手，还在于它的活跃度和紧密性。群里面每天会更新大量的交流内容，每次打开这个群，都会显示有几十条甚至上百条的未读信息。

首先，女骑手会通过分享位置和派单信息来建立社群认同感。在女骑手群里，大家以姐妹相称，如"大姐""小妹""姊妹"等。从每天早上 6 点左右开始，群里陆续有骑手发送"早上好"的问候或"美好的一天"表情包，这些表情包形式多样，色彩鲜艳。九十点钟是骑手上岗的高峰时段，这时群里的女骑手纷纷开始发送自己的定位。我曾经感到过疑惑，在一个有诸多陌生人的群里发送自己的定位，按道理讲应该是一件比较危险的事，尤其对于女性而言，但是她们似乎并不如此认为。我问了几位女性，她们并不在意，并且表示这样可以证明自己

"已经开工"。同时，一些女骑手表示，由于"工作起来会到处跑，发定位也没什么关系"。对于流动的外卖工作来说，"发定位"可能是她们创建一种共在感空间的方式，用亨利·列斐伏尔的分析来理解，这是一种创造共同空间的尝试，基于工作的流动性，通过去地域性的、情境性的空间，她们创造了一种流动化的空间。①

午高峰过后，大家忙碌了一阵子，开始在群里"晒单"。"晒单"的意思是，女骑手会把系统派给自己的订单的截图，晒到微信群供大家讨论。一般情况下，大家晒出来的单都是比较特别的单子，如单价高、距离远或者配送物品奇特等。有一次，一名"闪送"的女骑手晒出了自己的订单，一只小狗。她拍了一个视频发到群里，这引起了大家的兴趣和讨论。小狗的主人希望骑手把它送去宠物店美容。还有一次，一位女骑手晒出了一个长达五十公里的订单，配送金额达到了 120 元。很多人看到之后，纷纷表示羡慕，说拿到这样的大单需要靠人品。女骑手晒单也构成了一种远程的分享，在猎奇的同时增加了大家的时空参与感。

当然，这个微信群里的聊天内容并不止于配送，也会有养生、育儿、美容、家庭等五花八门的话题。由于大家聊天的频率密集，时常出现上一条还未讨论充分，就被新的话题霸占了屏幕的情况。工作信息的即时分享和告知是这些外卖群的显著

---

① [法] 亨利·列斐伏尔:《空间与政治（第二版）》，李春译，上海人民出版社，2015 年，第 5 页。

特征。在淡季时，骑手等单困难，女骑手们会在群里聊天，并相互通知哪里有单可以接。群里也会有人分享天气预报的信息，在遇到恶劣天气时，大家会相互通报、问候，嘱咐彼此注意安全。

传播学者詹姆斯·凯瑞（James Carey）认为，传播是一种使"现实得以生产、维系、修正和转变的符号过程"。在这一论述中，凯瑞将传播不仅视为一种"传递"，同时也视为一种"仪式"，是人们共享文化、信仰和身份的表征。[①]女性骑手是这种共享仪式的践行者。微信群里的位置分享、"晒单"、天气变化提示等，这类信息沟通并不只是一种传递行为，更是一种共享的"传播仪式"，它帮助女骑手建立了属于自己社群的时间感和空间感，在无形之中形塑了女骑手的群体认同，实现了自我话语的媒介化表达。

"外卖娘子军"

除了线上的媒介化沟通，一些女骑手也十分愿意尝试线下联结。她们努力打破区隔性的平台劳动藩篱，依托在地关系，建立社会生产场域的"小团体"。这样的小团体往往由一两个核心成员负责维持，其他人参与其中。大家相互帮助，彼此照应，共同寻找归属感。

在深圳龙岗区的一个"美团"站点里，顾大娘用了两年的时间组建了自己的"外卖娘子军"。这支配送队伍由十几名女骑

[①] ［美］詹姆斯·凯瑞：《作为文化的传播》，丁未译，华夏出版社，2005年，第3—22页。

手组成，并且拥有自己的"抖音""西瓜"和"快手"账号，可以说是实现了随时随地的女骑手"发声文化"（call-out culture）[①]。2020年的夏天傍晚，我和学生在深圳龙岗区一个城中村的居民楼底商见到了顾大娟。她一米六五上下，眉毛浓密，穿一件紫色的防晒衫，身材丰满，说话直率。我们进去的时候，她正在跟几个女骑手拍短视频。见到我们出现，她把我们从大厅请到旁边的一个小屋。里面大约有四五平米，放着一张桌子，上面杂乱地摆放着茶具和一次性纸杯。桌子旁边有三脚架上面放着一个小相机，还有耳机、麦克风等小设备。顾大娟热情地给我们倒水，并讲述了她拍短视频的经历。

2015年前后，她和老公从快递业转出，加入龙岗的一个"美团"站点，开始跑外卖。当时正值平台的发展扩招期，顾大娟敏锐地发现许多女性既想跑外卖，又不知道如何做，害怕自己做不好。于是，她萌生了用短视频教大家跑外卖的想法。根据顾大娟的说法，女骑手的聚集主要归因于她在"快手"发布的外卖相关短视频。

> 她们可能觉得我说话特别接地气，不虚拟，她们觉得这才是真实的。拍视频的时候我就想过我的优势（在哪里）。第一，我是女的；第二，我有的经验是很多人没有的。对于跑外卖，新手经历的（事情）我都知

---

① Nakamura, L., "The Unwanted Labour of Social Media: Women of Colour Call out Culture as Venture Community Management," *New Formations*, vol. 86, no.1, 2015, pp. 106−112.

道，我也知道怎么处理，我可以把我的经验分享给
大家。

顾大娟的短视频账号里发布的内容几乎都跟女骑手相关，
其中大部分是分享跑单的策略和送单过程。例如，她会根据自
己的跑单经验，教授新入门的骑手如何看导航、如何抢单、如
何与顾客交流等。随着粉丝量和观看次数的增多，这些视频慢
慢地被周边的一些女性看到，她们开始萌生了跑外卖的想法。
一些女性从周边赶来找她，甚至有的坐火车、长途汽车来龙岗，
表示自己想在此地跑外卖。顾大娟都热情地帮助了她们。从买
电动车、电池到租房子，再到将她们介绍给站点、带她们跑外
卖，几乎是"一条龙服务"。接待了三五个人之后，顾大娟发现

图 20　顾大娟与丈夫的电动车店

了其中的商机。她和丈夫商量，借了一些钱，开了一家卖电动车的店。这样，以后来找顾大娟跑外卖的人都可以在店里拿车、换电池、租车。

赶上了外卖平台大扩张的时期，店里生意不错。我们访谈的时候，不断有人进进出出，换电池或者修车。顾大娟的丈夫不在，她忙里忙外地招呼前来问询的骑手。根据说话的语气，可以判断来顾大娟店里的人大多是熟人。有时，一些人进来并不是有事情，仅仅是为了打声招呼或者坐着闲聊一会儿。顾大娟也很适应这样的拜访，笑呵呵地与大家聊天、喝茶。说起介绍女骑手跑单，顾大娟自豪地表示："站点里来来回回有十几二十个女的吧，基本是从我这儿介绍的。有些现在不干了，目前也还有八九个。"随着跑外卖的年岁增加，大娟成了专门带新人女骑手的师父。

> 有一个不会看地图。是真不会。让我们现在说，肯定你觉得不相信。她总是跑错方向，不知道往哪儿拐。有一天，我和她坐在这里，看导航。我发现她不知道导航里那个小三角怎么看，就是那个图标。那个箭头，它不是有三个角吗？她分不清是哪个方向。我说是长的那个角。她（就）慢慢明白了。

随着女骑手在这个站点越聚越多，顾大娟的素材变多了，可以更频繁地制作和发布短视频。除了讲述日常的送单劳动，顾大娟和姐妹们开始尝试一些带些表演性质的内容。例如，顾大娟会和大家一起策划整齐规整的动作，认真排练，在镜头前表演，然后在后期配上精心挑选的音乐，以此在镜头前展现女性干外卖的不易和坚强。她们在视频里自称"外卖娘子军"。这些视频的发布很有效果，它进一步触动了很多想要尝试当骑手但又有些犹豫的女性。

顾大娟在视频里时常以"亲人""家人""姐妹"称呼观众，鼓励女性走出家门，参加工作。顾大娟的女骑手小组常年保持在十人左右，以一种零散却有吸引力的方式组织起来。小组里的女骑手会定期参加视频录制，遇到忙的时候也会请假。当一些视频发布后赚来了流量，顾大娟会组织聚会，邀请小组里的女骑手一起吃饭、唱K、爬山。同时她们把这些共同的经历当作一种媒体创作的素材积极使用。例如，大家参加活动之余会进行录制和拍摄，并将其做成电子相册和短视频，同时发布到各个媒介渠道。在顾大娟发布的一条视频中，她将自己与其他女骑手送餐、聚会的照片拼在一起，用《从头再来》作为背景音乐，以PPT演示文稿的方式呈现。同时，在照片上，顾大娟添加了诸如"努力工作，开心生活""没有什么阻止你，除了你自己"的字幕。

我问顾大娟为什么会做短视频，她的回答包括两个原因，从最开始希望帮自己和丈夫的电动车店招徕顾客，到后面希望鼓励与她一样的女性参与工作。顾大娟也表达了自己希望姐妹们能够全心投入、配合组建社团的希望，但是由于女骑手的流动性较大，她组建的社群也在不断经历流失、补充和过渡。顾大娟努力与曾经认识的姐妹保持联系，因为她觉得这是一份"难得的情义"。

图 21 "外卖娘子军"拍短视频的情景

"外卖娘子军"形塑了超越传统家庭再生产的性别话语。在这个小社群的集体展演中，女性传统的勤劳、顾家、隐忍等性别规范不再被强调。相反，独立自主、敢于挑战、团结一体的女性形象开始出现。正如顾大娟自己所说，她不是一个悲观主义者，她相信"爱拼才会赢"。在访谈中她不止一次地提到女生要独立，不能依附别人，"要自己找到路，活出自己的精彩"。沿着这样的理念，她在自己的微信签名中写道，"我要像鹰一样展翅上腾，自由地飞翔在天空中"。诺曼·费尔克劳（Norman Fairclough）认为，话语即行动，话语本身阐释了社会性、结构性因素如何与个体的能动性交互。① 说回到顾大娟和她的女骑手小组，她们基于性别的媒体展演和线下社群的建

---

① Fairclough, N., Cortese, G., & Ardizzone, P., *Discourse and Contemporary Social Change*, Peter Lang Verlag, 2012, pp.1–25.

立，成功地塑造了"女性独立"和"姐妹情谊"的社会话语，并在一定程度上实现了自己作为劳动女性的可见性。在此过程中，女骑手有效地利用了工作服、头盔、外卖餐具等符号化的道具，在男性主导的劳动场景中独辟蹊径，建立了属于女性且不具有依附性的社会话语，这十分难得。诸如此类的女骑手小社群，虽然不是基于血缘纽带所形成的紧密关系，但是她们组建社群、实践群体发声的性别抗争对其自我实现起到了重要作用。

需要指出的是，平台劳动下女骑手的社群联结与通常意义上以男性为主导的骑手社群有着明显的差异。外卖骑手多为男性，这使他们建立线上社群变得更加简单易行，但这种"简单"也会成为社群凝聚的阻碍。调查发现，男骑手会加入很多外卖群，但这些群多承担"工具型"功能，如二手车和电池的买卖、招工、找住处等，骑手们很难在这种微信群建立在场的、深度的社交关系。但是，女骑手的社群却不同，它利用平台劳动进行联结，反而努力促成了原本边缘化的小团体建立起具有紧密性的关系。这里的紧密性一方面体现在线下的联结，另一方面也体现在群组中个人情感、信息交流的密度与深度。

身份的桥接

在这一章里，我尝试对女骑手做一个超越其职业劳动本身的定义。这个定义的一端连着劳动，另一端连着家庭。之所以要这样做，是因为在与女骑手沟通交流的过程中，我发现这是一群无法用单一外卖场景去解释的人。横跨在天平两端的，是无比丰富、细致却又充满张力的性别化阐释与行为。她们并不是被限定在数字劳动框架内的劳动者，而是在某种程度上背负着生产与再生产、市场与资本多重影响结构的性别化个体。正如麦克尔·哈特（Michael Hardt）和安东尼奥·内格里（Antonio Negri）在与意大利的马克思主义女性主义者对话中所提及的那样，在"情感劳动"里，资本主义和国家从女性的身体和再生产劳动，包括互动和接触中的情感表达、沟通行为等中汲取了创造生命的力量，并通过文化和沟通传递，促进了全球资本主义的积累。① 女性的生命历程正紧紧地镶嵌在全球化、城镇化和数字化的脉络之中，并以自己独特的劳动体验丰富着这些宏观框架的细节。

　　女骑手的劳动场景让我看到，性别的展演并不单纯地存在于市场或家庭中的某一场域。相反，性别的展演有效地融合了市场和家庭两个场域。如果把性别的建构看作个体生命政治的一部分，那么，平台的送单劳动与家庭再生产场域的非物质劳动有着密切的关联。在具体的、情境化的性别实践中，家庭和市场的关系并不是传统意义上所认为的相互分离、彼此独立，而是一种彼此依存、相互支撑的状态。这一点在女骑手的身上体现得尤为明显——她们并没有将自身的家庭和平台的劳动分开，恰恰相反，她们在既有的社会再生产领域所积累的经验成

---

① Hardt，M., & Negri, A., *Multitude: War and Democracy in the Age of Empire*, Penguin, 2005, pp. 1-30.

为其平台劳动的重要支撑。在此过程中，再生产劳动通过"补给"和"调试"的方式支撑着她们的生产劳动，生产劳动又通过市场化的支持反过来"支撑"和"改造"女性的现有生活。

交叉性（intersectionality）理论走到今天，正在被越来越多的学者认同。我们需要看到一个主体如何同时遭受多重权力关系的压迫与剥夺，以及在此过程中这些权力关系"彼此交错链接的制度"①。对此，我深感认同。对于女骑手来说，她们所展现的是中国城镇化和数字化进程中一部分在地的、中下层女性的声音与实践。只是，在这个交叉对比的过程中，不仅有性别与劳动的无奈和宰制，也有个体积极的参与、表达和自我救赎。这里面的杂糅与交织，似乎难以用单一的"父权压迫"或者"资本压榨"来概括。

例如，女骑手在参与送餐劳动时面临着由性别身份向劳动身份转型的挑战，这样的身份调试使女骑手在具体的情境下不得不展现"示弱劳动"的一面，而基于家庭场域形成的策略和强支撑关系常使女骑手的"示弱劳动"转弱为强，有效地帮助其实现个人劳动效益的最大化。同时，以平台外卖劳动为契机，女骑手积极参与社群的建立和社交媒体的"仪式性"展演，她们建立了家庭外延式的"姐妹情谊"，形塑了基于独立自强和"家人关系"的社群文化。虽然受到再生产领域性别规范的羁绊，但是她们在外卖场域下的性别劳动并没有完全复制传统性

---

① 曹晋：《传播的交叉分析：政经与性别研究》，复旦大学出版社，2019年，第170—239页。

别规则下的女性身份，而是带有强烈的能动性和策略性。

换句话说，女外卖员是具有理性的、主体性的个体。她们进入外卖行业有着自己具体的、个人的原因，包括赚取额外收入、照顾家庭、争取经济独立等。平台劳动的低端数字红利给予了她们一定的机会，女骑手利用这一机会来获取自我收益。平台劳动可以作为其临时性的过渡。在这一过渡中，零工劳动的市场化正在对家庭领域形成虹吸效应，越来越多的女性参与到市场化生产领域。外卖平台承载了劳动赋权和性别隔离的双重角色职能。作为一种经济形态，平台为女性提供了争取权益平等的渠道；作为一种组织管理形态，平台复制了不平等的性别劳动关系。但女骑手并没有被束缚于平台既有的性别规范之中，而是在送餐实践中展现了一种"桥接式"的性别展演。这种展演从家庭再生产领域进入了市场生产领域，并最终产出了基于女骑手社群文化和女性独立的性别身份认知。

性别是社会建构的表征机制之一，换句话说，性别是一种复杂的政治机制。[1]它不仅是解释社会行为的重要变量，更是解释社会等级差异的重要变量。既往的女性媒介研究过于偏向流行文化、语言符号、内容话语等层面的不平等，却忽视了女性在根本上无法占领物质性生产资料的普遍事实。女性主义的研究需要我们从"她"的实践经验出发，观照和了解她的世界，而不是自上而下地、轻率地对她们进行判断或评价。

---

[1] de Lauretis, T., "Aesthetic and Feminist Theory: Rethinking Women's Cinema," *New German Critique*, vol. 34, 1985, pp. 154–175.

几十名女骑手，牵连着几十个家庭、几十种情形和几十种生活意义。对于女骑手而言，家庭既给她们温暖和力量，也给她们悲伤和苦楚。生产和再生产同时压在她们的肩上，家庭和工作之间的关系极其复杂。对于大多数女骑手来说，家庭和工作紧紧地捆绑在一起，时而需要做出选择，时而需要全部扛起。

第六章

数字韧性

本章旨在阐释外卖骑手如何展现自我的数字韧性。"韧性"（resilience）这个概念来自于拉丁文的 *resilo*，含有适应、回弹的意思。随着词语的广泛使用，这一概念也具有了跨学科意涵，在不同的学科里所指不同。如在环境学和生态学中，"韧性"指的是人或者物在干扰性事件中的适应力；在社会学中，它指的是一个社群在遭遇干扰和破坏时的适应与恢复能力[①]。近些年，新冠疫情在全球的蔓延引发了人员流动的阻滞，也激发了人们对于社区管理、数字连接等层面的诸多思考。学者加德尔·乌德万（Ghadeer Udwan）、科恩·勒斯（Koen Leurs）和阿曼达·帕斯·阿伦卡尔（Amanda Paz Aléncar）在对荷兰移民的数字化进行研究时发现，移民群体能有效使用信息传播技术来组建基于社群的数字健康、数字支持和数字认同，他们将这种由数字技术所形塑的能动性统称为"数

---

① Longstaff, P. H., Armstrong, N. J., Perrin, K., Parker, W. M., & Hidek, M. A., "Building Resilient Communities: A Preliminary Framework for Assessment," *Homeland Security Affairs*, vol. 6, no. 3, 2010, pp. 1–23.

字韧性"。[①] 同样，外卖员也会在劳动实践中发展出符合自身劳动特点的数字韧性。这里的数字韧性指的是骑手在全面数字化的劳动和生活环境中所展现出来的技术能动性，它包括很多内容，如对现有媒介的娴熟使用，通过数字技术重新编排自己的生活，拓展线上空间的社交关系，形塑组织化力量与社群团结，通过"逆向工程"反抗算法监管等。

以在地化零工劳动为特征的平台服务业中，矛盾与冲突并不少见。2018 年至 2024 年，多个省份爆发平台服务行业的抗议或罢工，其中，骑手群体的反抗和罢工并不少见。虽然外卖平台下劳动者的抗争可见性日益增强，但是他们的组织性和凝聚力相较于传统产业工人有着明显减弱。这当然与两者不同的组织管理、生产方式有着密切的关系。我将会在下面的章节说明，外卖员群体会出现诸如之前学者所描述的集体抗争行动[②]，但是具有显著社会影响力或取得明显成效的集体行动并不多。围绕平台资本所展开的既庞大又精细的数字化生产模式，使外卖骑手的个人化、个体化程度不断加深，与此同时，其联合性大打折扣，即便有抗争的韧性和能动性，也是一种"依附能动性"（contingent agency），即在无法产生重大变化的协商下展开小规

---

① Udwan, G., Leurs, K., & Aléncar, A., "Digital Resilience Tactics of Syrian Refugees in the Netherlands: Social Media for Social Support, Health, and Identity," *Social Media + Society*, vol. 6, no. 2, 2020, pp. 1–25.

② Lei, Y. W., "Delivering Solidarity: Platform Architecture and Collective Contention in China's Platform Economy," *American Sociological Review*, vol. 86, no. 2, 2021, pp. 279–309.

模的、情境化的反抗行动。①

在国内语境下，相较于单纯地讨论外卖骑手大规模集体行动的可能，一个更有效的视野可能是看到围绕数字劳动框架本身，外卖员群体所形成的主体性、能动性。这里的主体性既包含社会生产，也涵盖社会再生产。"数字韧性"这一概念的提出，不再将描述的范围限定在罢工、抗议这样的直接对抗与冲突中，而是囊括了更广泛的能够彰显数字劳动者个体的、主体性的实践与活动。因为无论是在组织模式还是用工模式上，平台劳动与传统的制造业劳动都有着明显的不同，这些差异也投射到骑手的反抗层面，越来越多细致入微的技术性反抗、媒体反抗正在形成。如果从数量上讲，这样的体量可能微不足道，但是它极有可能产生持久且深远的影响。因此，我想跳出西方福利社会以来所形成的"控制－反抗"框架，回归本土语境。本章讨论的"数字韧性"是一个涵盖了外卖员工作世界和生活世界的动态框架，它关注能动性发挥的日常氛围和具体情境，也关注数字技术和流动性给这个群体带来的能动性涌现的新变化。

詹姆斯·斯科特在《弱者的武器》一书中引用了马克·布洛赫《法国农民史》里面的两句话："由于难逃失败和最终被屠戮的命运，大规模起义一般被迅速瓦解而不会取得任何持久的成效。然而，农村社区中经年累月的坚韧的、沉默的顽强抗争

---

① Sun, P., & Chen, Y. J., "Platform labour and contingent agency in China," *China Perspectives*, vol. 1, no. 1, 2021, pp. 19–27.

将比大规模起义的昙花一现更为有效。"[1] 在斯科特的笔下，马来西亚的农民通过拖沓行动、假装糊涂、虚假顺从、小偷小摸、装痴卖傻、诽谤话语、纵火破坏等进行自卫式的消耗战，这种低姿态和心照不宣的反抗方式避免了公开反抗的集体性风险。斯坦丁也表达过相似的观点："认为朝不保夕者完全无法掌控劳动或工作，这种观点也有局限性。因为在努力程度、配合程度以及技能的应用方面，总是存在暧昧不明、暗中角力的空间，而蓄意破坏、顺手牵羊和磨洋工等行为也并不鲜见。"[2] 对于大多数骑手来说，尽管表现方式不同，但他们作为"弱者的反抗"也无处不在。概括来说，骑手的反抗策略包括两种：一种来自劳动日常，另外一种表现为公开挑战。前一种多是沉默的、悄无声息的，后一种是具有煽动性的，会吸引大家的注意力。在下面的小节中我会呈现，在互联网急速发展的当下，骑手如何有效地利用社交媒体进行发声。正如斯科特所说，"反抗的性质在很大程度上受制于现存的劳动控制形式和人们所相信的报复的可能性与严重程度"[3]。平台劳动的强组织性和弱契约化使外卖劳动变成了一种原子的、个体化的自主劳动，这促使作为"弱者"的骑手诉诸更具联结性、集聚效应的媒体技术来进行抗衡。

---

[1] ［美］詹姆斯·斯科特：《弱者的武器》，郑广怀、张敏、何江穗译，2007 年，译林出版社，第 33 页。

[2] ［英］盖伊·斯坦丁：《朝不保夕的人》，徐偲骕译，浙江人民出版社，2023 年，第 19 页。

[3] ［美］詹姆斯·斯科特：《弱者的武器》，郑广怀、张敏、何江穗译，2007 年，译林出版社，第 41 页。

需要说明的是，本章所讲述的"数字韧性"与欧美语境中具有自上而下的政策、组织和社会救助的韧性社区存在明显差异。这里的差异主要体现在两个方面：首先，外卖骑手的数字韧性具有强烈的日常感。换句话说，它并不是有意为之、刻意形成的，而是嵌在劳动者日常的送单、等单劳作之中，像欧美社会所关注的诸多结构性指标如协商制度、谈判机制、薪资水平等，并不在此次分析框架之内。其次，这里的数字韧性带有鲜明的流动语境。从工作节奏与个人的生命历程出发，跑外卖是一项充满不确定和高流动的工作。外卖经济下的流动被精准地预设、组织和管理。这样的流动性管理不仅仅是算法和技术在起作用，还包括多层级、错综复杂的线下管理体系和人际关系。因此，外卖员所呈现的数字韧性包含了在高度流动性下的决策、应对和自我管理，与静态的社区管理并不相同[①]。

在当下的语境中，我们可能很难将骑手归为一个职业社团，毕竟它是一个新兴职业，其未来的发展带有很强的不确定性。但骑手正在形成一个劳动社群，这无可争议。其诸多言语、表达、交流方式正在因为媒介技术的应用而日益完善和稳固下来，形成属于自己的话语表达方式和社群实践方式。埃蒂纳·温格（Etienne Wenger）曾提出"实践社群"（communities of practices）的概念，认为人们的认知大多来自一套"社会学习系统"（social learning system），而这套系统的形成很大程度上

---

① Tim, Y., Cui, L., & Sheng, Z., "Digital Resilience: How Rural Communities Leapfrogged into Sustainable Development," *Information Systems Journal*, vol. 31, no. 2, 2021, pp. 323–345.

依赖于各种"实践社群"^①的存在。自人类存在伊始，社群便已存在。"实践社群"的出现得益于三个层面的因素：参与者共同发展社群、彼此支持、形成社区资源。对于外卖骑手来说，他们的话语和行为越来越倾向于组成自己的"实践社群"，而且这样的社群正在经历非常明显的数字化——借助数字社群展开劳动生活和抗争成为新一代零工人群的重要特征。本章将从三个具体语境出发来展现骑手的数字韧性，第一节讲述的是一群特殊骑手的故事，即家属患有白血病的骑手如何利用过渡性来争取自我和家庭的生存空间；第二节关注骑手"逆算法"的劳动实践策略，即骑手面对算法如何发挥能动性与其斗智斗勇；第三节关注骑手的媒介使用与以此形成的抗争政治。

"小白骑手"：过渡与悬浮

"小白骑手"和站长

第一次见张飞宇是在他的办公室，一个燕郊的东贸站点。这里靠近北京，但已经属于河北廊坊三河市。沿着通燕高速下来，往北走几公里，就是站点所在的位置。站点在一个小楼的二层，楼道漆黑，看装修像是一个弃用的饭馆。走上去的时候，在 1.5 层的地方还开了一个剧本杀的场馆，五彩霓虹灯四处闪烁，像晚间的 KTV。

---

① Wenger, E., *Communities of Practice: Learning, Meaning, and Identity*, Cambridge University Press, 1998, pp. 1-19.

那天是2021年9月9日，我与同事苏春艳一同前往。张飞宇坐在桌子前，边应付系统，边跟我们聊天。他面带笑容，不怎么说话。作为站长，张飞宇的站点有些特别。在这个有着136名专职骑手的站点里，有54名外卖骑手是"小白骑手"。这里的"小白骑手"指家属或亲人患有白血病或相关病症的骑手。我并不清楚这个名字从何而来，听到在此地调研的老师和同学们都这么叫，我也索性跟着这样称呼。张飞宇所在的东贸站点毗邻北京陆道培血液病医院。根据医学人类学家苏老师的科普，我得知陆道培医院是一家专门治疗白血病的民办血液医院，也被称为白血病患者的"最后一站"。很多被公立医院"判了死刑"但仍旧不想放弃的患者，最终会流转至此。走到这里的家庭来自五湖四海，他们一方面需要照顾患病的家人，另一方面也需要努力维持生计，跑外卖因此成为一个重要的过渡性选择。

对于站长张飞宇而言，管理骑手不容易，管理"小白骑手"更加困难。用他的话来说，"'小白骑手'是一群有心事的人"。他们既要跑单挣钱，也要照顾生病的家人。这里的家人，大部分指他们的孩子。张飞宇把这些孩子称为"百万宝宝"，因为白血病患儿的医疗费用十分昂贵，动辄几十万起，"花几百万的也大有人在"。由于白血病的排异反应强烈，患者对饮食和周边卫生条件要求极高，患者无法在医院食堂吃饭，而是需要家属专门送饭。一个患儿至少需要两人照顾，一人负责在医院陪护，一人负责在家做饭、送饭。"高峰时段很多骑手不在岗。都在给孩子送饭。"张飞宇说。

东贸站点因为许多"小白骑手"的存在而变得特殊，对"小白骑手"的管理也成了让张飞宇头疼的问题。"小白骑手"

经常请假，高峰时段不在岗，致使东贸站点在外包公司六十多个站点的绩效排名中总是垫底。提到张飞宇，一个骑手跟我讲："城市经理总是骂他（指张飞宇），当着我们的面，骂得难听着呢。绩效上不来，天天挨骂。"尽管如此，张飞宇对于小白骑手的宽容始终都在。只要骑手因为照顾病患需要请假，张飞宇二话不说，都会准假。李达是张飞宇站点的一名骑手，他因为自己儿子的事情十分感激张飞宇。

> 去年的时候，我回重庆老家看儿子。因为孩子病情变化，待了三个多月。本来公司要求，超过三个月不跑单的系统都封号。结果他一直给我留着。要是封了号，我数据全没了，得重新干。……他是顶着很大压力帮了这些骑手。

跟李达聊起站长张飞宇时，我说他是一个腼腆的人，李达不以为然。"那是因为你没看到他的另一面。他守着你们女孩子不好意思，骂起人来可凶呢！"此言不假，在后来的接触中，我们逐渐看到了张飞宇彰显站长威严的一面。

站里的一些"老骑手"倚仗自己留站时间长，不愿意听站里安排，时常不来早会、出勤迟到、不服从调度派单。这时候的张飞宇像换了一个人，变得十分厉害，经常在电话里破口大骂："爱干干，不干给我走人！""还能不能干了？不能的话，马上过来办离职！"大家都心知肚明，这是张飞宇的气话。骑手离职的后果比较严重，一旦自己的账号被站长拉黑，就意味着从今往后再也不能来站点上班。

　　遇到大雨或者恶劣天气，张飞宇的压力会变得空前大，因为骑手都躲在家里，不愿上线跑单。后台系统的订单猛增却派不出去，就会出现"爆单"的情况。应对这种情况，张飞宇有自己的办法。一到雨天，他就会带上伞离开办公室，骑上电动车，去骑手宿舍一个一个敲门。"看我来了，也都害怕，就换上衣裳去跑了。"他也多次在早会上对骑手说：

　　　　咱们都是人，你配合我，我也配合你。你请假的
　　　时候，我都准了，所以，我用上你的时候，也希望你尽
　　　量配合。你们也知道，我求你的次数肯定比你求我的少
　　　得多。该上线的时候立马上线，别支支吾吾找借口。

　　张飞宇是一个有故事的人。初中毕业后，他来北京当保安。半年后，回老家帮哥哥跑车，骑着三轮给当地建筑商送板砖、建材。"我跑单快，就因为以前老骑车"。送货让他拓展了自己的社交圈。他瞅准商机，开始利用送货的机会给当地的餐馆送涮羊肉和火锅所需食材，并用这笔积蓄开了自己的建材厂。2015 年，赚了钱的张飞宇在河南沙河开了自己的水果城。2016 年，水果城一度被扩展成一个两层的购物商城。张飞宇成了当地小有名气的老板，还给当地的幼儿园和小学捐过款。但也是这一年，国家开始整治环境污染，房地产建材生产被管制，上游产业链断了，张飞宇的钱款被拖欠，厂子破产了。"到现在，还有几十万要不回来。都找不到人。"一无所有的他，重新回到北京，成为一名骑手。

由于之前送货经验丰富，半年后，张飞宇就成了站点的"单王"，并决定"挑战一下自己"，当了东贸站点的站长。

面对骑手的流动，张飞宇表现得十分纠结。一方面他知道对于来到这里的很多病患家属来讲，跑外卖仅仅是一个过渡；另一方面，自己的站点又需要源源不断的人力来补充。在东贸站点的这四五年里，张飞宇见证了太多的道别和离去，"半年下来，怎么说也会有几十个人走吧"。一个白血病患者的家属来这里，带着这样那样的艰辛苦楚，希望寻求一份工作，这让张飞宇难以回绝。而他们的间歇性停班和突发情况经常发生，有时候也会使张飞宇陷入被动。稳定的运力难以维持，张飞宇不得不时常想办法努力招聘。

一天，副站长跑来跟张飞宇抱怨，说其中一个骑手送单"不给力"。"别让小吕跑单了。入职十天，车坏了七天"。张飞宇听了，抿了一下嘴，没说话。他舍不得。

> 一个骑手，从啥也不会到熟悉这片地的所有小区、楼层、商家，怎么也得一个月。另一方面，骑手的流转率很高，半年就会走掉三分之一。费劲找到、培养起来的骑手，很快就走掉了。

所以，一到夏冬季人手短缺的时候，张飞宇和副站长就会使出浑身解数来招工。张飞宇目前有三个策略，一是用"58同城"招聘网站。网站与所在的外包公司进行合作，招到人就会将其分配到张飞宇手里。二是采用"老带新"的方法，利用骑手们的社会关系招人。为了鼓励大家招工，张飞宇的站点规定，凡是引荐了新人的骑手，引荐者和被引荐者各得 1500 元奖金。这笔奖金被称为"人头费"，一些骑手为了赚得这笔可观的费用，会把自己的老乡、朋友拉到站点里。只是燕郊毗邻北京，在这里招工并不具有优势。三是利用骑手的餐箱张贴广告。餐箱广告我曾在第一章描写过，这里不再赘述。

概言之，围绕着陆道培医院的周边，"小白骑手"的人员往来和高流动的问题周而复始，给张飞宇带来了不小的挑战。对于小白骑手来说，单向度的劳动收入和劳动过程并没有办法完全解释他们参与其中的动因。除了劳动面向，他们有着与常人不同的作为"病患家属"的独特身份，这让他们成为骑手的历程和故事变得复杂。

白血病与救助款

每到中午时分，陆道培医院的门口便陆续聚集起前来送餐的骑手。他们并不是给顾客送餐，而是来给自家孩子投喂"无菌餐"。由于白血病患者对于餐食的卫生条件要求极高，因此必须由家长亲自送餐。在午晚饭时间，"小白骑手"需要得空给自己孩子做好饭，并送过来。远远望去，陆道培医院的门口设有清晰的送餐区，这些区域主要是为白血病的患者家属送餐提供便利的。通过一旁的铁栅栏，整个医院门口的送餐区被划分为移植病区、血液病区、移植仓等不同的窗口，不同的窗口由不同的数字命名。"小白骑手"骑着电动车一个个出现，他们大多身背一个方形挎包，里面装好了刚做好的汤和菜。停下电动车，他们小心翼翼地把挎包取下来，拎到门口。这时会有陪床家属（一般是孩子的妈妈）前来接应，他们把餐食通过送餐窗口递进去，再接出上一餐空出来的饭盒包，骑车离开。

图22 医院门口给孩子送午饭的"小白骑手"

在了解到白血病患者的高额医疗费用后，我的一个主要疑惑是：骑手如此不稳定的工资收入如何支撑白血病患者的高额花费？正如张飞宇所言，"百万宝宝"动辄几十万、上百万的治疗费用很难靠"跑外卖"这样一份工作来支撑。那么，众多的小白骑手来到这里，仅仅是为了寻求短暂的过渡吗？他们在此之外是否还有别的考虑？

随着田野的深入，我的疑问得到了解答。小白骑手来这里并不仅仅是寻求一种跑外卖、打零工的过渡，而是希望借此得到更多的社会救助。2019 年，"美团"上线了"袋鼠宝贝计划"的公益帮扶项目，针对骑手子女患大病、资金缺口较大的情况进行资助和公益筹款。根据患者病情严重程度的不同，其骑手家属可以获得 5000—100000 元不等的救助款。这一项目的落地很快得到了燕郊白血病患者的关注。对于四处求医、负债累累的白血病家庭来说，争取资助款比任何事情都更加重要。大家争相传递消息，希望能够得到尽可能多的社会救助。燕郊陆道培医院这一区域已经形成了围绕白血病救治的多元的社会成员和救助力量，包括基金会、企业组织、同乡会、病友会、高校等，他们之间也形成了彼此合作或者竞争的关系。依托盘根错杂却又相互扶持的社会关系网络，病患家属得以建立关系，寻找合适的帮助。"美团"设立公益帮扶项目的消息在患病家属的微信群中迅速传开，一时间，是否要去"跑外卖"成为白血病患者家属们热议的话题。一些迫于经济压力的家属，率先做出了尝试，其中包括来自辽宁的大刚和来自天津的小袁。

大刚来自辽宁鞍山，孩子在六岁时被查出白血病。平日里他温和少言，待人平和，在聊天的时候会笑起来，让人很难看出是一个家里有白血病患者、负债几十万的人。用他自己的话说，可能是"以往的经历沉淀了，慢慢习惯了"。在访谈的过程中，大刚讲述了从孩子被确诊为白血病到全家搬到燕郊治疗的过程。过去的两年间，大刚的整个家庭陷入了"治病救人"的经济危机和精神压力中。

> 孩子总是说自己累，我们也没当回事。后来就是

四肢比较细，肚子大，脸色发黄。去县医院，医生不
敢定，让去市里。市里住了两个星期，说不行，让转
院。我没办法，打听人，找到这儿。

2020 年底，大刚与家里人经过反复商量，决定破釜沉舟，
全家搬到陆道培医院旁边以帮助孩子治疗。孩子进仓治疗后，
大刚在病友的推荐下得知了这一公益项目，他想着自己平日只
给孩子做饭，也没有别的收入，索性就加入东贸站点，成了一
名专送骑手。

治了一年多，钱也花得差不多了。刚来的时候带
了三十多万吧，又问亲戚借了二十多万。没多少了。
听人说，当骑手可以申请（一笔钱）。怎么说，咱都是
农民家庭，没什么大钱，都是自己省点儿。我寻思着，
孩子的病也稳定了一些，（我）出来跑个骑手，也能挣
点钱补贴家用。

2021 年，趁着疫情解封的空档，我和苏春艳老师与大刚、
小袁师傅一起在站点附近的一家米粉店吃饭。大刚带着浓重的
东北口音，中午的米粉店往来人多，在嘈杂声中勉强可以听清
他的话。他说自己以前是鞍山一个县里的焊工。刚来跑外卖，
他显得不太适应。"高峰时段太着急，喘不过气来"。

"袋鼠宝贝计划"对于申请救助款有门槛要求，骑手需提
供自己在外卖配送平台三个月的工资流水方可进行申请。同时，

申请分一期、二期、三期等不同阶段，患者家属需要根据公益
计划的要求分阶段进行申请。这一要求的设立应该是考虑到骑
手的高流动性。只有持续在骑手岗位上的家属，方可得到救助。
到 2021 年 9 月，大刚已经跑了半年外卖。拿到第一笔救助款
时，他很欣慰。"有这个钱总比没有强。亲戚朋友都借光了，能
拿到（救助款）自然是好。"救助款的获得需要骑手与平台方的
负责人进行密切的对接和交流，提交医院的病情诊断书和报销
单，并按照要求分阶段接收救助款。前期，繁复的材料提交让
大刚感到十分头疼，但不到半年的时间，他已然变成了一个精
通各种手机应用的专家。吃饭的时候，他熟练地打开医院 App，
找到各种化验单、医药单的数字单据给我看，并给我展示如何
把一些单据转化成对方要求的格式进行提交。"以前咱都不会
使，现在孩子生病，都会了。"

小袁是大刚的同事，内向腼腆。吃饭的时候，他不怎么动
筷子，我和苏春艳老师只好不停地招呼，他连连点头。小袁的
孩子在 2020 年被诊断出白血病，一家人辗转来到陆道培医院，
并在医生的指导下做了骨髓移植。2021 年 9 月，我们去燕郊找
他们吃饭，其间得知他的孩子与大刚的孩子竟然同一天出院。
这一天，两个人的心情都不错。小袁笑着回忆当时自己得知儿
子病情时的情景：

> 当时医生说了一个什么词，反正不是白血病。我
> 就以为，只要不是白血病，那就没事吧。结果第二天，
> 医生让我准备两百万，然后给孩子转院。我当时心态

> 崩了，后来才知道，那个病就是白血病，白血病只是
> 一个统称。哎，没学问真不行。

最缺钱的时候，小袁带着妻子和孩子，身上只有三千块，而孩子的治疗费一次就要一万多。同样是为了获得救助，小袁以最快速度加入了外卖队伍。前期的花费已经非常之大，跑外卖获得救助款成为小袁一项很重要的选择。在申请第一期救助时，为了不停药，在孩子做完检查或者化疗后，小袁会第一时间把所有资料都发给公司的审核方。

> 一天的时候，发几十个微信，经常催他们。确实
> 没钱了。

家属催得着急，公司的转款流程也会提前几天。做骑手半年的时间，小袁一共拿到了五万元的捐助。对此他很欣慰。

对于燕郊一带的白血病患者家属来说，获取经济资源和社会资源的需求加快了他们自我身份的转变。为了获得更多的资源和支持，他们往往需要灵活地转换身份，如变成"小白骑手"或"志愿服务者"，以此来获取一些社会资源。这种对于"过渡性"身份的利用，每时每刻在燕郊的这一区域都在上演。治疗白血病是一场持久战，即便进行了骨髓移植，后续的排异反应和病情反复，都是一道道难过的坎儿。患者"脱白"的时间一般在3—5年，为了随时处理可能出现的问题，很多家属患者选择定居在此。虽然居住条件比较差，但在燕郊陆道培血液医院

附近，小白骑手们感到很安心。大刚说："很多人（为了给孩子治病）已经倾家荡产，老家的房子已经卖了。也回不去了。有孩子的地方，就是家。"

中间人

2021年10月一个晚上的7点58分，我们和李达坐在饭馆里，所有人都屏住呼吸，目不转睛地盯着自己的手机屏幕。

> "还有两分钟！准备倒计时。念到'一'的时候，大家就点，使劲点！"李达大声说。我们一致点头。
>
> "十，九，八，七，六，五，四，三，二，一，好，点点点！"
>
> ……
>
> "哇，我抢到啦！""哎呀，我这个怎么不显示，卡住了！""我也抢到了！""哎，我没有！"

在紧张的时间节点过后，饭桌前爆发出一阵阵议论声。当天晚上，我们调研小组的老师和同学在帮助小白骑手李达做"99公益日"的配捐。2015年，腾讯公益联合多家公益组织在9月9日发起了社会捐助的主题活动，倡导网民通过小额现金、步数、声音等为需要帮助的人群提供捐助。这一活动延续至今，并逐渐变成白血病患者家属争取社会援助的一个重要渠道。"配捐"是公益平台企业的一项捐助规则，为了扩大平台捐助活动的影响力，平台企业会通过公益资助的形式给获得受益人按一定比例额外资助一部分资金。举个例子，如果张三在公益日通过网络众筹的形式获得了一万元的社会筹款，那么按照"配捐"的规则，平台企业也会配捐一万元，这样张三的筹款就变成了两万。

"今年配捐的比例尤其低，配捐只有5%—10%，大不如从前，"李达边看手机边抱怨说，"唯一的例外就是'99公益日'的三天活动，即9月7、8、9号，在这三天的晚上八点获得的捐助款，企业会按照50%进行配捐。"

对于小白骑手来说，这样的配捐比例十分具有吸引力。因此在临近8点时，李达请求在座的全体人员帮着他"抢配捐"。一桌8个人，有前来调研的老师、同学，也有做公益的志愿者。李达看上去十分有经验。他有条不紊地加了我们的微信，先给我们每个人微信转了两千元，然后让我们在7点59分59秒时把钱捐到他的筹款账户。"没人捐款，就自己给自己捐，嘿嘿！这几天，站里的骑手都无心跑单，全在抢配捐！"李达说。

为了抢配捐，小白骑手们发现并使用了各种各样的策略，包括跟亲朋好友借款以及向银行贷款，有些骑手甚至借了高利贷。后来，我听在此处做调研的学生偷偷跟我讲，有三个小白骑手为了配捐，竟然一起借贷，金额高达七十多万元。因为涉及个人的隐私问题，我们也无从跟踪后来配捐的结果如何。随着配捐比例越来越低，很多小白骑手可能选择铤而走险。

李达是陆道培医院病友圈的"名人"。他只在每天上午9—12点跑单。下午的时候，他需要"去忙自己的事情"，包括接待新来的病友、对接平台公司的媒体采访、参加志愿活动、联络基金会等。按照他的说法，因为事情太多，他在东贸站点已经由一个全职骑手变为"游走型"骑手。尽管李达非常谦虚，但是在采访时，当我问及为什么他只干半天骑手时，他还是很自豪地对我说："怎么说，我也算是在这一带混得比较熟，小有名气吧。"

此话不假。李达确实是一个大忙人。他2017年带着妻子、儿子来到陆道培医院，在五年的时间里，他已经十分熟悉周边的人际网络。光是病友微信群，他就加了十多个。同时，他还创建了两个病友群，一个叫"移植八楼"，里面聚集了在陆道培医院八楼白血病移植区治疗的病友及其家属。"一群现在有五百人，已经满了。然后有个二群，现在已经一百几十人啦。"另外一个叫"川渝群"。李达的老家是重庆，"川渝群"是一个老乡群，专门用来对接和帮助来自川渝地区的治病老乡。

除此之外，李达还要帮助基金会做些事情。陆道培医院周边聚集了大量的社会救助机构，包括各种基金会，如1743、新阳光、情暖中国、中国人口福利等。按照李达的说法，这些基金会驻扎于此，一方面是为了帮助白血病患者和家属，另一方面也要"完成自己的KPI"，这个KPI主要指的是救助数据：

> 你要明白，基金会与基金会之间也（是）会有竞争的，每一年帮了多少人，有多少人注册等。他们之间竞争得挺厉害的，需要我们这样的人去联系。……就比如说，最近他们需要完成一定的求助注册人数，

但是他们不直接认识病人。通过我，我给他们介绍病人，就可以帮助到他们。

由于能够对接到很多的病友，李达成了基金会和机构的"中间人"。除了基金会，李达也帮助众筹公益平台做推荐、联络等事情。游走于这些帮扶机构和病友的社会网络之中，李达渐渐觉得自己找到了新的人生角色和定位。"回工厂，没有什么技能；回老家，也就是打打零工。在这里认识这么多人，大家联络着，我自己也做些帮扶，挣点生活费，挺好的"。来北京之前，李达曾经是一名厨师，他炫耀自己做的辣椒酱很好吃，现在空闲之余，也会做一些来卖。

以前都是在小区门口。现在在朋友圈一发，就没有了。生意可好啦！

李达的儿子是一名白血病患儿，2017 年转院来到陆道培医院。从确诊到进仓、移植，前前后后花了三百多万。经过多方求助和捐款，李达现在仍然负债 120 万，但是他十分乐观。在燕郊这么多年，他从焦虑万分到垂头丧气，再到逐渐接受。跟着儿子在鬼门关来回走了好几遭，他似乎更加明白了活着的意义，也算是"混了出来"，积累了不少经验。

我让他讲讲自己的故事。他跟我分享了第一次给医生送礼的情景。由于儿子病情不稳定，着急进仓，李达认为有必要打点一下关系。但是初来乍到的他，人生地不熟，对熟人介绍的医生也并不完全了解，因此十分紧张。送礼那一天，他预先算好时间，悄悄地把医生叫到楼下，塞给医生一些家乡特产。后来才发现，这里的医生并不避讳收礼物，反而因为这种场面见得太多而十分自然。医生谢过他，让他直接把特产放在办公室，说这样，往来的同事和病友也都可以分享。让李达意外的是，陆道培医院的医生不会收取贿赂，也不会找病患要钱。"这与之前咱们的经历非常不一样"。他一度十分感动，觉得医院"很有关怀精神"。

对于未来的打算，李达没有像其他骑手那样勾勒一个"宏图大愿"，而是更希望保持现状。经过四五年的治疗，李达孩子的病情已经稳定，他也可以继续在这里工作，挣钱还债。这些年，李达似乎已经开始习惯常年在医院旁的"悬浮生活"，甚至对这里充满了认同感和建设感。他向我描述，一方面，病患和医生的关系很好，不需要送礼塞钱；另一方面，病友之间也特别团结，大家相互帮助，让他觉得很有归属感。对于大多数小白骑手而言，跑外卖这份工作形式大于内容，因为依托这份工作所达成的社会资本的桥接比工作本身更重要。通过这份工作，来自异乡的骑手得以获得救助款，认识一些资助人，并由此认识更多的病友家属，逐渐形成围绕白血病患的互助社群，这是他们通过跑外卖联结到的对于家庭再生产十分重要的生存空间和生存资源。在某种程度上，这是一种机会主义策略，利用过渡性来救助自己悬浮的生活状态。围绕燕郊东贸站点，骑手、站长、平台、救助机构和其他参与者共同建构了一个救助场，努力延续救治的希望和可能，充分展现了社会关系和数字化之间的张力。

"逆算法"的实践策略

集体"抢单"与"捎单"

　　传统的劳动研究在描述劳动时，会重点强调资方与劳动者不可避免地存在"控制－反抗""管理－抗争"等不可调和的矛盾。资方总是千方百计地控制劳动者，压榨他们的劳动时间。与此相对应，劳动者会通过罢工、游行、革命等方式谋求劳动权益的提升。这些在英国的宪章运动、法国的巴黎公社运动，以及美国的芝加哥工人罢工等历史事件中均有体现。进入21世纪，消费资本和数字资本崛起，资方与劳动者的关系发生了明显的转变，劳动的自由化程度逐步提升。尤其是在零工经济的语境下，个体劳动者不再被强迫劳动，而是成了能够自主选择的个体，可以自己决定是否劳动、如何劳动、何时劳动。在平台经济中，互联网技术日益取代传统的人力监管手段，原有的面对面、对抗性的劳资矛盾因为技术中介的出现而开始慢慢隐退，转而迁移到"数字中介化的劳动"这一场域下。"控制－反抗"的框架依旧在，但这之间似乎又多了很多的中介因素。控制的手段变得隐蔽、柔性，甚至带有更多的"人情味儿"。技术的分化和重组打破了传统的集体行动框架。可以说，劳动者无法找到一个可以诉说愤怒、表达抗议的具体对象，回应他们不满的只剩下时断时连的客服、手机上不听指挥的后台系统，还有一个抽象模糊的资本代言人——数字平台。

　　相应地，劳动者的抗争形式也在慢慢发生转变。当发现控制和监视自己工作的是一整套智能化的算法体系时，骑手们开始琢磨如何应对这样一个没有实体、不会说话的技术性家伙。在长期的送单劳动中，骑手"以身试法"，通过劳动实践一点一点地发现算法系统的漏洞，加以利用，并进行再创造。这样的行为被一些学者称为"算法行动主义"（algoactivism）[1]。如果我们将算法技术在当今社会的使用看作一项宏大社会工程，那么，骑手针对算法规则进行的"利用"和"再创造"就是一种"逆向社会工程"（reverse social engineering）。在此过程中，身体、劳动、手机成为他们的坚实武器，流动、社群和交互成为他们协同的重要方式，对于算法知识的了解和掌握成为他们与平台协商和追求自我利益的关键因素。逆向的算法实践与计算机的编程逻辑不同，这是一种自下而上的社会实践，[2]即劳动者在对算法黑箱一无所知的情况下，通过自身特定的劳动实践摸索出的、能够绕过系统规制来实现自我利益最大化的方式和方法。这一节主要来讨论骑手们"逆算法"的劳动实践。

值得一提的是，很多时候，"逆算法"的劳动实践不一定正确或者可取，甚至有时会违背劳动者之间的公平竞争。但是这些行动的存在仍然十分重要，这主要基于以下两方面的考虑：首先，它生动地展现了人与技术的互动关系，其中充满了猫鼠

---

[1] Kellogg, K. C., Valentine, M. A., & Christin, A., "Algorithms at Work: The New Contested Terrain of Control," *Academy of Management Annals*, vol. 14, no. 1, 2020, pp. 366–410.

[2] Seaver, N., "Algorithms as Culture: Some Tactics for the Ethnography of Algorithmic Systems," *Big Data & Society*, vol. 4, no. 2, 2017.

游戏和斗智斗勇；其次，它在很大程度上彰显着劳动者的主体性和能动性。这些能动性并非停留在话语层面，而是彰显了他们丰富的劳动实践和争取自我赋权的努力。与技术作对，存在被"反噬"的可能，[①]但也有许多劳动者坚持不懈，靠着这样的"逆向工程"获得收益，争取主动权。他们对数字技术的利用和再创造值得我们记录和关注。

第一个故事来自北京房山区的"意见领袖"大强哥。在跑单的过程中，他偶然发现了一个远程切换账号的系统漏洞，并将这一发现在外卖骑手群传播出去。通过微信群的联络，大强哥带领房山地区众包骑手集体抢单、相互捎单，提高了工作效率，也赚到了额外收益。平台后来发现了这一漏洞并对相关骑手进行了封号，但大强哥不以为意，而是将其作为一种值得传播和铭记的事件。大强哥的个人讲述十分精彩，我不忍删减，因此全部记录在此。

> 刚开始干这个行业的时候，单价高，人员少，我们能赚到钱。那时候是抢远单，不跑近单，（大家）都是抢几十块钱的单。小单根本不放在眼里。全是手动抢的，系统不派单的。（订单）最少 15 块钱起步。跑远单的话，一公里最少加三块钱。那时候轻轻松松地一个月（收入）上一万五。
>
> 我们抢单不管三七二十一。咱们这帮骑手混得比

---

① 丁未：《遭遇"平台"：另类数字劳动与新权力装置》，《新闻与传播研究》2021
年第 10 期。

较好，把关系搞起来之后，不管是哪个方向的单，就尽管抢。方向抢错了都无所谓，大家商量好，会有别的骑手替你去送。

怎么送？大家抢了单之后，看一下（配送的）方向。别人抢到我（这个）方向的单，他们就把账号给我，我登录他们账号，顺道去送。我抢（到）他们（那个）方向的单，我（就）把餐给他们，让他们给带走，登录我的账号，帮我把单完成。我们这个钱就这么挣了。

（这个漏洞）一开始谁也不知道。2018年干的时候，慢慢发现了。当时一个朋友让我带着他弟弟干外卖。我说行。我把他拉过来，带他干。2019年的时候干了一个月，那天他跟人碰车了，出了事故。他说有餐还没送。我去了把他的餐拿下来，我说："我帮你送，你在这儿等交警来处理这事。"他说手机压碎了。我当时想拿他手机去送餐，他手机碎了，也看不到内容，这怎么办呢？我只能拿他账号登到我的手机上，我才发现这个系统有漏洞：可以登录别人账号！实践出真知，最后我就拿自己手机登录他的账号送了餐，才发现这样也可以。

我第一次还不相信，你知道吧。第二天的时候，我就故意这么试了一下。当时我想，大不了这一单我就白送，一单也没多少钱。就是想试一下。我又跟这个哥们说，"你把这个餐给我带走"。正好他去那个方向，那一单他给我带走了，我说，"你到地方给我打微信"。他到了给我打电话，我告诉他我的账号。他拿我账号登了，点了送达，就完成了这一单。因为手机后台账号有定位系统，必须在送单点周边才能点送达。我就这么发现了（这个系统漏洞）。

发现了之后，我挺开心的，就告诉别的骑手。我给他们传播这个事情，他们不相信，说："你这不是作假吗？"好多人都不相信我。但这之后，我挣钱变轻松了，压根就不用送单。我就远程调度，我抢单，控制他们几个跑单。你们不是不相信吗？不相信，我今天让你们相信这个事。那段时间，有一个多月，我天天到美食城那儿坐着玩，我只负责抢单就完了，抢完了，告诉他们怎么做，帮我顺路送单。一个月轻松上一万。

后期的时候，这些骑手都信了，发现真的管用。他们发现我不干活，就说："不行，我们老给你帮忙送单，你也得帮我们去干。"（大笑）我就也开始跑单了。

最后我就建了一个（微信）群。（骑手之间）靠微信群联系。（微信群是）我建的。最开始八个人在这个群里面，我们开始集体抢单，反正抢到哪里就送哪里。大家都一起抢。（微信）群慢慢变成三四十人，后期就五十来人，慢慢到现在有一百多人呢。比如说，我抢到了单，就直接在（微信）群里喊一声："谁在？"如果这个方向正好有人过来，我就把我的账号给他，他登我账号，把那单给我取来。然后顺路帮我送来社科大，我就不用送了，直接点送达。这次他帮我送，下次我帮他送，互相帮忙的。

大家之间各种帮忙。那时候可厉害，良乡抢大学城的，大学城抢良乡的。乱抢单，一块儿挣钱。但是你要是之前没干过，刚开始干，你都看不懂那些单是怎么抢出来的。我们这么干的时候，进来的新骑手几乎抢不到、没饭吃，我们就不给他们这个机会。后期公司对我们封控，就是怕我们这些老骑手玩套路，新骑手根本没饭吃。2019年这一年，我挣了12万。

那个时候的单，你想怎么拒怎么拒。你想接就接，不想接（就）拉倒。不是那么严。第二年（2020年），公司估计已经发现了，在后台纳闷，天天这些没有轨迹的配送是怎么送出来的。他们就开始封控，不让我们这么干了。但是我们把它当成耳旁风，没当回事。后来也不知道是谁投诉的，公司查得严了，发现了就直接给你来个永久封号，谁也给你解不开的那种。我们有几个（骑手）就"中标"了，所以我们就老实了。（笑）

封控之后就是说，无论取餐还是送餐，没有轨迹的直接就封号。现在它有系统，不管是去商家取餐，还是去客户那儿送餐，都必须有行程记录轨迹。没有轨迹属于违规、属于虚假。

对于集体抢单的回忆，大强哥充满自豪。那是他带领兄弟们实现集体收益的辉煌时刻。虽然后来平台系统堵死了集体抢单、集体调派的路，但是为了保证订单能够流转，平台保留了转单功能。每个骑手一天可以有几次将订单转出的机会。因此，小规模的集体抢单仍旧存在。

　　每到下午五点，骑手们登录上线，三五成群，拉开架势，开始抢单。根据长期积累的经验，论抢单速度，苹果手机不如安卓手机，联通信号不如移动，空手划单不如戴触屏指套。大强哥掏出手机，打开抢单页面，左手托着机身，拇指不停地快速点击屏幕下方的刷新按钮，两眼死盯着屏幕，右手的拇指拉开，随之准备看到订单进行右滑（参见图 23）。"抢单分为三点：手速、注意力、眼神。"大强哥像导师一样解释说，快速点击刷新按钮能够保证订单出来，当订单出现在抢单页面上之后，要通过看地址的前几个字来判断这个单子好不好，如果好就迅速右滑，不好就不要抢。因为长期保持紧盯屏幕的习惯，大强哥变得近视，特地配了一副 100 度左右的眼镜戴着抢单。

图 23　戴着触屏指套"拼手速"抢单的骑手

"引虎出山"

有时候,骑手会在长期的劳动经历中摸索出一些奇特的、难以捉摸清楚的算法"民间理论"。他们并不知道背后的机制是什么,但是却发现特定的招数对于算法派单的机制有特殊的效果。这些摸索出来的"反算法"招数好比民间偏方或民间理论[①],虽然无法弄懂它的内在机理,但在应对实际遇到的问题时可能十分有效。

第二个要分享的故事来自汾哥。他是北京大兴区的一名美团众包骑手。汾哥一米七左右,早春的时候就已皮肤黝黑。他说话声音洪亮,喜欢表达,是骑手群里最活跃的一个。

2023 年早春的一个下午,汾哥和很多骑手一样,倚在自己的电动车上刷订单。令人惊讶的是,"抢单大厅"[②]里一个订单都没有。原来,疫情放开后就业回潮,大量人口涌向外卖,春季又是外卖的淡季,外卖业因此出现了僧多粥少的场景。外卖订单量总体下降,骑手的数量却显著增多,大量骑手无单可送。汾哥说:"一些平日里我连看都不会看一眼的订单,一出来也会立马被人抢光。"汾哥所说的这些不受青睐的订单,指的是距离远、价格低、需要爬楼梯、配送路程不好走的单子。他一边嘟囔着,一边不停地上下滑动手机屏幕。看见我一直站在身边,

---

① Ytre-Arne, B., & Moe, H., "Folk theories of algorithms: Understanding digital irritation," *Media, Culture & Society,* vol.43, no.5, 2021, pp. 807-824.

② "抢单大厅"是指美团众包 App 的一个功能区,里面会定时放出所需配送的订单,骑手可以在此抢单并进行配送。

他忽然抬头看向我，笑着说："有空？帮我个忙？"

我想知道他的心思，于是答应下来。他顺势接过我的手机，打开订餐 App，开始一顿操作。我问他是要干什么。

> **汾哥**：没什么。就是用你的手机，帮我下个单。买什么都行。不会花你的钱，放心。
>
> **我**：下个单？为什么？
>
> **汾哥**：现在不是没单子吗？你帮我下一个，我来抢。
>
> **我**：放在"抢单大厅"，你能保证抢到吗？
>
> **汾哥**：放心吧。这点本事我都没有，还玩什么。

汾哥熟练地操作着 App，在附近挑了一家超市，下单买了两箱水。一共 27 元，我付了钱。这时，他立马拿起自己的手机，点进"抢单大厅"，开始以很快的频率刷新。过了大约两分钟，里面果然出现了我的订单，汾哥以迅雷不及掩耳之速抢到了手。这让他开心得哈哈大笑。我仍旧不明白其中的原委。他故作神秘地告诉我：

> 就是说呢，这些订单，后台会尽量按照路线给你安排。比如我这儿现在有你一个订单，时间也充足。那系统就会陆续把顺路的单子都派给我。我走一趟能送好几单。就是这么样。是个设置问题，具体的我也不懂。不懂就不懂吧，反正管用！（大笑）

又过了几分钟，汾哥在自己手机上选择了骑手已到店，并让我取消订单，说系统审核后就会退款。接着，他就坐在电动车上等待。果然过了几分钟，汾哥的手机开始叮叮响，系统接连派了三个订单给他。如他所料，都是去往之前订单的所在地及其途经区域。汾哥十分开心，接连说谢谢。同时也叮嘱我，不能再这么做了。汾哥和周边几个要好的骑手都知道这个，并给它起了一个代号，叫"引虎出山"。在等了许久还没有订单的时候，他们会彼此帮忙，用这种方法"招徕"订单。

> 这个只能用一两次，多了对你账号不好。系统能查出来。用过之后就不能再用了。后面有人找你，别弄了。

在平台的拓展业务中，有一项"帮买单"业务，即由骑手帮助顾客挑选物品并配送。相较于送餐业务，"帮买单"的单价更高，广受骑手欢迎。旺季时候，"帮买单"一单的配送价格在 10.5—11.5 元之间，而餐品配送则只有 7—8 元。为了让自己获得"帮买单"的订单，房山的骑手在此花了不少心思。在送餐的过程中，汾哥和周边的骑手偶然间发现了这个系统漏洞。如果骑手接到一个"帮买单"，那么与此顺路的订单业务也都会随之而来。于是，经过多次研究，他们找到了一个"引虎出山"的窍门。那就是，先给自己下个订单，借此去往目的地的路上，接收系统后台派来的"帮买单"顺路单。如此循环，高峰期的时候，一些骑手可以在送单周边区域接到不少"帮买单"。

骑手之所以喜欢"帮买单"业务，除了订单配送费高，还因为"帮买单"的许多订单有利可图。帮买单主要是根据顾客下单所需，由骑手自行购买相关商品。一些骑手发现，可以利用其中的部分商品"赚差价"。例如，蔬菜、水果、肉蛋奶等日常消费品通常采取浮动价格制，骑手可以从中赚取小额利润。汾哥对其中的猫腻了如指掌：

> （帮买单）现在少了，客人被坑得太狠了。……之前美团跑腿那些，顾客让捎烟或者水果、烧鸡，很多（骑手）都骗人，多要钱。好比，一盒烟15跟你要20，一个果篮120跟你要200。你让我捎的就这个价钱，顾客看了也没辙。点一次两次还行，后面就不信任了。……这几年不多，前几年还是很多的。我周边就有。

这跟我田野调查的发现一致。跑腿的骑手会随身准备一些收据，遇到无法使用机打小票的情况，便会利用这样的机会手写收据并赚取差价。后来，平台和消费者慢慢发现了这一情况，开始对跑腿业务进行限制。"帮买单"也就变得越来越少。但是，不少骑手发现，"引虎出山"的算法机制仍然存在。因此，在后续"帮买单"业务萎缩后，他们将其挪用至普通的送单业务。根据他们的反馈，这项策略属于"瞎子摸象"的民间理论，有时管用，有时不管用。有一次，汾哥受不了长期无单的状况，用了一位朋友的账号下单，但是等了一个多小时，一个订单也没有来。

与工程师对代码或程序语言的直接操控不同，外卖骑手通过日常的劳动实践得以部分了解、熟悉后台算法的运行规则和规律，并有机会在劳动过程中发现系统漏洞。一旦发现这样的漏洞可以增加其收益，他们便行动起来，通过"打擦边球"来实现自我权益最大化。只是，由于无法看到技术系统设置的全部面貌，此种策略和实践往往带有暂时性和不确定性。

"老鼠打洞"

总体说来，集体性、规模化地采用逆算法的策略在骑手群体中少之又少，毕竟，系统的实时追踪和数据更新很容易甄别出算法的问题和漏洞，并在最短时间内通过"补丁"来实现"亡羊补牢"。集体抢单、"引虎出山"这样的逆算法策略都在出现一段时间后被平台发现，并迅速变为骑手管理中的"禁止条例"。在丁未看来，这样的"反噬"做法使劳动者的"逆算法"实践变成了平台资本的免费劳力，即劳动者"自愿"成为平台技术的测试者，寻找各种 BUG。[①] 但在为期七年的田野调查中，我也发现，算法体系的日臻完善并不意味着骑手"逆算法"实

---

① 丁未：《遭遇"平台"：另类数字劳动与新权力装置》，《新闻与传播研究》2021
　年第 10 期。

践的结束。相反，骑手与平台系统的斗智斗勇始终存在。算法的发展体系更像是一场随机游戏，在既有的游戏规则之外会不断出现偶然问题，这些偶然问题则成为骑手可以有效利用、开拓出路的"洞口"。这样的"猫鼠游戏"一直存在，骑手的策略更像"老鼠打洞"，他们奔跑在城市的各个角落，并不断地利用流动性与庞大的算法体系进行博弈。这一部分主要记录了我在田野中有意无意间发现的一些骑手对抗算法控制的小策略。

首先，骑手会形成"站点社群"并以此对算法进行利用。这些"站点社群"多以线上形式存在，也就是以物理空间为基础，围绕商圈、站点、片区等组建微信群。骑手们拉彼此入群，以此方便互动沟通。这些微信群成为送餐信息的"集散区"，外卖员在群里即时转发和分享各种信息，包括"转单"请求、订单情况、交通路况、天气信息等。信息灵活的骑手会密切关注这样的工作社群，①在高峰时段相互"转单"、帮送，提高送单效率。例如，有骑手会在群里公布自己即将去往附近哪个位置，有同一时间订单的骑手可以"搭顺风车"，即送给前一个骑手或者两人合成一人送单，对算法的规划实现"再整合"，省时省力。有的时候，全城送的众包骑手发现特定区域因为天气、交通、偶发事件等原因订单价格上涨，就会在群里告知，一些空闲无单的骑手便会赶过去，先于算法实现运力的调配，并抢先得到高价单。小崔是"饿了么"的众包骑手，也是一名"换单

---

① Wenger, E., *Communities of Practice: Learning, Meaning, and Identity*, Cambridge University Press, 1998, pp. 1-19.

高手"，在送单过程中，他会有效利用外卖的微信群与其他骑手交流，借此应对高峰时段系统派单混乱的状况：

> （高峰时，）尤其每个人身上都挂了很多单，系统容易乱，开始出现乱派单。乱七八糟，东一锤子西一榔头。有一次我八个单，全在不同的方向，整个乱了……我就和队友商量，相互捎单，换一下，你帮我送这个，我帮你送顺路的。

起初，骑手对后台算法"乱派单"不满，但时间久了大家开始慢慢习惯，并主动寻求解决问题的方法。通过虚拟社群进行实时交流以实现转单、帮送，有效地对算法进行了纠正，这种通过线上交流与线下流动所形成的"算法再整合"被诸多骑手使用。小崔反复说："算法乱派，但人不能乱送，得动点脑筋。"

其次是"活地图"行为。一个总体的观察是，跑单时间越长的外卖员对派单系统的地图的信任度越低。相较于系统推荐的路线，有经验的老骑手更愿意相信自己的判断。尤其在高峰时段，负责配送老城区的骑手从来都是相信自己而不是算法给出的路线。老城区街道狭窄，人流量大，建筑和道路错综复杂，会延长送餐时间。老骑手通过抄近道、走小路，能够省下相当一部分时间。这为他们高峰时段配送更多订单提供了可能。方吉是一名"饿了么"的驻店骑手，在北京西城一个星巴克店里负责咖啡饮品的配送。在店里待了不到一年，他已经对周边老城区胡同十分熟悉：

这机器人的、电脑的，肯定没有人的大脑好使。我跑这么长时间了，我不就是活地图了吗？我不靠它（算法推送地图）。因为刚开始跑单的时候，我师父就带了我一个半小时。我就靠自己，天天骑着车跑，瞎溜达。哪里远去哪里，哪里难跑哪里。

再者，一些骑手会利用抢单软件来帮助自己获取更多订单。对于抢单软件的使用，骑手们大多讳莫如深。"抢单神器""抢单软件"被骑手们统称为"外挂"或者"枪"，是一种植入式的作弊软件，能够帮助使用者更快地抢到订单。使用外挂造成的影响是双面的。一方面，作弊软件能够帮助一些骑手在没有订单的时候更快地抢到订单；另一方面，如果大量骑手使用作弊软件，就会出现过度内部竞争，破坏公平竞争的氛围。因此，骑手对作弊软件又爱又恨。

使用作弊软件的骑手基本不会在其他骑手面前提起，使用的时候也会小心翼翼地避开人群。多数骑手知道此类软件的存在，因为各种原因并未使用。抢单软件费用很高。首先是装机费，即帮助使用者将特定的软件嵌入手机系统。其次是使用费，使用费每个月都要交，按照使用者的要求，可以分级收费。使用者可以对所抢订单的距离、费用等做设置，软件会依照所设标准进行抢单。"装机费就好几百，使用费又几百，一个月多挣的那点钱，都挂机了。"抢单软件在某种程度上可以对抗后台算法的分发机制，帮助一些骑手拿到更大、更好的订单，但是这些软件的竞争对手其实是其他手动抢单

的骑手，这样便造成了骑手内部的不平等。一些骑手对使用
抢单软件的人十分气愤和鄙视，认为这样的人破坏了"抢单
环境"。

有一次，驴哥和小王在房山一家购物中心的奶茶店等单。
他们四五个骑手围坐在一起聊天，等了两个多小时却没有一个
订单。这时，旁边来了一个陌生面孔的骑手，也坐在附近等单。
不到十分钟，这个骑手的手机开始叮当作响，一连接到了四五
个奶茶订单，这让大家十分惊讶。驴哥眼尖，凑上去一瞧，发
现这个骑手悄悄地开了"外挂"软件。剩下的骑手十分气愤地
站起来把他轰走了，并警告他不准再回来。也有一些骑手为了
多挣钱偷偷使用外挂，但是过了一阵子发现这样会影响周边骑
手的抢单数量，而且招致大家的猜忌，为了不影响周边骑手的
团结，就主动删除了软件。

无论是集体抢单、送单，还是通过各种手段躲避、引导算
法的规制，外卖骑手"逆算法"的劳动实践始终存在，而且形
式多样，这一系列的"逆向社会工程"也充分地展现了骑手的
主体意识和能动性。只是，相较于工厂大生产时代轰轰烈烈的
工人运动，零工劳动者的抗争形式和抗争逻辑发生了很大的改
变。马克思在论述政治经济学的形而上学问题时，曾经鲜明地
指出过联合与工人同盟的必要性。在每一次社会改造的过程中，
战斗的姿态十分重要。[①] 一百多年前，工人的抗争运动以结盟、

---

① ［德］卡尔·马克思、弗里德里希·恩格斯：《马克思恩格斯选集》第一卷，中
央编译局编译，人民出版社，2012 年，第 275 页。

革命的形式进行。通过砸烂资本家的工厂和机器，也就是捣毁和破坏生产资料来抗议，这样的抗争方式激烈而直接。而零工时代的劳动者，经历了过去几十年劳动灵活化、个体化、数字化的渗透变迁，其抗争的方式也已经由直接挑战变为诸多难以察觉的迂回战术。

在数字化的语境中，一百年前的厂房和机器等生产资料已不复存在，取而代之的是无法被砸烂和夺走的虚拟算法体系。它的可变、迭代、预测、分类等复杂功能与骑手的劳动、身体和自我意识正紧密地绑定在一起。当势均力敌的技术性颠覆变得越来越不可能时，斗争的方式也显而易见地由"破坏重建"变为"协商利用"。骑手对于算法的认知和想象内嵌在他们的劳动实践中，这些"逆算法"的劳动实践包含争取自我利益的意涵，也展现了他们如何一点点挖掘主体性空间。如果算法是一条长长的堤坝，那么骑手便是在堤坝上来回奔波的蚂蚁。他们在奔走之余发现这坚固大坝上的裂隙和缺口，并以此为基础一点一点开辟出自己的另类生存空间。就这样，"千里之堤"与"溃于蚁穴"的风险矛盾一直存在，成为骑手与平台既合作又抗争的一个重要切口。

当然，在骑手日常劳动的"逆算法"实践之外，也会有公开叫板和挑战的劳动抗争形式。这样的案例并不多见，但也为我们重新看见劳动者的数字韧性提供了一个个小窗口。接下来的一节，我想分享"逆算法"实践之外的骑手抗争策略，并讨论媒介技术在其中的作用。

媒介化社群

"认识更多的朋友"

我曾在第四章里提到过孟天河，一名住在北京城中村的"饿了么"众包骑手。第一次知道孟天河是在一个自媒体平台上。朋友知道我研究外卖，转发给我。镜头里的他二十多岁，圆脸，戴着头盔，穿一身蓝色的配送服。在一个人潮涌动的路口，孟天河骑着电动车，一边走，一边讲述平台送单价格如何不合理。后续我在好几个平台找到了他发布的短视频。视频里的他喜欢开玩笑，表达欲很强。这让我十分想认识他。

几经周转，我加到了他的微信，并在 2022 年夏秋之交的一个傍晚，和学生一起去北京周边的一个城中村找到了他。孟天河做骑手的时候，因为"闹事"蹲过监狱。从里头出来后，他在自己住的城中村里开了一家电动车修理店，顺便做租赁电池的生意。现实中的他个子不高，头发略长，有些害羞。寒暄了几句，他跑去旁边的小超市给我们买了矿泉水。我们聊起来，发现他与镜头里侃侃而谈的形象并不相同。现实中的孟天河更加简单、直白、实诚。城中村旁边有一条小河，天色黑下来，我们坐在小河边的烧烤摊聊天。

孟天河之前做餐馆生意，在北京租了一个七百平的餐厅空间，想趁着外卖平台"补贴大战"时好好赚一把。没想到餐馆扩张后，平台补贴急剧减少，巨额人工费和租金让他在半年内亏损百万。他屡次尝试转租未果，最后不得不停了生意，欠下了六七十万的债。面对巨额的亏损，孟天河慌了手脚，有些"找不到北"。歇了两个月，他决定从头再来，开始跑外卖。

2018 年冬天，孟天河跑外卖时出了一次车祸。根据他的回忆，那是一个中午，有位顾客点了麻辣烫。因为跑得着急，到的时候撒了一些汤。顾客说不要了。孟天河只好送回餐厅，路上他有些不高兴，脑子里一直在想这个事情。过十字路口的时候，他被小汽车撞到，电动车被撞出四五米远，整个人飞了出去。眼睛、胳膊、腿都受了伤。恍惚之间，他被送进了医院。

> 就在华威桥那里，也不知道怎么回事。至今我也不明白，究竟我有没有闯红灯。……脑袋是走神了。
>
> 眼睛肿了，脸擦伤了。医生让我住院。我没钱，就在急诊室外面的走廊里躺了七天，挂点滴。就我一个人，也没有朋友。没人来看我。

孟天河跑外卖还不到三个月，就遇到了车祸。他一人躺在急诊科的走廊里，身体肿痛，无人照看，觉得十分孤独。因为之前在工作群里表达对平台政策的不满，他被片区负责人踢出了群聊。没有人聊天的病痛时间让他觉得十分难熬。这些经历刺激了他，也成了他"寻找团结之路"的开始。

> 我当时就想，为什么不能认识更多的朋友？片区负责人把我"踢"出群，为什么不能建一个外卖兄弟群，再也不会有人"踢"我们了。

　　我开始加骑手。最多的时候，一天加了一百多个。
要付出时间。朋友、同事拉进来。有人说搞个标志吧，
我想了想，那是违法的吧，还是算了。打个广告吧，
去打印店搞了一个塑封，把我的（微信）二维码放上，
贴在骑手餐箱上。慢慢有人加我，我拉他们进群。好
玩，你知道嘛。有一帮兄弟，随叫随到。

　　以外卖骑手的流动餐箱作为广告牌，孟天河"寻找更多朋
友"的想法很快得到了实现。骑手看到了微信二维码，有的觉
得新奇，也有的希望加入一个群组。加他微信的人越来越多，
甚至有很多骑手专门跑来打听他的个人消息。孟天河充满激情
地跟我讲述当时聚集骑手的情景，他憧憬的眼神更像是一个老
江湖讲述自己的峥嵘岁月。根据他的说法，最多的时候，他们
有十四五个微信群，每个群有几百人。大家在群里踊跃发言，
聊天，吐槽平台，不再担心被平台踢出去或者封号。孟天河把
微信群的名称改成了"全国骑士联盟总群"，并自称"盟主"。
一时间，孟天河是"骑手盟主"的消息在很多骑手群传开。大
家闻讯而来主动要求加入他的"联盟"。在孟天河看来，骑手
众多的地方就是一个江湖，而有江湖的地方，就要有联盟。在
访谈中，孟天河对于成立"骑士联盟"微信群给出了三个解释：
结交朋友、好玩、替外卖骑手说话。

　　作为一个从农村来到城市摸爬滚打十多年的年轻人，他与
其他从外地来打工的人一样，有着作为流动人群的孤单与苦闷。
多数农民工忙于生计，辛劳地从早干到晚，剩余的时间几乎只

有睡觉。长此以往，内心孤独，一颗渴望交流的种子便埋在心底。但在流动性日益增强的打工社群中，拓展网络、维系人脉关系变得十分不易。孟天河是少有的敢于尝试去编织自己交友梦想的打工者。更多时候，他觉得这是一项"有趣的探险"，是个体打工者"看世界"的一种方式①。通过社交媒体的联结，他尝到了友谊的味道，这让他兴奋不已，也变得更加自信。在跑单之余，他用心经营十几个微信群，并在闲暇的时候与大家聊天、聚会。

> 也会线下见面。一起吃饭，抽烟，侃大山。人都是这样，见到了，给人家买瓶水，递根烟。人在江湖，大家会觉得你这个人不错，能处。有事了，可以相互照应。

除了结交朋友、相互关照之外，孟天河表示这些群也是为了"给骑手说话"。很快，这样的事情便出现了。2019 年 10 月，主要的几家外卖平台降低了骑手配送奖金，这引发了骑手的不满。孟天河所在的几个微信群里骂声一片，骑手纷纷表示抗议。孟天河深以为然。他觉得既然有了一帮兄弟，当然应该反击平台的不公平做法。于是，他在微信群里号召大家集体不跑单，以示抗议。我问孟天河他是不是想要领导罢工，他非常

---

① Ngai, P., *Made in China: Women Factory Workers in a Global Workplace*, Duke University Press, 2005, pp. 49–76.

明确地否认了：

> 也不是罢工，罢工是违法的。不能干。我就说，
> 那大家在 10 月 21 号这一天，都不跑单。集体不接单，
> 让平台尝尝滋味。给他们点颜色看看。……那几天，
> 我们就做了这个倡议，贴在箱子上。很多人都看见了。

"不接单"的消息经由微信群和餐箱公告迅速传开。根据孟天河的说法，这一消息也传到了平台的耳朵里。很快，有人报了警，孟天河以煽动他人为由被警察带走并拘留。孟天河告诉我，按照这一罪名，他应该被拘留更长时间，但是由于他的"煽动"并没有造成严重社会后果，所以他被取保候审，拘留 23 天后放了出来。公安对他建立诸多微信群等事情进行了非常详细的问话，他一一照实回答。最终因为没有其他更加严重的事情发生，他被放了出来。"不接单"的行动尚未开展就被终止。这一倡议后来也不了了之。从寻找更多的朋友到号召骑手抵制平台的低价，孟天河的尝试很快就失败了。在接受审讯时，孟天河变得老老实实。"（公安）原本以为我们很有组织，是个大团体。没想到钓上来是一个小虾米。"他笑着说。

从"里头"出来以后，孟天河变了一个人。他有些害怕，也有些无奈。自己原来建的十多个外卖群解散了，多个自媒体账号也被封。不想再干外卖，但也不知道做什么。几个月后，他在朋友的帮助下开始做电动车维修。电动车修理店开在一个

城中村里，临街，旁边有一条小河穿过。傍晚时分，骑手们开始忙碌，孟天河的店里也变得热闹起来。陆续有骑手跑来换电池、修轮胎。孟天河的妻子在店里一角隔了一个大约两平米的地方作为厨房，除了孟天河忙不过来的时候会出来帮忙招呼，多数时候她一言不发地在里面准备饭菜或者看手机。孟天河的妻子因为这个事情受到了牵连，也在里头待了几个月，时间比他还长。也许是这段经历让她难过，孟天河的妻子对于前来打听或采访孟天河的人并不欢迎。

不得不承认，从事个体化的劳动实践和极度不确定的外部状况使外卖骑手的联合行动变得十分脆弱。相较于工厂的工人，骑手的联合性和凝聚性大大降低，这既体现在劳动生产的组织模式变化上，也体现在他们联合对抗的黏合性与持续性上。在我的田野调查中，外卖骑手的"江湖团结"可能更多地以兄弟友情的形式存在，这些短暂、流动的关系最终无法成为持久性的联盟和对抗力量。正如盖伊·斯坦丁在谈论朝不保夕者时所讲的，虽然学者对于朝不保夕者是否正在形成强有力的阶层力量有不同的看法，但是有一点大家都认同，那就是大多数朝不保夕者有一些共同特征，"但对于应该做点什么并没有形成统一的思想"。[①]

涂尔干在《社会分工论》中曾经强调过法人社团，即职业群体的社会作用。"在职业群体里，我们尤其能够看到一种道

①［英］盖伊·斯坦丁:《朝不保夕的人》，徐偲骕译，浙江人民出版社，2023年，第2—3页。

德力量，它遏止了个人利己主义的膨胀，培植了劳动者对团结互助的极大热情，防止了工业和商业关系中强权法则的肆意横行。"[①]在大工业时代，法人社团的存在感一度很强，法人社团的进一步组织化就是后来的工会组织。工会组织在工业化时期于领导工人运动、提升工人权益等方面起到了重要作用。但是在当下数字化用工时代，工会的组织化和作用机制尚需完善，传统意义上的联盟、组织、行会等职业性联合的影响力越来越弱。在零工经济中，严格意义上的"法人社团"已经不存在，个体化和原子化成为日常，留下的只有因劳动者个体主动联结而形成的短暂的、流动的社会网络。

媒介化生活

孟天河以餐箱作为广告牌，利用社交媒体在短时间内建立了能够有效沟通的骑手网络。同时，他也通过各种社交平台积极发声，增强自己作为"骑手"的可见性。与媒介技术的紧密绑定成为平台劳动区别于传统工厂劳动的重要特征。在这里，媒介技术不仅被用于消遣娱乐，还承担着社群建设与沟通的工作。

那么，媒介对于劳动者来说意味着什么？

这个问题可以一分为二地看待。首先，媒介产业带动了劳动者的就业。既往的信息传播技术（ICTs）研究主要关注

---

① ［法］埃米尔·涂尔干：《社会分工论》，渠东译，生活·读书·新知三联书店，2013年，第22页。

的是这个问题，即媒介和信息技术如何催生了以此为业的诸多劳动类别和劳动形态。21世纪初，信息传播技术带来了全球化和信息化的就业浪潮，并在此基础上催生了富士康信息产业链的工人、呼叫中心接线员、短信写手、游戏代练师等数字化工种，关于他们的劳动状况已有诸多研究，这里不再赘述。[1] 其次，媒介也带来了劳动者劳动实践与日常生活的诸多变化，尤其是在其家庭和社交关系层面。例如，有学者关注农民工群体的手机使用如何帮助他们更好地与自己远在农村的孩子进行更及时的交流，从而形塑一种更好的亲子关系。[2] 也有学者发现，对于在城市打工的流动劳动者来说，手机或者 IT 产品给他们带来了社会荣誉感，让他们有了更多阐释自我的机会，成为他们丰富业余生活的重要渠道。[3] 在智能手机出现以前，QQ 或者短信是农民工群体相互沟通、彼此联

[1] 参见 Qiu, L. J., *Working-Class Network Society*, MIT Press, 2009, pp. 11–34; Ngai, P., & Chan, J., "Global Capital, the State, and Chinese Workers: the Foxconn Experience," *Modern China*, vol. 38, no. 4, 2012, pp. 383–410; Heeks, R., "Current Analysis and Future Research Agenda on 'Gold Farming': Real-world Production in Developing Countries for the Virtual Economies of Online Games," *Development Informatics Working Papers*, no. 32, 2008.

[2] Liu, P. L., & Leung, L., "Migrant Parenting and Mobile Phone Use: Building Quality Relationships Between Chinese Migrant Workers and Their Left-behind Children," *Applied Research in Quality of Life*, no. 12, 2017, pp. 925–946.

[3] Liu, J., Boden, A., Randall, D. W., & Wulf, V., "Enriching the Distressing Reality: Social Media Use by Chinese Migrant Workers," in Proceedings of the 17th ACM conference on Computer supported cooperative work & social computing, 2014, pp. 710–721.

结的重要渠道。[①] 在智能手机出现以后，劳动者的媒介化进一步加深。

外卖骑手这一职业伴随着新型技术形态的出现而日渐规模化，与其他行业的农民工相比，他们与媒介技术的捆绑更加紧密。他们越来越难以离开手机，除了工作需要，其日常生活也日益被媒介全面介入。换句话说，他们的生活半径开始围绕媒介展开并进行再建构。[②]

我统计了过去三年间（2021—2023）自己所在的调研小组在北京地区开展的骑手媒介使用调查的数据，发现骑手的业余生活有很大一部分正在被互联网占据。其中，聊微信/QQ 和浏览微信公众号、刷短视频、看电视剧/电影、打游戏成为排名靠前的活动类别。随着短视频的普及，观看短视频的骑手比例有所上升（参见图24）。

以微信为代表的社交媒介成为外卖员寻找"共同体"、展现自身数字韧性的重要渠道。在流动劳动的场域下，沟通与交流面临着时间和空间的双重挑战。除了早会和培训，外卖员很少有机会聚集在一起。因此，微信群里的"引用"和"@"功能可以帮助骑手有效实现紧急时刻的互动。在没有聊天内容的时候，很多外卖员喜欢在微信群里发送自己的 GPS 定位，然后隔

① Qiu, L. J., "Network Labour and Non-Elite Knowledge Workers in China," *Work Organisation, Labour and Globalisation*, vol. 4, no. 2, 2010, pp. 80–95.

② Sun, P., & Qiu, L. J., "The new media cultures of Chinese migrant workers," in L. Hjorth, & O. Khoo (Eds.), *Routledge Handbook of New Media in Asia*, 2016, pp. 93–104.

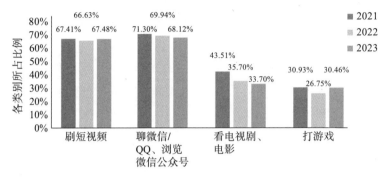

图 24　骑手上网的活动类别（排名前四）

空喊上几句话，包括是否有订单、去哪里的订单，以及单子质量如何。大部分外卖群十分积极踊跃，每个群每天的发言次数多达几百条。发言的形式也非常多元，包括文字、语音、图片、小视频，以及五花八门的链接、投票广告等。站长如果有什么通知，通常要不断地推送好几次，免得被不断刷屏的对话和信息冲走。

与传统线下的工厂劳动不同的是，微信群几乎成为外卖员拓展社交和社会资本的"万能存在"。依靠外包、众包工作关系所形成的微信群具有强大的"再生产"能力。它们催生了围绕电动车、物流、房屋租赁、找工作等多个面向的"次生"微信社区，极大地拓展了外卖员的消息触达范围和资源集结的可能。例如，如果有人在众包群询问二手电动车的买卖情况，他就会被拉入二手电动车买卖群；如果有人咨询某地的招人情况，很快就会有人跳出来，告诉他加微信私聊等。虽然涉及的话题范围和内容十分多元，但大都围绕外卖相关的情境展开（参见图

25）。每天，就业、二手买卖、保险、租赁甚至个人娱乐等话题在微信群里飞来飞去，外卖员在等单之余不时加入分享和讨论，这种对话结构没有时空限制，大大增强了外卖骑手获取工作信息和社会资本的途径（参见图25）。

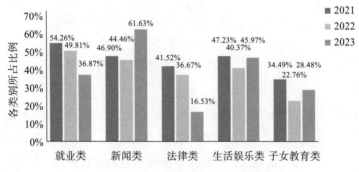

图25 微信群外卖骑手讨论的主要话题

邱林川提出了"信息中下阶层"的概念，用以阐释中国广大底层劳动者如何使用门槛低、普遍性的技术来增强彼此的联结。例如，QQ群曾经是农民工群体实现自我组织化的重要工具。[①] 当下，有一部分外卖骑手仍旧在使用QQ群，与此同时有大量的骑手使用微信群（参见图26）。外卖骑手会充分利用微信群来服务自己的劳动和生活。有外卖员会截屏自己的订单信息，发到微信群里。大家也都会跟着这样做，然后对各自的订单评论比较一番。虽对劳动实践并无影响，但此种日常交流作为一种仪式性的互动，成为外卖员阐释自身流动特征的维持机制。

[①] Qiu, L. J., "Network Labour and Non-Elite Knowledge Workers in China," *Work Organisation, Labour and Globalisation*, vol. 4, no. 2, 2010, pp. 80–95.

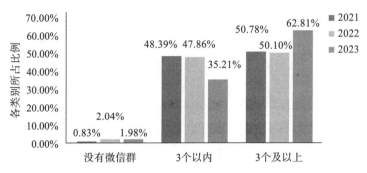

图 26　外卖骑手所拥有的与外卖相关的微信群数量

同时，这种互动对于外卖员认识自己、想象他人具有重要的意义。丁未在研究深圳移民社群中的攸县出租车社群时提出了"空中共同体"的概念，并指出了出租车上的车载对讲机如何帮助流动移民群体赋权，形成"一呼百应"的强信任和强联动机制。[①]对于外卖员而言，虽然这样的机制并不存在，但信息的传递在无形中构筑了大家对于"外卖人群"的共同想象。骑手们通过媒介技术的跨时空参与，有效融入了线上社群，也不自觉地将线上生活纳入到日常生活中，成为他们"想象他者"的重要渠道。

　　外卖骑手加入的线上社群主要分为两种，一种是由平台、劳务公司、站点等机构建立的，主要用来传达各种排班信息和注意事项。另外一种主要是由骑手自主建立的，群里涉及的话题较广，除了讨论外卖工作，也有闲聊、发牢骚、二手买卖等。

---

① 丁未、田阡：《流动的家园：新媒介技术与农民工社会关系个案研究》,《新闻与传播研究》2009 年第 1 期。

以涂大哥为例。他来自河北吴桥，是一名"闪送"的外卖员，同时也是一名热心的微信群管理员。他自己经营着多个400人以上的外卖骑手微信群，包括"北京骑手群""二手买卖群""电动车驾驶证群""调度/督导/站长异常处理群"等。涂大哥也因此成为我们调查组招募访谈骑手的重要渠道。在管理微信群时，涂大哥还敏锐地发现了外卖员的各种需求，包括二手劳动物资的流转、找工作、找房子等问题。有一次聊天，他告诉我自己除了跑外卖，还做一点"小生意"——帮助外卖员办理健康证、考摩托车驾照，以及办理车险等。在微信群里，涂大哥会拍摄自己帮助外卖员去办证的现场小视频，或是站在办理点门口排队，或是办理好的一堆保险单据，以此作为宣传自己"业务"的证明。涂大哥善于社交，讲着一口标准的普通话。虽然很多经手人他从来都没有见过，但这并不阻碍他们像熟人一样，在群里热情地交流。涂大哥有时候会在群里发他跟其他骑手吃饭、喝酒、抽烟的场景，还会转发配上《好兄弟》背景音乐的抖音视频。

如果说平台经济的发展本身利用了中国农民工群体的转移趋势，那么反过来，流动人口本身也在充分利用互联网经济的红利，实现自身利益的最大化。正如吉登斯所言，在新自由主义的潮流中，个体的发展从来不是完全被动的、顺从的，而是充满了反身性和动态的调整。① 生活在多元的社会中，个体一

① Giddens, A., *Modernity and Self-Identity: Self and Society in the Late Modern Age*, Stanford University Press, 1991, pp.477-484.

方面充满了无力感，另一方面又千方百计地依靠一些脱域机制（disembedding mechanisms）来实现自身效益的最大化。不过，过度的媒介化也给骑手带来了不少麻烦。很多骑手使用手机上瘾，他们在等单空闲的时候会看直播、打游戏，甚至有的会参与线上赌博。一些骑手在看直播时不停地给主播打赏，甚至花光了自己的积蓄；一些骑手因为陷入线上赌博而欠下不少外债，被人追债而不得不变卖房产，举家搬迁。对于底层劳动者而言，媒介使用的风险性始终存在，而且随着媒介内容和形式的不断变化，这种风险还在不断增加。

媒介化抗争

哪里有劳动，哪里就有抗争。可以说，控制与抗争一直都是一枚硬币的正反面，只是在不同的时期其表现形式不同而已。"跑外卖"的劳动者多是农民工群体，相较于城市中产，他们较少利用社交媒介发声，属于社交媒体世界的边缘人群。但是，作为一项依托互联网技术中介的工作，骑手们的抗争方式也发生了明显的转变。简单来说，他们比传统工厂制时期的工人更加善于使用社交媒体，其媒介素养已有显著提升，这使他们能够更容易、更频繁地表达自己的意见。

我将骑手的媒介化抗争分为两类。一类是主动利用媒介进行发声的人群。这样的骑手一般熟练掌握各种社交媒体的使用，包括微博、微信、各种短视频平台等。有些骑手甚至拥有自己的个人账号和规模不小的粉丝群体。当与中介雇主或者平台公司产生矛盾与冲突时，他们会借助社交媒体的力量增强自身的可见性，引发社会讨论。这也成为外卖骑手与雇主和平台谈判时的重要筹码——潜在的、可能引发社会舆论的导火索一直存在，这会影响到劳务公司或者平台的声誉，往往会加速他们与骑手的和解。另一类是积极与媒体合作进行发声的劳动者。这样的骑手往往不太熟悉社交媒体，在遇到不公正的事情后多次碰壁，无奈之下只好主动寻找媒体曝光，以此帮助自己争取权益。这样的例子在近些年的媒体报道中并不少见。外卖骑手是随平台经济兴起的零工人群，在近些年广受媒体关注，"骑手提供事例＋媒体进行报道"的模式也成为骑手抗争的重要形式。这些媒介不但包括自媒体，也包括主流媒体，其影响范围较广。下面分别来举几个例子。

　　一个例子是新冠疫情后期骑手通过社交媒体来抗议单价的下跌。故事发生在 2022 年下半年，那时疫情接近尾声，很多人赋闲在家，送外卖成为大家的一种选择，站点涌现出了一大批刚入职的骑手。当地的加盟商看到了机会，开始筹划削减骑手的送单价。原有的阶梯式单价全部进行了降价调整，最大单价调整幅度超过了 1 元。在深圳龙岗的一个站点，消息一出，骑手们群情激愤。骑手对于送单价敏感，纷纷表示不能接受，因为 20%—30% 的单价削减并非小事，这意味着他们的月收入也将同比例大幅减少。

> 　　属于过河拆桥。现在人多了，不怕招不到，就来削减单价……真是不想干了。夏天缺人的时候，还是我们（指老骑手）一单一单送。现在倒好，一单

少 20% 的价钱。本来单子就少，这样下去真的没法
干了。

丁彦是这个站点里的老骑手。他虽然不是组长，但因为从
站点建立之初就在这里跑单，属于老资格的骑手，大家都称他
为"彦哥"。看到大家这么气愤，丁彦去找了站长，但是站长表
示降价是加盟商对于所有管理站点做出的决定，不只针对自己
的站点，因此没有商量的余地。丁彦听完很是气愤，他不理解
为什么要一下子扣减这么多。站长的回答则是，加盟商的经营
利润越来越薄，而且市场竞争激烈，不得不调价。下午，丁彦
和一群骑手在等单的时候，决定将事情"曝光"。他找来其中一
个年轻的骑手，将公司大范围调低骑手送单价的事情发到了微
博上。不用微博的骑手，则在自己的微信朋友圈发布消息。一
下午的时间，站里有几十个骑手在自己的微信朋友圈转发了这
个消息。

令人意想不到的是，站长当晚就在站点的微信群里表示，
公司将重新调整单价。这次降价幅度太大，大家接受不了，接
下来公司会在听取大家意见的基础上进行调整。骑手们看到这
个消息，有的表示高兴，有的持怀疑态度。但总体来说，媒体
的发布是促使加盟商重新调整方针的重要因素。后来，我听丁
彦说，是因为一个骑手的朋友圈被平台公司的一名公关人员看
到，这名公关人员害怕出现舆情，于是联系了加盟商，要求加
盟商重新考虑降价的事情。"平台肯定不希望出现舆情，到时候
各种媒体都报，不好收场。"丁彦说。

当然，通过社交媒体发声带来的并不全是好结果。有一些骑手觉得自己遭遇不公而诉诸社交媒体，非但没有换来好的结果，反而使自己的处境更加艰难。张晓峰站点里的另外一个骑手，因为商家出餐慢、对自己态度不好，发微博抱怨。被发现后，站长受到了处罚，站点的绩效也被扣了分。站长因此很生气，认为他连累了站里的其他人，也给站里丢了人。后来，这位骑手不再受站长待见。站长不再给他顺路单、对他的请假要求也变得严苛，甚至有时候当他联系不上顾客报备时，站长也并不理会他，最后他不得不离开。

总的来看，骑手诉诸媒体能否取得好的效果取决于事件本身想要解决的问题。如果这一事件正巧击中了平台或者劳务公司的软肋或痛点，是他们想要逃避社会讨论的部分，那么往往相对容易达成和解，而如果事件本身并不是他们关注和关心的，骑手可能无法达到目的，有时还会使自己陷入尴尬的境地。

还有的骑手会选择在内部社群里发声、表达不满。为了促进站点骑手的相互交流，平台在送餐 App 内部也建立了交流群。平台方负责骑手事务的人员说，这些群一方面是用来发送各种通知、排班公告等，另一方面也是为了给骑手"泄压"，听取一些骑手的意见和建议。不少骑手在内部群建立以后，积极地给站长、劳务公司、平台和相关大区经理提意见。按照站长的说法，一些骑手的言辞和表述往往带有强烈的情感指向，甚至在群里直接"开骂"，造成了不好的影响。站长和负责人对骑手的诸多牢骚和不满"不堪重负"，甚至会采取解散群的方式来处理此事。以北京大兴区南苑商圈的众包群为例，因为骑手总是在群里言辞激烈地反映问题，站长或无力回应，或觉得骑手说的话"无厘头"，于是选择解散群，踢出一些"刺头"，重新建群。在一个月之内，站长解散的群超过了十个（参见图27）。

在短视频上发声也是骑手进行抗争的一种形式。一些骑手善于使用社交媒体，在送单之余经营着自己的短视频账号。他们往往在送单的过程中，把一路上遇到的有趣、离奇、愉快、不满的事情记录下来并剪辑成视频。这些骑手以年轻人为主，一般采取一次录制、多平台分发的策略，以此增强自己的可见性。他们在短视频平台上发布的内容主要包括日常送单、对于平台政策的意见和不满、与消费者的互动、与店家的互动等。平台对骑手采取新的管理措施时，往往是骑手视频发布最多的时候。例如，2020年前后，"美团"推出乐跑计划，鼓励众包骑手转入乐跑，成为半全职的劳动力，以期稳定平台运力。但是，乐跑模式本身也存在诸

图27 不断被解散的内部聊天群

多骑手并不认同的地方，包括单价低、劳动强度大、需要连续签约等。这一时期，"抖音"和"快手"出现了大量骑手在各地发布的"讨伐"乐跑计划的视频，还有一些骑手"抗议"乐跑的视频。在视频里，四五十个众包骑手站成几排，高举横幅，上面写着"抵制乐跑，拒绝乐跑"。大家在一名骑手的带领下高声重复着"抵制乐跑，拒绝乐跑"。类似主题的视频在社交平台很快得到关注，有些视频的播放量很快就超过十万次，甚至达到几十万、上百万次。

短视频具有很强的传播力和网络效应。很多骑手在"抖音""快手""西瓜"等短视频平台发布外卖相关的视频，表达自己的不满，这些传播渠道也为骑手建构了外卖平台之外的话语空间。这一话语空间不受外卖平台约束，骑手在此拥有更多的表达自由，也拥有更多的被看见的可能，因此，这些短视频平台成为骑手对抗平台的一个"平行流量空间"。因为市场所属权和经营权的不同，这个流量空间有自己的可见性分配规则和话语发布标准，只要骑手在这里遵循短视频的生产规则，那么他们就有可能建立一个与外卖平台公关宣传相对的新流量领域。而且，这一流量领域因其庞大的用户数量，往往会产生较强的影响力。这也是平台公司不愿意看到的。

杨国斌在《连线力》一书中曾详细地阐释了网民如何利用互联网形成集聚力量来对抗各种结构性的不公。他认为当下正在经历一场"传播革命"，其中最大的变化就是它扩展了民众的发言权和非官方的民主。在互联网时代，普通人被赋予了比历史上任何时候都重要的角色，他们的话语和发声可能引发巨大的社会效果。[1] 在这里，短视频成为外卖骑手反抗平台霸权的一个重要武器。他们通过利用短视频这个"平行流量空间"，在一定程度上有效开辟了自我的话语空间。

---

[1] Yang, G., *The Power of the Internet in China: Citizen Activism Online*, Columbia University Press, 2009, pp.3–23.

结语　从"过渡劳动"到"永久零工"?

　　过渡劳动是如何被生产和塑造出来的？这并不是一个容易回答的问题。本书尝试从组织、技术、劳动生产、性别和数字韧性的角度出发，探索最终促成过渡劳动这一状态的诸多可能。它的形成机制十分复杂，很多并行的线条交织迭荡，共同形塑了今天中国零工劳动的初步模样。"过渡性"的塑造既勾连着劳动与工作的发展历史，也牵连着当下平台资本运作的组织和生产模式；既关联着全球化与数字化过程中的时间加速与空间流动的增强，也凸显出劳动者的个体化与工作伦理的变迁。换句话说，过渡劳动既是一个过程，也是一个结果。

　　从宏观来看，过渡劳动的过程和结果所展现出的未来影响，可能远远大于我们当下对平台和零工劳动的分析。零工经济带来了"过渡劳动"的普遍化，也带来了一个"过渡时代"。这种过渡性让越来越多的人变成水面上的浮萍，随波逐流，任由河水把自己带去未知的远方。大家不约而同地相信，平台零工是一份暂时的、在自己并未想好要干什么时所接纳的临时的、跳板式的工作，选择这样的工作有时出于无奈，有时仅仅是为了生存本身。过渡劳动的政治就这样产生了，并在潜移默化中产生了深远的影响，它看不见、摸不到，却可能对我们的生活，乃至整个社会的文化结构都产生前所未有的影响。它预示着一种悬浮、无根的工作状态，一种可能永久存在的过渡性。

平台经济给社会带来了怎样的影响？劳动的零工化和过渡性毫无疑问是其中影响最深远的。平台化的过程更像是一个媒介化的过程，它不仅带来了劳动方式、组织形态的改变，也借由技术媒介塑造了一种"平台式的劳动文化"①。这既是一种文化，也是一种意识形态。在此过程中，不安定与临时性成为特质，适应和顺从过渡性成为每一个参与其中的劳动者的必经之路。如唐士哲所言："个人或集体作为传播或沟通性的主体参与者，其对于科技的使用方式、赋予的意义，甚至借由特定传播技术发展出什么样的制度化作为，是使得技术中介的社会性格得以用何种风貌展现的关键因素。"②劳动的平台化过程，形塑了当今过渡性的"平台话语"，也给人们带来

---

① 孙萍：《从"监控资本"到"关联资本"？中国数字平台的媒介化与组织化》，《国际新闻界》2023 年第 6 期。

② 唐士哲：《重构媒介？"中介"与"媒介化"概念爬梳》，《新闻学研究》2014 年第 4 期。

在劳动、技术互动和自我意义建构等层面上更加宏观的认知改变。[①]加入平台零工意味着接受一种居无定所、随时变动的生活，接受快速的流动和不安稳的劳动现状。

当然，除了过渡文化，平台经济也带来了整个社会运转逻辑的转变，包括人们对于平台送餐便利性的高度依赖、对于工作与生活节奏加速的认知等。当今社会的平台经济更像是一个能够生产关联性的技术系统，将越来越多的参与者拉入到自己的运营系统之中，并不断催生一个逐利的资本运营体系。罗杰·西尔弗斯通（Roger Sliverstone）等在考察电视时发现，电视节目帮助规范了家庭作息时间，而电视作为一种摆设也能够彰显主人的生活品位。[②]现如今，人们对于媒介的使用已经从电视等大众媒介转至平台这样的数字媒介。不同于电视的是，平台不再是一种单一媒介形态，而成为一种多元异质性的技术系统，以自己独特的组织形式迅速嵌入人们的生活与工作，整体性地带来了对于时间、空间、流动、劳动等体验层面的重新想象与建构。这些改变有些是可见的、短暂的，也有一些是不可见的、缓慢而长期的。例如，自从有了外卖，上班族会将"点

[①] Krotz, F., & Hepp, A., "A Concretization of Mediatization: How 'Mediatization Works' and Why Mediatized Worlds Are a Helpful Concept for Empirical Mediatization Research," *Empedocles: European Journal for the Philosophy of Communication*, vol. 3, no. 2, 2011, pp. 137–152.

[②] Silverstone, R., & Haddon, L., "Design and the Domestication of Information and Communication Technologies: Technical Change and Everyday Life," in R. Mansell & R. Silverstone (Eds.), *Communication by Design: The Politics of Information and Communication Technologies*, Oxford University Press, 1996, pp. 44–74.

外卖"作为"不想做饭"或"节省时间"的生活替代选项；随着外卖产业的扩张，越来越多的个体工商户、小企业主、物流商等开始按照平台的运营逻辑架构生产与经营，其中既包括对堂食与外卖的生产平衡，也包括对平台流量、曝光度、排名等机制的研究与想象。[①]

从整个社会层面来说，平台化正在形塑全新的社会关系。其中一个重要的体现就是，越来越多的人和组织开始自觉或不自觉地按照平台运行的方式展开日常生活。如 2022 年上海疫情期间，当外卖配送和线上订单量暴增而无法满足需求时，众多小区开始涌现出自救式的"团购"行动，而"团长"成为联结小区居民需求与线下配送的重要中介。团购的运作模式虽然带有强烈的自发性，但也有效地参照了既有的平台化组织模式——社群与小区以数字化的方式关联在一起，通过联通供给、履约和需求实现了有效对接——如"团长"的自我平台化过程彰显了数字平台对于社会的深度媒介化影响。

本书所阐释的"过渡劳动"这一概念根植于当下蓬勃发展的平台经济，它是盖伊·斯坦丁笔下全球"朝不保夕者"的重要组成部分。"过渡劳动"阐释了对于未来劳动状态的深深担忧，在技术、信息、平台化等一系列社会变革因素涌现时，我们似乎已经无法控制劳动变革以及由此引发的劳动文化本身了。

在 19 世纪英国工人生活中，报纸是其必要的生活资料。换

---

① 孙萍：《从"监控资本"到"关联资本"？中国数字平台的媒介化与组织化》，《国际新闻界》2023 年第 6 期。

句话说，精神活动对于工人的生存、发展十分重要。如马克思所言，工人积极争取出版、结社、言论自由，就像是争取火和水一样。① 两个世纪以后，工人精神生活的丰富性似乎并没有增加。虽然相比于 18 世纪，工人与劳动者的媒介使用渠道大大增多，但是其话语、劳动、生活等层面的可见性依旧是一个值得思考的问题。他们的发声往往依靠他人"代言"，如媒体、文化机构、政府和平台公关等对他们的观察、采访与描述，当然也包括我在内的诸多学者，而他们个人的表达与分享并不太多。②

一个亟待关注的问题是，参与到零工劳动中的人缺乏身份认同，部分劳动者自我资本化严重，继而丧失了对于政治的热情以及对于文化、社会的关注。或者说，在忽多忽少的收入下，承受生活重压的他们，可能根本无暇关注。他们没有休闲，只有劳作。"商品化市场最糟糕的结果之一是，人们不再敬畏休闲，不再尊重具有再生产能力和创造性的'无所事事'。承担高强度工作和劳动的人发现自己的大脑和身体都被透支，下班后几乎没有精力再做其他事情，连思考都变得费劲，只能沉浸在被动的'玩乐'中。"③2022 年的调查问卷显示，77.63% 的外卖

---

① ［德］卡尔·马克思、弗里德里希·恩格斯:《马克思恩格斯全集》第八卷，中央编译局编译，人民出版社，1961 年，第 522 页。

② Qiu, L. J., "Humanizing the Posthuman: Digital Labour, Food Delivery, and Openings for the New Human during the Pandemic," *International Journal of Cultural Studies*, vol. 25, no. 3-4, 2022, pp. 445-461.

③ ［英］盖伊·斯坦丁:《朝不保夕的人》，徐偲骕译，浙江人民出版社，2023 年，第 230 页。

骑手每日劳动时间超过八小时，近五成的骑手每天工作十小时以上。正如霍加特在《识字的用途》一书中警示的那样，要提防史学家对于工人文化与政治生活过于积极的描述。他这样说道："但是，我从这类著作中有时确实得出了一种印象，即他们的作者高估了政治活动在工人群体生活中的地位，他们并非总能恰当地理解那种生活的草根性。"[1]

工作的工具性存在越来越普遍。对于从事平台零工劳动的人来说，没有多少人真正热爱自己的工作，即便他们非常勤奋和努力，也只是因为工作付出、时间和体力消耗能够带来些许回报。一项针对农民工流动人口监测的研究发现，城市流动对农民工就业质量的总效应并不显著，而"用脚投票"对提升劳动者的工资收入具有显著作用，但是这并不代表高质量就业。[2]正如有的骑手在访谈中所说："干外卖是刚逃出了一个坑，又跳进了另一个。"对于大多数逃离工厂的劳动者来说，跑外卖更多的是一份具有工具性而非价值性的劳动方式。

外卖骑手是一个碎片化的群体，一个匆匆忙忙的群体，一个在工作伦理大转型时代被催生出来的无所适从的群体。他们像夏日的椋鸟，时而迅速聚集，时而四散离去。劳动的过渡感使他们模糊了对未来的规划，却也增加了他们对于把握当下和主动投入的积极性。这样的发现令我既担忧又矛盾。我纠结于

---

[1] ［英］理查德·霍加特：《识字的用途》，阎嘉译，商务印书馆，2020年，第48页。

[2] 汪润泉、周德水：《农民工在城市间"用脚投票"能否实现高质量就业——基于流动人口监测调查数据的分析》，《山西财经大学学报》2021年第12期。

劳动的"能动性"与"被动感"两端，却忽然发现，自己的思维困境像极了身为外卖骑手的他们，既迫于眼下的生计，也要时常抬起头，想象一下未来的大致模样。

流动的"投机者"

2023 年调查问卷显示，六成以上的骑手曾经在不止一个外卖平台工作过。之所以跳去不同的平台，主要是因为他们想要更高的收入。例如，在夏冬的外卖高峰时节，外卖骑手往往供不应求，各个地方就会出现"拉人大战"，站长和城市经理相继给出高价吸引骑手。例如，一些站点会在日常工资的基础上多给 1000—2000 元的补贴奖励。这个数额足以引起一些骑手的兴趣，即便补贴奖励只有三个月的时间，他们也会毫不犹豫地辞掉当前的工作，跳到下一个平台。毕竟，多赚一点比什么都重要。对于骑手来说，在不同的平台"跳来跳去"已经成为稀松平常的事情。他们会精确地"算计"如何用流动来平衡自己的收入得失。

> 陈康（加盟商）：平台为了保证配送质量，对骑手人数考核异常严格。骑手和劳务中介也都知道，所以到了旺季，招聘费水涨船高，他们跳来跳去都能拿到招聘费奖励。这个跟工厂走过的路是一样的。
>
> 赫小川（上海某站点站长）：骑手在夏天和冬天的流动性会加强，因为招工的需求大，给的"推荐费"高。

　　对于骑手来说，流动既是多元的，又是单一的。他们换工作非常频繁，可以从一个站点跳到另外一个站点，从一个平台跳到另外一个平台。但不变的是，他们的流动似乎被固定在零工经济的领域之内。他们的工作选择看起来非常多，来去也比较自由，看上去能够非常轻松地掌握工作的节奏。但这些零工跨越到稳定的、有保障的工作则十分困难。这在侧面印证了学者邱林川所论述的数字劳动者"微观赋权，宏观减权"的社会现实。平台化的零工经济包装了一种普通人可以掌握美好生活的假象，可以拥有自主的选择权，自己决定要在什么样的平台工作以及工作多久。很少有人看到这样的"美好平台话语"背后其实是日渐固化的阶层流动以及被限制的职业发展。骑手积极主动形塑的流动性背后其实是普通人日益困难的阶层跃升，这正是韦伯探讨阶层问题的核心意旨——个体所处的阶层在很大程度上会影响个人的"生命机会"（life chances）①。对于骑手来说，他们阶层内的流动非常频繁，但阶层的跃升却不常见。

　　送外卖是一份流动的工作，来去自由，没有太强的计划性。这几乎是大多数进入外卖行业的劳动者的感知。在送外卖之前，他们做过工厂工人、建筑工人、销售、餐厅员工、服务业从业者、司机，或者自己做过小生意。这些所谓的职业，几乎都是零工经济的组成部分。调研小组 2022 年骑手调查问卷中问及"您还会干多久外卖"，其中有 43.77% 的骑手表示"不太确定"。

---

① Cockerham, W. C., Abel, T., & Lüschen, G., "Max Weber, Formal Rationality, and Health Lifestyles," *Sociological Quarterly*, vol. 34, no. 3, 1993, pp. 413-425.

一个更发人深思的观点是，一些骑手抱着"干一段时间试试"的想法投入其中，却发现转眼三四年过去了，自己依然没有想好要干什么，似乎也找不到一个比跑外卖更合适、收入更高的工作，于是就索性继续跑外卖。在这种情况下，个体的"暂时过渡"变成了"永久过渡"。外卖平台似乎有这样的一种魔力，让劳动者不断内化劳动和工作的不稳定，并将此形塑为他们生活的一部分。①

2022年4月，北京房山楸树街的美食城因为油料起火而不得不关闭整顿。原本在此"驻扎"等单的众包骑手们不得不散开，重新寻找等单的地方。楸树街烟酒超市门口往日热闹的等单场景不复存在，人烟冷清。美食城一条街的店铺都关闭了，骑手发现这里的单子少了，不得不另谋出路。众包骑手有的加入了专送，有的加入了乐跑，也有的离开了这片区域。

看着众包骑手们解散，流散在良乡周边五公里大大小小的商家附近，我有些伤感，但是大强哥不以为意。他说，老骑手"聚在一块没饭吃"。因为大家都干了挺长时间，系统有派单优先权，如果聚在一起，大家变得都一样，无法凸显老骑手的派单优势，所以只好分散等单。老骑手有些去了附近的华冠地下美食城，有的去了南关、北关的公交车站，还有的去了自立市场。大强哥看着冷清的美食街，叹了口气，"干骑手，就这样"。

---

① Sun, P., & Magasic, M., "Knowledge Workers, Identities, and Communication Practices: Understanding Code Farmers in China," *tripleC: Communication, Capitalism & Critique*, vol. 14, no. 1, 2016, pp. 312–332.

图 28　楸树街美食城的众包骑手

碎片式无助

贝克在《风险社会》中曾说过："在不远的将来，为了应对大规模失业和经济危机，社会与技术创新将会为给个人化的进程（individualization processes）开创新的机会，尤其是一个更加灵活的劳动市场关系和工作时长管理。"[1]三十年后的今天，这句话已然成为现实。数字平台下的零工劳动沿着个人化的轨迹不断前行，解决了很多的就业燃眉之急，却也带来了新的问题。个人化的劳动与生活方式意味着个体要比以往承担更多的社会风险。这越来越成为一个趋势。

---

[1] Beck, U., *Risk Society: Towards a New Modernity*, SAGE Publication, 1992, p. 99.

外卖劳动是一份几乎完全脱离集体化劳动模式的工作，这就意味着，在劳动的过程中，外卖骑手经常会遇到这样或者那样的情况不知道如何是好，一时也无法得到及时、有效的回复与帮助。在工厂的流水线上，工人可以问询师父或者组长，而奔跑在路上的骑手，只能着急地看着手机等待回复，有时候"远水解不了近渴"，骑手不得不自己想办法解决问题。尤其是刚开始跑外卖的骑手，他们不熟悉周边环境，往往十分焦急狼狈，不得不随时停下车找人打听，急得满头大汗。也有的骑手处于"城乡两栖人"的状态，到了秋收的时候需要回老家收庄稼，但是并不好请假。而且请假意味着系统排名的降低，回来之后等级下降，无法抢到高质量的订单，收入也会大大减少。我将骑手在送餐过程中遇到各种各样的问题称作"碎片式无助"，这些困难和无助的时刻经常出现，而且种类多样，包括但不限于系统操作问题、与周边的人发生冲突、请假困难、交通事故、被偷车或偷餐、客服无人回复、电动车抛锚、小区无法进入、转行和创业困难等。

例如在疫情期间，社区的网格化管理为送餐骑手的流动增加了挑战。最常出现的是外卖员和小区保安的矛盾。随着防疫需求的增加，社区保安的"权力"也在增大，除了例行进出社区测量体温、出示健康码、进门登记等职责，社区保安还会对外卖员的进出进行人为限制。每次提到保安，骑手都变得有些激动，认为一些保安是为了彰显"自己的存在感"而故意为难他们。

保安与骑手的矛盾持久地存在着，它折射出来的是阶层的区隔化。物业和房产公司需要宣告自己对于城市空间的占有权和管理权，这些权利经由商业化的包装和社区治理的运行逻辑转变为一种高档性和优越性。而这种高档性和优越性往往需要通过对比得到确证和生产。[①]物业公司的保安承担了进出人群的管理任务，也掌握了区分人群阶层的权力。骑手与保安之间的冲突看似是两个小群体之间的冲突，其实背后是更大的阶层与社群之间的矛盾。

空间使用的有限性时常让骑手陷入无处等单的尴尬境地。在夏天与冬天，酷热或严寒让他们无法长时间待在室外，但是诸如餐厅、咖啡店等出单的场所常常需要接待堂食顾客，骑手无法长时间待在那里。等单的焦虑和时间的碎片化让他们变得不耐烦，对于时间的掌控几乎为零。很少有骑手表示能对等单的时间加以有效利用。2022 年的问卷数据显示，66.63% 的骑手在等单之余选择刷短视频，69.94% 的骑手选择聊微信 /QQ、浏览微信公众号，35.70% 的骑手选择看电视剧、电影，26.75% 的骑手选择打游戏。尽管外卖平台一直在尝试建设线上大学，企图让更多的骑手在等单之余学习知识，但实际情况是，很少有骑手愿意在等单之余进行线上学习。诸如媒体所歌颂的外卖小哥获得《中国诗词大会》冠军这样的情况少之又少。

于是，在骑手身上我发现了霍加特在《识字的用途》中所描述的现象，即劳动者一方面十分认同知识和有效的学习可以

[①] 孙萍:《媒介作为一种研究方法：传播、物质性与数字劳动》,《国际新闻界》2020 年第 11 期。

改变命运，对于自己一直跑外卖、没有未来规划而焦虑。但另一方面，他们又对于这些枯燥的知识不感兴趣，对于学习的畏难情绪很重。[①] 他们认为线上的学习过于枯燥，"离实际太远"，也说没有太多时间拿出来学习。由于经常接触餐厅，他们对于技能以及未来自身发展的认知往往设定在"开一家餐馆"这样的目标上。一位曾在外卖平台负责骑手职业发展的工作人员说：

> 我们的骑手转岗就业的不少，其中大部分都会想开饭馆。这可能跟他们常年接触餐饮有关系。他们往往跑了几年外卖，拿着积攒的钱，一下子砸上十几万甚至几十万开个餐馆。发现不赚钱。餐馆倒闭了，他们欠了钱。没有办法，又出来跑外卖。

很多骑手都是这样陷入一个恶性循环之中。"破产"往往是他们生活中的常见风险。其折射出的是诸多社会结构性问题，但大多数时候，它却以十分个人化的方式呈现出来，似乎骑手作为当事人是唯一需要为其买单或承担后果的人，这使骑手变得焦虑、抑郁、愤怒。在骑手的劳动过程中，有很多的无助瞬间会刺激到他们，让他们心生去意，决定离开。

这是一个过渡的时代，个体经验和社会结构从来没有如此紧密地捆绑在一起。在"努力就能成功"的励志格言背后，外

---

① ［英］理查德·霍加特：《识字的用途》，阎嘉译，商务印书馆，2020 年，第 347—375 页。

卖骑手不得不面对阶层、性别、结构、关系等形成的种种困难和挑战。在此过程中，固有的坚持和残酷的现实让个人变得摇摆不定。过渡劳动也由此产生。加入并不是目的，离开也不是终点。过渡劳动的"过渡性"正在延展成一种永恒的状态。正如卢梭所言，"人生而自由，却无往不在枷锁之中"。

为什么留下，为什么离开

2019 年，二十出头的岩晖涛决意离开外卖行业。在这之前，他在北京朝阳潘家园的一家粥店做驻店骑手。每个月五六千元的工资，他攒了两年，想与哥们儿一起开一个小龙虾餐饮店，结果并没有成功。自己攒的十多万打了水漂。他想离开这个伤心地。在姐姐的介绍下，他去了江西的一个工厂，"每天干 15 个小时，一个月能挣一万多，攒上几年钱，就可以娶媳妇了。"临走的时候，他笑着对我说。

2020 年，来自河北唐山的刘朵朵非常不舍地离开了自己的专送站点。家里人得知她跑外卖，十分生气，认为"这不是女孩子干的活"，让她立马回家。她走的时候有些难过，自己刚刚适应了跑外卖的生活。三个月后，我联系朵朵，她在唐山找了一份酒店大堂的夜班工作。爱美的她说自己因为总是熬夜，长了很多斑。

2022 年 7 月，在"闪送"平台干了六年之久的老骑手吴之峰决定离开。在这之前，他与一名顾客在送单的时候发生争吵，被投诉，平台封禁了他的账号。作为老骑手的吴之峰认为平台过于偏袒顾客而未能考虑骑手的感受。他觉得委屈。

上面的三个故事在某些层面上反映出骑手应对"碎片式无助"的办法——离开，即主动或被动断开。多数骑手加入外卖的想法可能只有一两个，无外乎"相对更高的收入"或"更低的门槛"，但是导致他们离开外卖这个行业的原因却有很多，包括做生意失利、受够了不平等的对待、无法抵抗污名化、工作的消耗感过于严重。对于多数个体来说，离开外卖平台而不再回来的决定往往有着艰难却又无奈的原因。

外卖经济的增长本身带有巨大的矛盾性。作为一种流动劳动，送外卖带有强烈的职业危险。这可能是外卖业区别于家政工、网约车司机或其他零工劳动的主要特点之一。2023年我们对于北京外卖员的问卷调查显示，53.48%的外卖员表示自己曾"因为送外卖而出现身体劳损或受伤的情况"。尽管如此，送外卖的吸引力依然强劲，源源不断的农民工大军加入到送外卖的队伍中。疫情影响之下的外卖就业不降反增：2023年疫情结束后的就业重新启动，不少外卖平台传出"骑手一岗难求"的消息。

对于过渡性的问题，政府与平台都展现出了较为矛盾的态度。前者既希望平台快速带动就业，促进经济平稳发展；与此同时又忌惮平台急速膨胀，成为社会治理的不安定因素。后者既希望有源源不断的劳动人口加入自己，扩展市场，又不得不面对骑手的高流转率。政府和平台都需要掌控这样一种过渡性所带来的问题，于是，政府不断地出台文件和规范，而平台则不断促进技术的精确化和标准化，以此应对过渡性带来的诸多问题。鲍曼在《流动的现代性》中讲道，现代性的一个重要的特点是痴迷于秩序和标准的建立。[①] 在当下的平台经济中，秩序与标准的建立得到了淋漓尽致的展现。

对于劳动者个人来说，过渡性代表了一种生活状态。他们不得不为了更好地参与到零工劳动中而重新认识自我。对他们而言，过渡并不是最终目的，而是达成安稳生活的手段。为了达到这个目的，外卖员不得不无时无刻保持或服从一种流动的状态。在这个熙熙攘攘的旋涡之中，不断有人退出，带着个人或者家庭的记忆创伤；也不断有人加入，带着对新生活的希冀与向往。平台经济的发展正在形塑一种"过渡文化"，这种文化以隐蔽、不可见、细致入微的方式贯穿劳动的始终，并最终形塑了个体劳动者对于平台的依赖和服从。一旦个体劳动者开启流动，他们就会发现自己很难停下来。因为按单计价造就了挣钱的快感，犹如打怪升级的游戏化带来了全然不同的劳动感知。毫无疑问，多数劳动者对于提高自身收入的渴望十分强烈，金钱带来的作用是十分显著的，他们可以供养家庭、补贴主业，甚至在发展好的时候攒下一笔数目不小的积蓄。因此，他们可能被"黏"在平台上。黏性劳动成为一种选择、一种趋势，许多骑手被迫卷入加速的、自我消耗式的流动劳动中，却发现找不到退出这种过渡机制的路口。[②] 如果不是非走不可，更多的人

① ［英］齐格蒙特·鲍曼：《流动的现代性》，欧阳景根译，中国人民大学出版社，2018年，第21—44页。

② Sun, P., Chen Y.J., & Rani U., "From Flexible Labour to 'Sticky labour': A Tracking Study of Workers in the Food-Delivery Platform Economy of China," *Work, Employment and Society*, vol. 37, no. 2, 2021, pp. 412-431.

会以"过渡"的名义选择留下。

零工经济的"下沉"无所不在，干支体系的触角走向纵深，外卖员虽然可以选择在不同的平台之间跳来跳去，选择不同的工种，却最终发现自己游离在各种零工经济之中，无法寻得安稳、有保障的生活。回到对概念的分析，"过渡劳动"想要展现的是一种"脱嵌式"的劳动和生活逻辑，即过渡作为一种劳动手段本身的出发点在平台市场逻辑的渗透下失去了它的功能性意义，反而变成了一种常态化存在。这种常态化存在既是当下平台市场逻辑得以存在、维系和发展的重要基础，也是形塑未来社会接受不稳定性、塑造过渡文化的现实基础。

本书通过对于外卖业的阐释，旨在表达过渡性如何成为内嵌于中国外卖劳动最突出的景观。对于过渡的阐释使我们得以从延续的视角出发，既看到历史脉络下中国城镇化和流动人口的旧问题，也可以窥探技术变革与工作场域更迭带来的新困惑。在平台经济和零工劳动如此兴盛的背景下，"过渡劳动"的概念不仅适用于外卖群体，也可能同时适用于更广泛的零工就业人群。以"过渡劳动"之名行"永久零工"之实正在成为当下的一个劳动趋势。在此过程中，平台资本逻辑的逐利、规制、冒险在很大程度上参与建构了这样的一种劳动逻辑，对于过渡劳动的改变尝试十分困难，它更像一辆加速奔跑的列车，几乎不可能使其在短时间内停下。

从一定程度上说，"过渡劳动"并不意味着这些零工劳动者比制造业、建筑业工人获得了更多的主体性。相反，有一种可能是这样的过渡、流动状态正在变为资本发展的能动载体。

正是依靠这样的过渡劳动，平台资本得以用更快的速度、更高的效率、更顺滑的姿态进行自我扩张和自我丰富。零工劳动者沿着寻找个体自由、不愿受到约束的方向找到了送外卖这份工作，却发现在实际的行动中作为主体的自我仍旧难以顺从。他们的身体和认知被逐一放置于精细的标准和规范之下。他们不断地调试、矫正作为零工服务者的身体、认识和行为，这是为了更好地合规而非追寻最初的、与劳动相关的公平。他们无法真正感受到劳动的体面与应有的尊重，也罔谈更加持久的认同与归属感。

如果从这个角度理解"过渡劳动"，它带给我们的思考兼具两面性：一是这种短暂的、流动的工作指向了一群极具适应性和灵活性的人群。作为新兴劳动群体，他们主动地自我企业化、自我资本化，成了资本扩张和发展的重要载体。二是也因为如此这般令人感到不安稳、不平等的劳动实践，外卖员的过渡有了某种反抗的可能。他们利用送外卖高度流动的特点获得了"断开的权力"。这似乎成为他们最后的可能——不加入、不合作、不配合。只不过，令人担心的是，这样的断开在何种程度上得以可能，又在何种意义上可以彼此呼应和联结。

参考文献

中文参考文献

阿尔文·托夫勒:《未来的冲击》,黄明坚译,中信出版集团,2018 年。

埃米尔·涂尔干:《社会分工论》,渠东译,生活·读书·新知三联书店,2013 年。

安德鲁·芬伯格:《可选择的现代性:哲学和社会理论中的技术转向》,陆俊、严耕等译,中国社会科学出版社,2003 年。

保罗·威利斯:《学做工:工人阶级子弟为何继承父业》,秘舒、凌旻华译,译林出版社,2013 年。

布莱恩·阿瑟:《技术的本质:技术是什么,它是如何进化的》,曹东溟、王健译,浙江人民出版社,2014 年。

曹晋:《传播的交叉分析:政经与性别研究》,复旦大学出版社,2019 年。

陈龙:《"数字控制"下的劳动秩序——外卖骑手的劳动控制研究》,《社会学研究》2020 年第 6 期。

大师小讲:《最早的外卖:外卖小哥的宋朝兄弟|大宋的餐饮业》,2018 年 5 月 18 日,https://mp.weixin.qq.com/s/GbePYEjrKVoqHqEBmlSzrg。

邓韵雪:《世界工厂里军事化男性气质的塑造与实践——一项对富士康基层管理人员的研究》,《妇女研究论丛》2018 年第 3 期。

丁未：《黑白世界：一个城中村的互联网实践》，《开放时代》2009 年第 3 期。

丁未：《遭遇"平台"：另类数字劳动与新权力装置》，《新闻与传播研究》2021 年第 10 期。

丁未、田阡：《流动的家园：新媒介技术与农民工社会关系个案研究》，《新闻与传播研究》2009 年第 1 期。

段义孚：《空间与地方：经验的视角》，王志标译，中国人民大学出版社，2017 年。

饿了么：《2020 年"00"后蓝骑士报告》，新浪科技，2020 年 7 月 22 日，https://tech.sina.com.cn/roll/2020-07-22/doc-iivhvpwx6919209.shtml。

盖伊·斯坦丁：《朝不保夕的人》，徐偲骕译，浙江人民出版社，2023 年。

郭戈：《"丧偶式育儿"话语中的母职困境与性别焦虑》，《北京社会科学》2019 年第 10 期。

哈里·布雷弗曼：《劳动与垄断资本——二十世纪中劳动的退化》，方生、朱基俊、吴忆瑄等译，商务印书馆，1979 年。

韩炳哲：《精神政治学》，关玉红译，中信出版集团，2019 年。

韩少功：《暗示（修订版）》，人民文学出版社，2008 年。

亨利·列斐伏尔：《空间与政治（第二版）》，李春译，上海人民出版社，2015 年。

胡安焉：《我在北京送快递》，湖南文艺出版社，2023 年。

黄盈盈：《性／别、身体与故事社会学》，社会科学文献出版社，2018 年。

霍华德·S.贝克尔：《局外人：越轨的社会学研究》，张默雪译，南京大学出版社，2011 年。

卡尔·马克思、弗里德里希·恩格斯：《马克思恩格斯全集》，中央编译局编译，人民出版社，1961 年。

卡尔·马克思、弗里德里希·恩格斯：《马克思恩格斯选集》，中央编译局编译，人民出版社，2012 年。

蓝佩嘉：《跨国灰姑娘：当东南亚帮佣遇上台湾新富家庭》，吉林出版集团有限责任公司，2011 年。

浪花两朵：《外卖小哥月薪真的上万吗？》，简书网，2017 年 10 月 19 日，https://www.jianshu.com/p/d508dae4afda。

理查德·霍加特：《识字的用途》，阎嘉译，商务印书馆，2020 年。

李金铨：《传播纵横：历史脉络与全球视野》，社会科学文献出版社，2019 年。

李金铨：《新闻史研究："问题"与"理论"》，《国际新闻界》2009 年第 4 期。

李友根：《论个体工商户制度的存与废——兼及中国特色制度的理论解读》，《法律科学》（西北政法大学学报）2010 年第 4 期。

李红涛、乔同舟：《污名化与贴标签：农民工群体的媒介形象》，《二十一世纪》
　（网络版）2005 年第 40 期。

李四光：《人类的出现》，选自《高级中学课本——语文》（第二册），人民教育出
　版社，1995 年。

李艳红：《一个"差异人群"的群体素描与社会身份建构：当代城市报纸对"农
　民工"新闻报道的叙事分析》，《新闻与传播研究》2006 年第 2 期。

梁萌：《强控制与弱契约：互联网技术影响下的家政业用工模式研究》，《妇女研
　究论丛》2017 年第 5 期。

刘涛：《社会化媒体与空间的社会化生产——列斐伏尔和福柯"空间思想"的批
　判与对话机制研究》，《新闻与传播研究》2015 年第 5 期。

刘战伟、刘洁：《"平台 /platform"：一个概念史的溯源性研究》，《新闻与写作》
　2023 年第 8 期。

刘子曦、朱江华峰：《经营"灵活性"：制造业劳动力市场的组织生态与制度环
　境——基于 W 市劳动力招聘的调查》，《社会学研究》2019 年第 4 期。

马丹：《"去标签化"与"性别工具箱"：女性卡车司机的微观劳动实践》，《社会
　学评论》2020 年第 5 期。

玛丽·L. 格雷、西达尔特·苏里：《销声匿迹：数字化工作的真正未来》，左安浦
　译，上海人民出版社，2020 年。

美团技术团队：《美团大脑：知识图谱的建模方法及其应用》，2018 年 11 月
　1 日，https://tech.meituan.com/2018/11/01/meituan-ai-nlp.html。

美团研究院，赵大威、尤越撰：《2019 年及 2020 年疫情期间美团骑手就业报
　告》，2020 年 3 月 10 日，https://s3plus.meituan.net/v1/mss_531b5a3906864f43
　8395a28a5baec011/official-website/ed3e2bb5-13dd-46ca-93ba-30808a1ca852。

美团研究院：《骑手职业特征与工作满意度影响因素分析》，2021 年 7 月，南方站
　长网，https://www.nfa5.com/news/202107/08124281.html。

美团战略研究院：《2021 年第一季度财报》（美团参阅纸质版），2021 年 5 月 31 日。

美文网：《骑手外卖配送工作规范及话术》，2020 年 8 月 13 日，https://www.
　meiwenzc.com/article/241211.html。

孟元老撰，邓之诚注：《东京梦华录注》卷五，中华书局，1982 年。

米歇尔·福柯：《知识考古学》，谢强、马月译，生活·读书·新知三联书店，2008 年。

彭兰：《如何实现"与算法共存"——算法社会中的算法素养及其两大面向》，

《探索与争鸣》2021 年第 3 期。

彭兰：《智能生成内容如何影响人的认知与创造？》，《编辑之友》2023 年第 11 期。

澎湃新闻：《武汉市快递员外卖员群体调查：平台工人与"下载劳动"》，2020 年 3 月 30 日，https://www.thepaper.cn/newsDetail_forward_6733259。

齐格蒙特·鲍曼：《流动的现代性》，欧阳景根译，中国人民大学出版社，2018 年。

清华大学清新时报：《专访|项飙：研究者和他的年少"乡愁"》，2018 年 12 月 23 日，https://mp.weixin.qq.com/s/AMPEynPwUADiT7ViKEU_Rg。

邱林川：《信息时代的世界工厂：新工人阶级的网络社会》，广西师范大学出版社，2013 年。

人物，赖祐萱撰：《外卖骑手，困在系统里》，2020 年 9 月 8 日，https://mp.weixin.qq.com/s/Mes1RqIOdp48CMw4pXTwXw。

上野千鹤子：《父权制与资本主义》，邹韵、薛梅译，浙江大学出版社，2020 年。

苏熠慧：《性别与劳动研究：理论、概念与启发》，《妇女研究论丛》2021 年第 1 期。

苏熠慧、倪安妮：《育婴家政工情感劳动的性别化机制分析——以上海 CX 家政公司为例》，《妇女研究论丛》2016 年第 5 期。

苏熠慧、姚建华：《"不稳定无产者"研究谱系及其当代意义》，《社会科学》2019 年第 6 期。

孙立平：《城乡之间的"新二元结构"与农民工流动》，李培林主编：《农民工：中国进城农民工的经济社会分析》，社会科学文献出版社，2003 年。

孙萍：《"算法逻辑"下的数字劳动：一项对平台经济下外卖送餐员的研究》，《思想战线》2019 年第 6 期。

孙萍：《媒介作为一种研究方法：传播、物质性与数字劳动》，《国际新闻界》2020 年第 11 期。

孙萍：《从"监控资本"到"关联资本"？中国数字平台的媒介化与组织化》，《国际新闻界》2023 年第 6 期。

孙萍、邱林川、于海青：《平台作为方法：劳动、技术与传播》，《新闻与传播研究》2021 年 S1 期。

孙萍、赵宇超、张仟煜：《平台、性别与劳动："女骑手"的性别展演》，《妇女研究论丛》2021 年第 6 期。

孙萍、李云帆、吴俊燊：《身体何以成为基础设施——基于平台劳动语境下外卖骑手的研究》，《新闻与写作》2022 年第 9 期。

唐士哲:《重构媒介？"中介"与"媒介化"概念爬梳》,《新闻学研究》2014 年第 4 期。

腾讯网:《骑手被要求注册为个体户？我国外卖个体工商户共 183 万家,占比超 92%》,2021 年 9 月 16 日,https://new.qq.com/rain/a/20210916A03AVH00。

提桶跑路总舵主:《鼓励年轻人少送外卖多进厂来解决制造业招工难用工荒？网友:没有用工荒,只有牛马荒》,2022 年 3 月 9 日,https://www.bilibili.com/video/BV15r4y1B7Sn?spm_id_from=333.999.0.0。

佟新、梁萌:《致富神话与技术符号秩序——论我国互联网企业的劳资关系》,《江苏社会科学》2015 年第 1 期。

外卖怎么做:《以史为鉴,外卖发展编年史(宋朝—2014)》,2018 年 1 月 12 日,https://mp.weixin.qq.com/s/kdh7U3ZLTPWCtAw8nUq_iQ。

闻效仪:《累瘫了的劳动者不该"困在系统"里》,《中国青年报》2021 年 5 月 14 日。

汪建华:《互联网动员与代工厂工人集体抗争》,《开放时代》2011 年第 11 期。

汪建华、孟泉:《新生代农民工的集体抗争模式——从生产政治到生活政治》,《开放时代》2013 年第 1 期。

汪润泉、周德水:《农民工在城市间"用脚投票"能否实现高质量就业——基于流动人口监测调查数据的分析》,《山西财经大学学报》2021 年第 12 期。

王星:《技术的政治经济学——基于马克思主义劳动过程理论的思考》,《社会》2011 年第 1 期。

网易:《作为一名合格的配送员,这些话术你必须要知晓……》,2019 年 2 月 27 日,https://www.163.com/dy/article/E8UEV44V05385E3V.html。

魏立华、闫小培:《中国经济发达地区城市非正式移民聚居区——"城中村"的形成与演进——以珠江三角洲诸城市为例》,《管理世界》2005 年第 8 期。

吴瑞君、薛琪薪、罗志华:《我国人口迁移和城镇化格局的转折性变化:2000—2020 年》,《上海行政学院学报》2022 年第 1 期。

夏莹、牛子牛:《主体性过剩:当代新资本形态的结构性特征》,《探索与争鸣》2021 年第 9 期。

项飙:《生活意义的构造须回归"常识社会学 / 人类学"》,《探索与争鸣》2022 年第 5 期。

肖索未、蔡永芳:《儿童抚养与进城务工农民的城市社会文化调试》,《开放时代》2014 年第 4 期。

谢富胜：《资本主义的劳动过程：从福特主义向后福特主义转变》，《中国人民大学学报》2007 年第 2 期。

谢鹏远：《在线纠纷解决的信任机制》，《法律科学》（西北政法大学学报）2022 年第 2 期。

新华网：《三问外卖骑手"个体工商户化"》，2021 年 9 月 28 日，http://www.news.cn/2021-09/28/c_1127910481.htm。

新京报书评周刊：《开场：女性学者访谈》，新星出版社，2022 年。

新浪科技：《外卖骑手被注册成个体工商户：劳动保障岂能"甩锅"？》，2021 年 9 月 23 日，https://finance.sina.com.cn/tech/2021-09-23/doc-iktzqtyt7590069.shtml。

新浪科技：《饿了么：禁止以任何形式诱导和强迫骑手注册成个体工商户》，2021 年 9 月 15 日，https://finance.sina.com.cn/tech/2021-09-15/doc-iktzscyx4342547.shtml。

新周刊：《世界外卖简史 | 原创》，https://www.neweekly.com.cn/article/shp0329892704，2020 年 7 月 1 日。

徐偲骕、李欢：《平台 V.S. 用户：谁该向谁付费——数字平台与用户之间基于数据的经济关系探讨》，《新闻与传播研究》2021 年第 5 期。

徐向东：《一个特殊群体的媒介投影——传媒再现中的"农民工"形象研究》，《国际新闻界》2009 年第 10 期。

叶子婷、章羽、刘希：《海上凡花——上海工人新村妇女日常生活》，上海文艺出版社，2021 年。

余丽：《制造业人才缺口近 3000 万，亟需复合型人才》，《中国对外贸易》2021 年第 9 期。

袁祖社：《"数字鸿沟"及其跨越：一种技术公共性重建的实践理性视角》，发表于"数字鸿沟：数字时代的代际与社会问题"研讨会，2022 年 4 月 17 日。

詹姆斯·凯瑞：《作为文化的传播》，丁未译，华夏出版社，2005 年。

詹姆斯·斯科特：《弱者的武器》，郑广怀、张敏、何江穗译，译林出版社，2007 年。

赵超：《知识、趣味与区隔——〈区分：判断力的社会批判〉评介》，《科学与社会》2016 年第 2 期。

致诚劳动者：《骑手谜云：法律如何打开外卖平台用工的"局"？》，2021 年 9 月 13 日，https://mp.weixin.qq.com/s/FIdsv8K-tESolDNlXGMog。

中国互联网络信息中心：《第 52 次中国互联网络发展状况统计报告》，2023 年 8 月，https://cnnic.cn/NMediaFile/2023/0908/MAIN1694151810549M3LV0UWOAV.pdf。

中国互联网络信息中心:《中国互联网络发展状况统计报告》, 2015—2021 年。

中国新闻网:《中国灵活就业者已达 2 亿人 线上工作受到年轻人追捧》, 2022 年 2 月 9 日, https://www.chinanews.com.cn/cj/2022/02-09/9671654.shtml。

中国政府网:《目前我国灵活就业规模达 2 亿人》, 2021 年 5 月 20 日, http:// www.gov.cn/xinwen/2021-05/20/content_5609599.htm。

中华人民共和国国家发展和改革委员会:《"十四五"时期我国产业结构变动特征 及趋势展望》, 2021 年 10 月 12 日, https://www.ndrc.gov.cn/wsdwhfz/202110/ t20211012_1299485.html。

英文参考文献

Bauder, H., "Citizenship as Capital: The Distinction of Migrant Labor," *Alternatives*, vol. 33, no. 3, 2008.

Beck, U., *Risk Society: Towards a New Modernity*, SAGE Publications, 1992.

Bishop, S., "Managing Visibility on YouTube through Algorithmic Gossip," *New Media & Society*, vol. 21, no. 11–12, 2019.

Bourdieu, P., *Distinction: A Social Critique of the Judgement of Taste*, Harvard University Press, 1987.

Braverman, H., *Labor and Monopoly Capital: The Degradation of Work in the Twentieth Century*, NYU Press, 1998.

Bucher, T., "The Algorithmic Imaginary: Exploring the Ordinary Affects of Facebook Algorithms," *Information, Communication & Society*, vol. 20, no. 1, 2017.

Burawoy, M., *Manufacturing Consent*, University of Chicago Press, 2012.

Burawoy, M., *The Politics of Production: Factory Regimes under Capitalism and Socialism*, Verso, 1985.

Butler, J., *Undoing Gender*, Psychology Press, 2004.

Chan, J., & Pun, N., "Suicide as Protest for the New Generation of Migrant Workers: Foxconn, Global Capital, and the State," *The Asia-Pacific Journal*, vol. 37, no. 2, 2010.

Chen, J. Y., & Sun, P., "Temporal arbitrage, fragmented rush, and opportunistic behaviors: The labor politics of time in the platform economy," *New Media &*

Society, vol. 22, no. 9, 2020.

Christopher, K., "Extensive Mothering: Employed Mothers' Constructions of the Good Mother," *Gender & Society*, vol. 26, no. 1, 2012.

Cockerham, W. C., Abel, T., & Lüschen, G., "Max Weber, Formal Rationality, and Health Lifestyles," *Sociological Quarterly*, vol. 34, no. 3, 1993.

Connell, R. W., *Masculinities*, Routledge, 2020.

Couldry, N., & Hepp, A., *The Mediated Construction of Reality*, Polity Press, 2016.

de Lauretis, T., "Aesthetic and Feminist Theory: Rethinking Women's Cinema," *New German Critique*, vol. 34, 1985.

Dijck, J. V., "Datafication, Dataism and Dataveillance: Big Data between Scientific Paradigm and Ideology," *Surveillance and Society*, vol. 12, no. 2, 2014.

Fairclough, N., Cortese, G., & Ardizzone, P., *Discourse and Contemporary Social Change*, Peter Lang Verlag, 2012.

Farman J., *Delayed Response: The Art of Waiting from the Ancient to the Instant World*, Yale University Press, 2018.

Fine, G. A., "Organizational Time: Temporal Demands and the Experience of Work in Restaurant Kitchens," *Social Forces*, vol. 69, no. 1, 1990.

Fortunati, L., "ICTs and Immaterial Labor From a Feminist Perspective," *Journal of Communication Inquiry*, vol. 35, no. 4, 2011.

Gerson, J. M., & Peiss, K., "Boundaries, Negotiation, Consciousness: Reconceptualizing Gender Relations," *Social Problems*, vol. 32, no. 4, 1985.

Giddens, A., *Modernity and self-identity: Self and society in the Late Modern Age*, Stanford University Press, 1991.

Gill, R., & Pratt, A., "In the Social Factory? Immaterial Labour, Precariousness and Cultural Work," *Theory, Culture & Society*, vol. 25, no. 7–8, 2008.

Gillespie, T., "The relevance of algorithms," in T. Gillespie, P. J. Boczkowski, & K. A. Foot (Eds.), *Media technologies: Essays on Communication, Materiality, and Society*, MIT Press, 2014.

Graham, M., & Anwar, M. A., "Digital Labour," in J. Ash, R. Kitchin, & A. Leszczynski (Eds.), *Digital Geographies*, SAGE Publications, 2018.

Gregg, M., *Counterproductive: Time Management in the Knowledge Economy*, Duke University Press, 2018.

Gregg, M., *Work's Intimacy*, Polity Press, 2011.

Hanser, A., "Is the Customer Always Right? Class, Service and the Production of Distinction in Chinese Department Stores," *Theory and Society*, vol. 36, no. 5, 2007.

Hardt, M, & Negri, A., *Multitude: War and Democracy in the Age of Empire*, Penguin, 2005.

Hays, S., *The Cultural Contradictions of Motherhood*, Yale University Press, 1998.

Heeks, R., "Current Analysis and Future Research Agenda on 'Gold Farming': Real-world Production in Developing Countries for the Virtual Economies of Online Games," *Development Informatics Working Papers*, no. 32, 2008.

Heelas, P., "Work Ethics, Soft Capitalism and the 'Turn to Life'," in P. du Gay, & M. Pryke (Eds.), *Cultural Economy: Cultural Analysis and Commercial Life*, SAGE Publications, 2002.

Hochschild, A. R., *The Managed Heart: Commercialization of Human Feeling*, University of California Press, 2012.

Hochschild, A. R., & Machung, A., *The Second Shift: Working Families and the Revolution at Home*, Penguin Books, 2012.

Kellogg, K. C., Valentine, M. A., & Christin, A., "Algorithms at Work: The New Contested Terrain of Control," *Academy of Management Annals*, vol. 14, no. 1, 2020.

Keung Wong, D. F., Li, C. Y., & Song, H. X., "Rural migrant workers in urban China: living a marginalised life," *International Journal of Social Welfare*, vol. 16, no. 1, 2007.

Krotz, F., & Hepp, A., "A Concretization of Mediatization: How 'Mediatization Works' and Why Mediatized Worlds Are a Helpful Concept for Empirical Mediatization Research," *Empedocles: European Journal for the Philosophy of Communication*, vol. 3, no. 2, 2011.

Kücklich, J., "Precarious Playbour: Modders and the Digital Games Industry," *The Fibreculture Journal*, 2005, Retrieved August 3, 2023, from http://five.fibreculturejournal.org/fcj-025-precarious-playbour-modders-and-the-digital-gamesindustry/.

Kulach, K., 2023, February 22, "50 + Gig Economy Statistics 2023: Get Ready For

The Future of Work," from https://symmetrical.ai/blog/gig-economy-statistics/.

Kurzban, R., & Leary, M. R., "Evolutionary Origins of Stigmatization: The Functions of Social Exclusion," *Psychological Bulletin*, vol. 127, no. 2, 2001.

Lan, P. C., *Global Cinderellas: Migrant Domestics and Newly Rich Employers in Taiwan*, Duke University Press, 2006.

Latour, B., & Woolgar, S., *Laboratory life*, Princeton University Press, 2013.

Lee, C. K., "China's precariats," in A. G. Nilsen, & K. von Holdt (Eds.), *Rising Powers, People Rising*, Routledge, 2021.

Lefebvre, H., & Levich, C., "The Everyday and Everydayness," *Yale French Studies*, no. 73, 1987.

Lefebvre, H., *The Production of Space*, Routledge, 2012.

Lei, Y. W., "Delivering Solidarity: Platform Architecture and Collective Contention in China's Platform Economy," *American Sociological Review*, vol. 86, no. 2, 2021.

Liu, J., Boden, A., Randall, D. W., & Wulf, V., "Enriching the Distressing Reality: Social Media Use by Chinese Migrant Workers," in Proceedings of the 17th ACM conference on Computer supported cooperative work & social computing, 2014.

Liu, P. L., & Leung, L., "Migrant Parenting and Mobile Phone Use: Building Quality Relationships Between Chinese Migrant Workers and Their Left-behind Children,"*Applied Research in Quality of Life*, no. 12, 2017.

Longstaff, P. H., Armstrong, N. J., Perrin, K., Parker, W. M., & Hidek, M. A., "Building Resilient Communities: A Preliminary Framework for Assessment," *Homeland Security Affairs*, vol. 6, no. 3, 2010.

Lutwak, N., Panish, J. B., Ferrari, J. R., & Razzino, B. E., "Shame and Guilt and Their Relationship to Positive Expectations and Anger Expressiveness," *Adolescence*, vol. 36, no. 144, 2001.

Marvin, C., *When Old Technologies Were New: Thinking About Electric Communication in the Late Nineteenth Century*, Oxford University Press, 1998.

Mehra, B., Merkel, C., & Bishop, A. P., "The Internet for Empowerment of Minority and Marginalized Users," *New Media & Society*, vol. 6, no. 6, 2004.

Meyer, E., "Inadvertent Algorithmic Cruelty," December 24, 2014, from https://meyerweb.com/eric/thoughts/2014/12/24/inadvertent-algorithmic-cruelty/.

Nakamura, L., "The Unwanted Labour of Social Media: Women of Colour Call out Culture as Venture Community Management," *New Formations*, vol. 86, no. 1, 2015.

Ngai, P., & Chan, J., "Global Capital, the State, and Chinese Workers: The Foxconn Experience," *Modern China*, vol. 38, no. 4, 2012.

Ngai, P., *Made in China: Women Factory Workers in a Global Workplace*, Duke University Press, 2005.

Olofsson, G., "Norbert Elias, "in L. B. Kaspersen, & H. Andersen (Eds.), *Classical and Modern Social Theory*, Wiley-Blackwell, 2000.

Perrons, D., "Living and Working Patterns in the New Knowledge Economy: New Opportunities and Old Social Divisions in the Case of New Media and CareWork," in S. Walby, H. Gottfried, K. Gottschall, & M. Osawa (Eds.), *Gendering the Knowledge Economy*, Palgrave Macmillan, 2007.

Potter, W. J., "A Critical Analysis of Cultivation Theory," *Journal of Communication*, vol. 64, no. 6, 2014.

Qiu, L. J., "Humanizing the Posthuman: Digital Labour, Food Delivery, and Openings for the New Human during the Pandemic," *International Journal of Cultural Studies*, vol. 25, no. 3–4, 2022.

Qiu, L. J., "Network Labour and Non-Elite Knowledge Workers in China," *Work Organisation, Labour and Globalisation*, vol. 4, no. 2, 2010.

Qiu, L. J., *Working-Class Network Society*, MIT Press, 2009.

Qiu, L. J., & Lin, L., "Foxconn: The Disruption of ISlavery," *Asiascape: Digital Asia*, vol. 4, no. 1–2, 2017.

Rahman, K. S., & Thelen, K., "The Rise of the Platform Business Model and the Transformation of Twenty-First-Century Capitalism," *Politics & Society*, vol. 47, no. 2, 2019.

Rosa, H., *Social Acceleration: A New Theory of Modernity*, Columbia University Press, 2013.

Santos, G., & Harrell, S., *Transforming Patriarchy: Chinese Families in the TwentyFirst Century Seattle*, University of Washington Press, 2017.

Schierup, C., Munck, R., Likić-Brborić, B., & Neergaard, A. (Eds.), *Migration, Precarity, and Global Governance: Challenges and Opportunities for Labour,*

Oxford University Press, 2015.

Seaborn, K., & Fels, D. I., "Gamification in Theory and Action: A Survey," *International Journal of Human-computer Studies*, vol. 74, 2015.

Seaver N., "Captivating Algorithms: Recommender Systems as Traps," *Journal of Material Culture*, vol. 24, no. 4, 2019.

Seaver, N., "Algorithms as Culture: Some Tactics for the Ethnography of Algorithmic Systems," *Big Data & Society*, vol. 4, no. 2, 2017.

Sharma S., *In the Meantime: Temporality and Cultural Politics*, Duke University Press, 2014.

Silverstone, R., & Haddon, L., "Design and the Domestication of Information and Communication Technologies: Technical Change and Everyday Life, "in R. Mansell & R. Silverstone (Eds.), *Communication by Design: The Politics of Information and Communication Technologies*, Oxford University Press, 1996, pp. 44–74.

Snyder B. H., *The Disrupted Workplace: Time and the Moral Order of Flexible Capitalism*, Oxford University Press, 2016.

Sorokin, P. A., *Sociocultural Causality, Space, Time*, Russell & Russell, 1964.

Srnicek, N., *Platform Capitalism*, John Wiley & Sons, 2017.

Star, S. L., "The ethnography of infrastructure," *American Behavioral Scientist*, vol. 43, no. 3, 1999.

Statista Market Insights, "Online Food Delivery – Worldwide,"Nov, 2023, from https://www.statista.com/outlook/dmo/online-food-delivery/worldwide.

Sun, P., "Your Order, Their Labor: An Exploration of Algorithms and Laboring on Food Delivery Platforms in China," *Chinese Journal of Communication*, vol. 12, no. 3, 2019.

Sun, P., Chen Y. J., & Rani U., "From Flexible Labour to 'Sticky labour': A Tracking Study of Workers in the Food-Delivery Platform Economy of China," *Work, Employment and Society*, vol. 37, no. 2, 2021.

Sun, P., & Chen, Y. J., "Platform labour and contingent agency in China," *China Perspectives*, vol. 1, no. 1, 2021.

Sun, P., & Magasic, M., "Knowledge Workers, Identities, and Communication Practices: Understanding Code Farmers in China," *tripleC: Communication,*

Capitalism & Critique, vol. 14, no. 1, 2016.

Sun, P., & Qiu, L. J., "The new media cultures of Chinese migrant workers," in L. Hjorth, & O. Khoo (Eds.), *Routledge Handbook of New Media in Asia*, 2016.

Tang, B., "Grid Governance in China's Urban Middle-class Neighbourhoods," *The China Quarterly*, vol. 241, 2020.

The Economist, 2008, July 16, "The cult of the dabbawala," Retrieved August 3, 2023, from xinkaishi.typepad.com/a_new_start/2008/07/economist-the-cult-of-thedabbawala.html.

Thompson, J. B., "The New Visibility," *Theory, Culture & Society*, vol. 22, no. 6, 2005.

Tim, Y., Cui, L., & Sheng, Z., "Digital Resilience: How Rural Communities Leapfrogged into Sustainable Development," *Information Systems Journal*, vol. 31, no. 2, 2021.

Turner, J. H., & Stets, J. E., *The Sociology of Emotions*, Cambridge University Press, 2008.

Udwan, G., Leurs, K., & Aléncar, A., "Digital Resilience Tactics of Syrian Refugees in the Netherlands: Social Media for Social Support, Health, and Identity," *Social Media + Society*, vol. 6, no. 2, 2020.

Upadhya, C., & Vasavi, A. R., *In an Outpost of the Global Economy: Work and Workers in India's Information Technology Industry*, Routledge, 2012.

Vallas, S., & Schor, J. B., "What Do Platforms Do? Understanding the Gig Economy," *Annual Review of Sociology*, vol. 46, no. 1, 2020.

Van Dijck, J., Poell, T., & De Waal, M., *The Platform Society: Public Values in a Connective World*, Oxford University Press, 2018.

Van Doorn, N., "Platform Labor: On the Gendered and Racialized Exploitation of Low-Income Service Work in the 'On-Demand' Economy," *Information, Communication & Society*, vol. 20, no. 6, 2017.

Wenger, E., *Communities of Practice: Learning, Meaning, and Identity*, Cambridge University Press, 1998.

Winner, L., *Autonomous Technology: Technics-out-of-Control as a Theme in Political Thought*, MIT Press, 1978.

Yang, G., *The Power of the Internet in China: Citizen Activism Online*, Columbia

University Press, 2009.

Ytre-Arne, B., & Moe, H., "Folk theories of algorithms: Understanding digital irritation," *Media, Culture & Society*, vol. 43, no. 5, 2021.

Zuboff, S., *The Age of Surveillance Capitalism: The Fight for a Human Future at the New Frontier of Power*, Profile Books, 2019.

薄荷实验
think as the natives

○

"薄荷实验"是华东师范大学出版社旗下的社科学术出版品牌，主张"像土著一样思考"（Think as the Natives），以期更好地理解自我、他人与世界。该品牌聚焦于社会学、人类学方向，探索这个时代面临的重要议题。相信一个好的故事可以更加深刻地改变现实，为此，我们无限唤醒民族志的魔力。

《人行道王国》

米切尔·邓奈尔 著 马景超、王一凡、刘冉 译

《清算：华尔街的日常生活》

何柔宛 著 翟宇航等 译

《看上去很美：整形美容手术在中国》

文华 著 刘月 译

《找工作：关系人与职业生涯的研究》

马克·格兰诺维特 著 张文宏 译

《道德与市场：美国人寿保险的发展》

维维安娜·泽利泽 著 姚泽麟等 译

《末日松茸：资本主义废墟上的生活可能》

罗安清 著 张晓佳 译

《母乳与牛奶：近代中国母亲角色的重塑（1895–1937）》

卢淑樱 著

《病毒博物馆：中国观鸟者、病毒猎人和生命边界
上的健康哨兵》

弗雷德雷克·凯克 著 钱楚 译

《感情研究指南：情感史的框架》

威廉·雷迪 著 周娜 译

《生老病死的生意：文化与中国人寿保险市场的形成》

陈纯菁 著 魏海涛、符隆文 译

《培养好孩子：道德与儿童发展》

许晶 著 祝宇清 译

《拯救婴儿? 新生儿基因筛查之谜》

斯蒂芬·蒂默曼斯、玛拉·布赫宾德 著 高璐 译

《金钱的社会意义：私房钱、工资、救济金等货币》

维维安娜·泽利泽 著 姚泽麟等 译

《成为三文鱼：水产养殖与鱼的驯养》

玛丽安娜·伊丽莎白·利恩 著 张雯 译

《生命使用手册》

迪杰·法桑 著 边和 译

《不安之街：财富的焦虑》

瑞秋·谢尔曼 著 黄炎宁 译

《寻找门卫：一个隐蔽的社交世界》

彼得·比尔曼 著 王佳鹏 译

《依海之人：马达加斯加的维佐人，一本横跨南岛与非洲的民族志》

丽塔·阿斯图蒂 著 宋祺 译

《风险的接受：社会科学的视角》

玛丽·道格拉斯 著 熊畅 译

《人类学家如何写作：民族志阅读指南》

帕洛玛·盖伊·布拉斯科、胡安·瓦德尔 著 刘月 译

《亲密的分离：当代日本的独立浪漫史》

艾莉森·阿列克西 著 徐翔宁、彭馨妍 译

《亨丽埃塔与那场将人类学送上审判席的谋杀案》

吉尔·施梅勒 著 黄若婷 译

《实验室生活：科学事实的建构过程》

布鲁诺·拉图尔、史蒂夫·伍尔加 著 修丁 译

《德国电梯社会：一个欧洲心脏地区的危机》

奥利弗·纳赫特威 著 黄琬 译

《封面之下：一本小说的创作、生产与接受》

克莱顿·柴尔德斯 著 张志强、王翡 译

《离开学术界：实用指南》

克里斯托弗·卡特林 著 何啸风 译

《影子母亲：保姆、换工与育儿中的微观政治》

卡梅隆·林·麦克唐纳 著 杨可 译

《诊所在别处：成瘾人类学和药物依赖下的青少年》

托德·迈耶斯 著 姚雨萌 译

《特殊待遇：来自亚洲一流医院的医学生》

安娜·鲁多克 著 于茗骞 译

《生活在写作之中：与契诃夫一同磨砺民族志技艺》

基伦·纳拉扬 著 淡豹 译

《修复世界：保罗·法默博士与下一代医生的对话》

保罗·法默 著 张晶 译

《拍电影的人类学家：先驱让·鲁什的田野与民族志研究》

保罗·斯托勒 著 杨德睿 译

《套利日本：金融危机中的希望》

宫崎广和 著 安江鸿 译

薄荷实验·中文原创

《生熟有道：普洱茶的山林、市井和江湖》

张静红 著

《过渡劳动：平台经济下的外卖骑手》

孙萍 著

《薄暮时分：在养老院做田野》（即出）

吴心越 著